人文道理

REN WEN DAO LI

张开祝 著

一位普通高校人文人的
教育理念与思索

中国海洋大学出版社

·青岛·

图书在版编目（CIP）数据

人文道理：一位普通高校人文人的教育理念与思索 /
张开祝著. —青岛：中国海洋大学出版社， 2018.8

ISBN 978-7-5670-1911-9

Ⅰ.①人…　Ⅱ.①张…　Ⅲ.①人文科学—教学研究—
高等学校—文集　Ⅳ.①C41-53

中国版本图书馆CIP数据核字（2018）第184216号

出版发行	中国海洋大学出版社
社　　址	青岛市香港东路23号　　　邮政编码　266071
网　　址	http：//www.ouc-press.com
出 版 人	杨立敏
责任编辑	张　华
电　　话	0532-85902342
电子信箱	zhanghua@ouc-press.com
订购电话	0532-82032573（传真）
印　　制	青岛国彩印刷有限公司
版　　次	2018年11月第1版
印　　次	2018年11月第1次印刷
成品尺寸	170 mm×240 mm
印　　张	20.5
字　　数	237 千
印　　数	1-1100
定　　价	58.00元

发现印装质量问题，请致电0532-88194567，由印刷厂负责调换。

序

　　大学同窗好友张开祝研究员辑录三十余年尤其近几年高校管理工作心得而成此书，命我作序。我虽忝为系主任，但在高校管理工作方面却是个不折不扣的外行。不过在高校任教近三十年，对书中所论倒也并不陌生。近期又借机访问他所在的山东工商学院和他担任院长的人文与传播学院，获得了亲身感受，因此不免生出些许感慨。

　　开祝同学1986年毕业于复旦大学历史学系，之后被分配到中国煤炭经济学院（后更名为山东工商学院）工作。该校并没有他所学的历史学专业，但他无怨无悔，以满腔的热情投身到这所新创立学校的建设之中，先在学校人事处任职十二年，从事人事行政工作；之后到外语学院任党总支副书记并主持工作三年，从事党务、思想政治教育、学生和群团工作；继而任党委宣传部部长十年（其间兼任统战部部长三年），从事宣传思想工作和统战工作；再任学报主编和编辑部主任四年，从事学术出版工作。2015年，学校组建人文与传播学院，他又承担起院长的重任，从事教学、科研管理工作。在繁重的管理工作之余，他还不忘继续学习，不断充实和提高自己，投身到教学工作之中，开设《劳动人事管理实务》《劳动社会学》等课程。可以说，哪里工作需要，他就出现在哪里的岗位上。他对学校建设的贡献是显而易见的。

　　开祝研究员的履历和我所熟悉的许多六十年代出生的大学生非常相

似，也许也反映了那一代人的特点。那时，我们的工作由学校统一分配，并不是供求双方自愿选择的结果。虽然并非所有人都对分配的工作感到十分满意，但在踏上工作岗位之后，却都兢兢业业做好自己的本职工作，而且虽然在三十年间历经巨大社会变动，其中出现过许多重新选择乃至飞黄腾达的机会，但他们大多不为所动，恪守自己所从事的平凡的工作，把它作为一生的事业，不图回报，不求名利。从今天社会的眼光看来，这有些不可思议，甚而至于称得上呆傻。一本名为《"六十年代"的气质》的书上把这一代人称为"无名的一代"，可谓一语中的。他们从中学直升大学，既无上一代人丰富的社会阅历和经验，也不像下一代人那样从心智成长的关键阶段起就受到新的社会风气和观念的熏陶，因而在社会变动的大潮中显得更为如鱼得水。他们在20世纪80年代的思想启蒙中成长起来，心怀那个时代浸润他们心田的挥之不去的价值和理想。因为如此，他们也许是最有书生气的一代，却也免不了带着书生的执着和桀骜。无论从事什么行当，也无论表现的方式是多么的千差万别，他们都执着于那份理想，骨子里依从那个时代赋予他们的价值观行事待人，即便得不到认可和赏识，也绝不轻言妥协。

开祝研究员是这一代人的一个典型。他从大学毕业之后，就一直在山东工商学院工作，把几十年的心血都倾注在了这所学校里。他不仅承担过多个岗位的工作，而且每到一个岗位，都竭力思考如何做好这个岗位的工作。不仅如此，他还全方位思考如何做好一所高校的管理工作。这些思考都体现在这本沉甸甸的心得里面，所触及的问题从人才培养、科学研究、学科建设到学生思想工作、高校党建工作、院系和学校管理权分配等方方面面。近些年里，他一头扎进人文与传播学院的建设工作中，竭力为这所以工商学科为主的学校打造人文基础，增添人文底蕴。作为一名长期从事高校管理工作的中层干部，他清醒地认识到高校的核心和灵魂在于学术和人才培养，应始终坚持以学术为本，以学生培养为中心，提倡"以学术为美、以学术为崇高"，这是十分难能可贵的。长期以来，少数高校管理层中个别人的官僚主义作风盛行，近年来大有愈演愈烈之势，表现为片面追求政绩、指标、名次，为此不顾教师意见，将官僚和企业人事管理制度以及企业生产管理制度机械地移植到大学中来，而常常忽视了大学之为大学的根本。大学应以教师和学生为主体，通过教师指导学生进行创造性的探索和研究的学习方式，将学生培养成社会的创新主体和栋梁之才。在这个过程中，教与学都需要发自内心的投入，因而需要激发教师和学生内在的追求真知的热情，这就意味着营造宽松自由的研究和学习环境，把教师和学生作为主体，协助他们完善教和学的方式方法，而非从管理者的本位和便利出发，人为地施加无以复加的外在规定和束缚。因此，在我看来，形形色色的官僚主义实乃妨碍我国高等教育发展与提高的大敌。开祝院长旗帜鲜明地提出，大学管理者要"讲学术不讲心术，讲学派不讲帮派，讲学位不讲官位，讲学道不讲权道"，可谓切中要害。在访问山东工商学院人文与传播学院时，我亲身感受到了开祝院长和教师们亲切友好的同事关系以及活泼、自由的学术氛围，由此心生出许多对开祝的敬意。是为序。

黄　洋

2018年6月8日

（黄洋，复旦大学历史学系主任，教育部长江学者奖励计划特聘教授，博士生导师）

自 序

1986年7月，我从复旦大学历史系毕业后，被分配到了一个没有历史学专业的高校——中国煤炭经济学院（现山东工商学院）工作。那时，这个学校初建，各部门都需要人手。根据学校安排，我先到人事处帮忙，可这一帮就帮了十二年，把所从事工作与所学专业彻底割裂开来。这以后，又到外语系任党总支副书记并主持工作三年，从事党务工作、思想政治工作、学生工作和群团工作；再后来，又到党委宣传部任部长（兼统战部部长三年）一职，从事宣传思想工作、统战工作和校报工作，这一任就是整整十年；再后来，又到山东工商学院学报编辑部任主编、编辑部主任一职四年，从事学报组稿、审稿、编辑工作；再后来，就到现在的人文与传播学院担任院长一职，从事教学、科研管理工作。所以，论出身，我不是一位严格意义上的教师，按理来说，也没资格履行二级学院院长一职。

尽管如此，既然忝为院长，一切工作首先要对得起自己的良心，其次要对得起并肩同行的同事，再次要对得起谋求发展与幸福的教师，第四要对得起渴求知识与成长的莘莘学子，第五要对得起月月领取的那份薪水。所以，作为一位院长，我认为，应努力做好十件事：一是提供思路，二是设定方向，三是制定规则，四是树立正气，五是凝聚力量，六是坚定意志，七是争取资源，八是解决问题，九是承担责任，十是分享成就。

我和我的同事们始终坚信：无论一个人，还是一个组织，一定要有些主张，没有主张就没有主见，没有主见就没有灵魂，没有灵魂就会迷失方向。于是，在工作中，我们不忘初心，砥砺前行，遵循和倡导了一系列做人、做事的基本理念、基本准则和基本方法，撮要如下：

秉持行为理念。理念具有理想性和引领性，决定工作的走向。"崇仁贵和，尚德利群"是清华大学国学研究专家陈来教授对中国文化基本价值的概括，我们运用"拿来主义"，把它作为人文与传播学院的行为理念。这对以"人文与传播学院"命名的群体来说，是再合适不过的选择。在这一理念指导下，我们号召全体教职工无论是思想意识、言行举止、职业操守，还是课程建设、专业建设、学科建设，更或课题申报、教改立项、奖项评选等各个方面，不仅要讲仁、讲和、讲德，还要"利群"，以此全方位提升教职工的组织意识、集体意识、团队意识、规则意识，以此加强人文与传播学院的凝聚力、向心力建设，努力营造清新儒雅、和谐顺畅、合作共赢的工作氛围。

不忘教育之本分。教学是大学的中心工作，人才培养是大学的神圣使命，没有教学，没有人才培养，也就没有大学的存在。只有教学和人才培养才是大学的逻辑起点和终点，这就是大学的本分。我们提倡，大学应集中人力、物力、财力，拿出每一位教师的看家本领，精心培育好投靠其门下的莘莘学子，让他们享受应该享受的教育资源，让他们得到应该得到的知识熏陶，这是大学的良知，也是大学的王道。所以，我们始终坚守这样的信念：不抓教学就是对教学行为的放任自流，不抓教学就是对学生和家长的极端不负责任。在日常教学和管理的全过程、全环节中，以标准第一、质量第一为原则，决不为了迁就学生而降低培养要求，也决不以降低培养要求来换取功利性指标。

崇尚学术之风。大学即文化，文化即大学。在我们的心目中，大学文化尽管有多种形态，但学术文化应该成为主流，而不是关系文化、权术文化占据主导。"学术"与心术、权术相对，指的是"学之术"，即教学之术、学问之术、学习之术、学术之术。大学人有思想、有文化、有知识、有素质，是觉悟性、达理性都很高的群体，尤其是人文类专业师生，都有着经过长期专业训练的人文素养和人文情怀，更应该是高度自觉、高度理性的"学之术"团队。所以，我们极力推崇：大学人应该秉持"以学术为美、以学术为崇高"之涵养，坚守"四讲四不讲"，即：讲学术不讲心术，讲学派不讲帮派，讲学位不讲官位，讲学道不讲权道。

教学科研不可偏废。教学需要科研，科研促进教学。教学是高校发展的生命，科研是高校发展的动力。高质量或高水平的教学成果，必定吸收或蕴藏着学术成果的精髓。没有一定的科学研究作为支撑，教学内容就没有一定的高度、深度和广度；没有一定的教学研究作为引领，即使有科学研究成果也不会变成教学内容。所以，我们一再强调，要想提高教学水平，科学研究与教学研究不可偏废，即既要重视学术，又要重视教学。但是，科学研究必须围绕教学内容来开展，即科学研究必须能促进教学，教学必须为科学研究导航。衡量科学研究促进教学的标准有三：一是科研经费、设施能否改善教学条件；二是科研成果是否转化成教学内容；三是科研课题和教师的科研工作是否有利于培养学生的创新精神和实践能力，促进学生学法的变革，提高学习效率。我们认为，凡偏离教学内容的科学研究要么是业余爱好，要么是不务正业，要么是社会服务。

努力打造人才培养特色。办学特色是办学优势，也是办学生命力，特色不仅影响办学定位的固化，而且还决定人才培养质量的高低。所以，我们努力在办学特色上做文章，我们的构想是：充分考虑学生的成长、社会的需求，立足"应用型"，凸显"特色化"，追求"高水平"，努力彰显专业特色，突出人才特色，张扬文化特色，凝练研究特色：在专业特色上，紧紧依靠学校经济管理类办学母体，将广告学专业打造为广告创意策划与管理方向，编辑出版学专业打造为新媒体与财经传播方向，汉语言文学专业打造为商务文秘方向，坚定不移地走差异化发展道路。在人才特色上，结合人文传播类专业属性，着力培养学生"六大核心能力"：认知能力、批判能力、审美能力、表达能力、创造能力、教化能力，使所培养的学生能够得到社会的认可与推崇。在文化特色上，结合专业、学科特性，积极构建以蕴美的物态文化、优质的教学文化、理性的学术文化、规范的制度文化、儒雅的行为文化、清新的环境文化、鲜明的特色文化、高尚的精神文化、平和的心态文化为主要内容的文化体系建设，努力使人文与传播学院的文化引领二级学校风尚。在研究特色上，与专业方向相匹配，编辑出版学专业以融媒体与区域传播为研究特色，广告学专业以企业形象与品牌传播为研究特色，汉语言文学专业以中华商务文化为研究特色，文化传播教学部以文化传播为研究特色，以此形成研究优势，给专业以有力的学术支撑。如此，专业特色（知识教育）＋人才特色（能力培养）＋文化特色（素质教育）＋研究特色（学术支撑），就可构建起以立德树人为根本任务的人才培养体系。

大力加强学风建设。学风是一种学习风气和学习氛围，又是一种群体行为和无形环境，不但能使学生受到潜移默化的熏陶和感染，还能内化为一种向上的精神动力。紧密结合人文与传播类专业特性，我们提倡"学人文做君子，用人文担道义"的做人与做事相结合的学生教育理念，大力加强学风建设。学风建设点面结合，齐头并进：以制度"框"学风、以管理"严"学风、以考纪"促"学风、以文化"化"学风、以教风"带"学风、以社团"浓"学风、以竞赛"引"学风、以技能"提"学风、以榜样"树"学风、以环境"造"学风。我们认为，检验学风建设成效的标志大致有十项：（一）课程考试的成绩优秀率与不及格率；（二）学科性或专业竞赛的参与率及其获奖情况；（三）考研率（报名率、上线率、复试率、录取率）；（四）上课迟到率、旷课率；（五）上课精神状态；（六）期末考试作弊率；（七）大学英语四六级考试通过率；（八）获得校级及以上优秀学生称号数量及频次；（九）图书借阅量和借阅率；（十）职业资格证书等报考比率及其通过率。总之，学风是学校的灵魂，学风建设是学校的永恒主题，学风建设要久久为功，常抓不懈。

弱化行政权力。有人直抒：大学不是党政机构，也不是公司集团。教师是大学的中坚，也是大学的核心，他们才是大学真正的主人，只有这样，大学才能称得上为大学，这是大学使命所要求的质的规定性。所以，我们高度重视教学组织和学术组织的建设，保障教学指导委员会和学术委员会按章程开展教学和学术活动。学院党政负责人皆不在其中担任主任、副主任或委员职务，只为教学、学术组织提供政治引导、思想保障、政策支撑和议事服务。凡事关教学、科研等重大事项，交由教学指导委员会、学术委员会研究议定，充分保障教师在治教、治学中的话语权和决策权，在二级学院力所能及的范围内，最大限度地弱化行政干预和行政权力。

重视制度的正向约束。邓小平同志讲："制度好可以使坏人无法任意横行，制度不好可以使好人无法充分做好事，甚至会走向反面。"还有人讲："制度是国家的良知，规则是群体的智商。"因此，我们不断健全和完善规章制度，严格教学程序，规范教学行为，而这些规章制度，努力做到"七个体现"：一是体现教师教书育人的作用，做到全员育人、全过程育人、全方位育人；二是体现尊重教师，尊重教师的知识、劳动、创造和成果；三是体现关爱学生，为学生负责，为家长负责；四是体现教师是办学主体，人才培养是中心任务；五是体现对教研室主任的尊重和地位的维护，不能让他们既为难又担责；六是体现对教师治教、教师治学方式的探索；七是体现公平公正，规避教学行为的"偏向"。

旗帜鲜明地捍卫规则。尊重和遵守规则是一种教养、一种风度、一种文化、一个现代人必需的品格。我们反复强调，人文人既然都经过长期的人文专业或学科训练，从事的又都是人文专业或学科的教学与研究，就都应该是温文尔雅、文质彬彬的君子，担负起"化成天下"的使命；而要"化成天下"，自己则必须首先做到尊重规则、遵守规则！尤其是为人师表、言传身教、教书育人的教师，任何人必须得按照规则行事，必须得在规则许可的框架下开展工作，除学术研究可以另辟蹊径、挑战权威外，日常教学行为不能凭自己的性子和意愿，不是"戏弄"规则，就是"挑战"规则。为此，我们旗帜鲜明地提出坚持"四让""四不让"："四让"——让担当付出的人不吃亏、让用心干事的人不吃亏、让踏实本分的人不吃亏、让遵守规则的人不吃亏；"四不让"——不让投机取巧的人占便宜、不让我行我素的人占便宜、不让里挑外撅的人占便宜、不让挑战规则的人占便宜。

倡导管理者践行"十讲"。高校管理人员，无论是上层还是中层、下层，首先是个学者，其次才是个管理者，我们倡导管理人员必须做到"十讲"：（1）讲学习。学理论、学先进、学经典，向书本学、向师生学、向对方学。（2）讲团结。带头珍惜好在一起共事的荣耀和缘分，带头团结好来自四面八方的师生员工。（3）讲正气。努力使自己成为大家喜欢与之在一起的那个充满正能量的人。（4）讲规矩。心无旁骛地严守规矩，一言一行都要以规矩来约束，以规矩来衡量。（5）讲民主。严格遵守党的民主集中制原则，贯彻好党政联席会议制度。（6）讲理性。考虑问题要符合逻辑，处理事情不冲动，不凭直觉。（7）讲科学。凡事要实事求是和公允合理，不能有脱离现实的纯思维的空想。（8）讲规范。一事一物，任何工作，都不能随性而为，马虎应付，要符合规定的标准。（9）讲奉献。时刻牢记教师的主体地位，为教师服好务、做好事。（10）讲担当。立足本职，勤勉敬业，对组织负责、对岗位负责、对教师负责、对自己负责，不扯皮、不推诿、不计较、不埋怨。

号召教师常持"十问"。教师是学生的楷模，又是学生的导师，我们号召教师时常扪心自问：（1）我有没有放任自流、自甘平庸而愧对"人师"这个称号？（2）我有没有经过充分的积累而具备讲好每门课程的能力和水平？（3）我有没有能融入主流群体并为之增加正能量的人格和品行？（4）我有没有关心团队的发展并在其中发挥应有的作用？（5）我有没有理解组织的工作意图和核心价值并为之付诸实践？（6）我有没有甘于担当并为他人付出的愿望与精神？（7）我有没有以自我为中心而侵害或妨碍他人权益的言行？（8）我有没有在自身与他人价值发生冲突时客观公正地换位思考的习惯？（9）我有没有足够的学识用以指导学生的学术活动或创意设计？（10）我有没有锐意进取并提升自我的规划和行动？我们认为，如果教师能时时刻刻以上述"十问"自省，就会成为一名道德高尚、学识渊博、值得尊重的教师！

告诫学生恪守"十戒"。大学生正处人生成长期，必须立志高远，修身增智，我们告诫学生要恪守"十戒"：一戒沉溺玩娱，荒芜正业，虚度青春光华；二戒无视律纪，罔闻诲教，游戏知识殿堂；三戒心浮气躁，好高骛远，不屑脚踏实地；四戒目光短浅，胸无大志，舍弃美好前程；五戒索然寡居，形单影只，远离朋辈群体；六戒失信违约，不守诺言，毁誉人格品行；七戒自私自利，损人益己，伤害同窗情谊；八戒贪逸享乐，不念艰辛，挥霍双亲血汗；九戒忤逆尊长，心无感恩，背离人伦天理；十戒志趣低俗，败风伤雅，辱没诗书礼仪。如果学子能时时以此告诫自己，规劝自己，就能成为一个高尚的人，一个纯粹的人，一个有道德的人，一个脱离了低级趣味的人，一个有益于人民的人。

类此种种，都是我们一以贯之的主张，有些是我们的所为，有些是我们的所愿，有些是我们的所想，有些是我们的所盼。不管哪种，只要我们的职责能够触碰得到，我们都会坚持不懈。这其中，有些是过程，永远在路上；有些是氛围，永远在营造；有些是理念，永远要秉持；有些是戒律，永远要遵守！所以，我们所遵循和倡导的这些主张，没有时段，没有止境！而正是这些主张，勾勒出人文与传播学院发展的灵魂。在成立以来的三年多时间里，人文与传播学院的全体管理人员包括教研室、实验室负责人，表现出了高度的人文情怀，为教师提供了周全而又细致的服务，他们的工作得到了全体教师的赞誉；全体教师表现出了高度的人文素养，对管理人员给予了真诚而又充分的信任，由此，管理人员和全体教师双向互动，彼此尊重、彼此关爱、彼此包容、彼此和善、彼此鼓励，形成了与人文与传播学院之名相符的人文精神之实，提升了全体教职工的归属感与向心力。

为此，我把这些主张汇集起来，以《人文道理——一位普通高校人文人的教育理念与思索》为名呈现给大众，希翼得到方家的评判与指正。

当然，人文与传播学院的发展离不开学校党委、行政的正确领导，也离不开职能部门的大力支持，还离不开其他二级学院的无私援助。借此机会，我要向所有关心、帮助人文与传播学院发展的人们致以崇高的敬意！

在此，我还要特别感谢我的同窗复旦大学历史系主任黄洋先生，感谢他在百忙之中为本书作序。

张开祝

2018年6月28日

目 录

001　序

001　自序

001　第一章　人文理念与主张

002　起好步　走好路　建设清新典雅的人文与传播学院

013　教师十问

014　高校管理人员"十讲"

018　关于规则与守规则问题

027　关于特色与使命的构想

035　坚定不移地走好应用型人才培养之路

040　如何彰显我们的专业建设能力与水平

043　我们的差距、原因及今后的基调

049　我们为什么要严抓毕业论文工作

057　若肯付出，必有收获

060　站在高峰之巅可以领略无限风光

066　瞄准大小事　做好产学研

069　我们应如何对待科研课题的申报

074　大学学科建设应规避的几种思维

078　高校二级学院要处理和把握好的十个关系

086　**第二章　人文浸润与化育**

087　以"博士之树"摇动"学士之树"

093　学生十戒

094　学风何来　教风何往

097　大学学风建设体系及成效标志

100　我们的自媒体

104　在人文的诗书礼乐中创造人生的辉煌

108　老师与你携手同行，相伴成长

116　大学生婚姻：法理可行，现实不允

119　大学生应如何承受父母之重

122　大学生择业必须把握好四个维度

125　大学生组织观教育不是可有可无

128　就业，大学生不该任性和倨傲

131　毕业了，意味着什么？

133　母校和老师永远与你同心同在
　　　　——献给人文与传播学院所有毕业生

136　**第三章　人文精神与文化**

137　山东工商学院发展目标简史

147　自立自强　团结奋进
　　　　——山东工商学院办学精神

161　学科立校　人才强校　特色兴校
　　　　——山东工商学院的发展战略与实践

171　山东工商学院校风之沿革

177　我们这样走来

　　——山东工商学院二十年校庆专题片解说词

184　30年的纪念：山东工商学院文化应该是个什么样

190　我们是如何规划校园文化建设的

196　构建德育品牌工程　打造德育工作特色

203　树立德育首位意识　做好德育评估工作

211　我们是怎样坚持党委中心组学习的

216　繁荣发展哲学社会科学　高等学校责无旁贷

222　"10个必须"：随团出访俄罗斯高校之心得

225　第四章　人文关怀与管理

226　高校中层领导与下属行为关系探析

233　高校教师，你幸福吗

　　——基于山东工商学院的个案调查

263　高校宣传思想工作应树立和践行的基本理念

270　高校党员及基层党组织的服务与被服务问题

276　大学需要"大师"，也需要"整师"

　　——梅贻琦"大学非谓有大楼乃有大师"之说今释

284　用好人才是高校吸引人才、稳住人才的关键

290　附录　人文道理集萃

291　人文道理集萃Ⅰ：大学与教育篇

295　人文道理集萃Ⅱ：管理与文化篇

300　后记

第一章

人文理念与主张

起好步　走好路
建设清新典雅的人文与传播学院①

2015年是山东工商学院建校30周年，就在这年的 8 月2 日，学校党委宣布成立人文与传播学院，下辖汉语言文学、编辑出版学、广告学三个专业，原工商管理学院广告学教研室、政法学院编辑出版学教研室和汉语言文学学教研室、社会科学教学部中文教研室、公共管理学院中外文化经典导修教研室教师调整到人文与传播学院。

一、关于人文与传播学院的劣势与机遇

毋庸讳言，人文与传播学院刚刚组建，与学校30周年的历史比、与学校的主干学科比，有着诸多劣势，作为一个独立发展的教学单位存在，不能不正视自己的"短板"。

（一）大环境劣势

大环境劣势指社会大环境。我们现有的广告学、编辑出版学、汉语言文学三个专业都属文学门类，都属人文学科，而人文学科在世界范围内都被列为"无用"学科，尽管它不该成为冷门，但现在的确很冷，因为它不能产生直接的经济效益。大家可以百度一下，百度百科这样告知人们：辨别大学文科中"人文学科"和"社会科学"的一个便捷的办法是：文科中

---

① 本文是2015年9月22日在人文与传播学院成立后第一次全体教职工大会上讲话的主要内容。

凡是不那么实用、因而也不那么赚钱、趋于冷门的学科大致就是"人文学科"了，而比较实用、赚钱和热门的学科，例如经济学、法学，则大致属于"社会科学"。我们对此尽管悲哀，但也无可奈何。

（二）中环境劣势

中环境劣势指学校的办学属性。我们学校天生就是财经类院校，叫中国煤炭经济学院，而且我们引以为豪的就是原煤炭部所属的唯一一所财经类院校。后来尽管改名为山东工商学院，办学属性仍然以经、管学科为主，而且管理学科、经济学科都进入全国百强。所以，我们生存于以经、管学科为主的财经类高校之中，我们既不是办学主体，也不是主干专业，更不是发展重点，当然会处于劣势。

（三）小环境劣势

小环境劣势指人文与传播学院自身。一是师资队伍数量不足，结构不合理。从职称结构看，总体上，我们的副高职称以上人员比例为44.7%，已经不错了，但具体分析就会发现问题：广告学专业教师6人，全部为讲师；编辑出版学专业教师8人，仅2人为副高以上职称，其中一人还临近退休年龄；汉语言文学专业教师8人，与中文教研室教师7人一并计算，15名教师中仅有教授1人。再从学历结构看，我们38人中博士仅有10人，占26.3%，与那些博士化的院部相比我们还差得很远。二是我们的学科实力羸弱，科研成果不丰硕。当然，这方面的情况我还没有完全掌握，仅凭日常感知而下的这个结论，其实我真心期望我的这个结论是个谬论。所以，师资队伍的数量与结构、学科与科研的实力是我们自身不容回避的劣势。

尽管我们有这样那样的劣势，但我们毕竟撑起了三个专业的教学，挑起了全校公共课和选修课的重担。所以，我们每一个人都是坚守这块阵地的英雄好汉！因为，没有我们的坚守，就不会有人文与传播学院的成立，就不会有我们大家坐在一起共谋发展大计，这就是我们的逻辑！

那么，我们有这么多劣势，是否就没有了机遇呢？答案是否定的。针对劣势而言，我们也有三个方面的机遇。

（一）大环境机遇

如果世界的情形我们只能雾里看花的话，我们中国的情形已经十分显现。有三个大事件：一是2013年11月26日，习近平总书记到山东曲阜孔府考察，并发表重要讲话，还到孔子研究院，表示要"仔细看看"《孔子家语通解》《论语诠解》两本书；二是2014年9月24日，习近平总书记出席了纪念孔子诞辰2565周年国际学术研讨会暨国际儒学联合会第五届会员大会开幕式，并发表重要讲话。这两个大事件用山东大学儒学高等研究院执行副院长王学典教授的话说，标志着中国传统文化的再出发。三是今年刚刚过去的2015年8月23日至29日，在山东济南召开的第22届国际历史科学大会。国际历史科学大会是当今世界影响最大的历史学国际盛会，素有"史学奥林匹克"之美誉，大会首次在亚洲国家举办。习近平总书记为大会发来贺电，刘延东副总理出席并宣读。本届国际历史科学大会在中国举办，对推动中国历史学和整个人文社会科学发展，将产生深远的影响。这三个大事件，都标志着人文学科的春天将会到来。

（二）中环境机遇

学校已经成立了人文与传播学院，这不仅说明学校党委、行政已经意识到我们的人文学科已有一定程度的积累，而且还表明学校需要人文学科的发展。所以，学校就索性揭开捂在人文学科头顶上的盖子，腾出宽绰无比的空间，让人文学科独立自主地发展。这同时，学校党政主要领导多次表示，一定会高度关注人文与传播学院的发展，一定会帮助解决人文与传播学院发展过程中遇到的各种问题。

（三）小环境机遇

我们的队伍尽管人数不足，结构不太合理，但我们毕竟有38人的骨干队伍。这是我们过去、现在、将来发展历程中最主要的依靠力量。这其中

40岁以下教职工比例为50%，说明我们很年轻，有朝气，有活力，有发展后劲儿，许多青年教师已经表现得相当出色，已经在学校不同层面留下了很好的口碑。我们的人文与传播学院从零开始，没有历史包袱。只要有进步，都是我们的惊喜。所以，我们的队伍年轻有为，只要我们敢于迎接挑战，善于把握机遇，我们的发展未来可期。

二、关于人文与传播学院的使命和下一步工作打算

人文与传播学院是在纪念建校30周年的档口新成立的教学单位，我们不仅要一切从零开始，而且还要接过以前三个专业及全校"大学语文""中外文化经典导修"等公共课、选修课的接力棒。其实，无论大院还是小院，无论是老院还是新院，所有工作无非是教育教学、科学研究、服务社会、文化传承，无非是课程建设、专业建设、学科建设、师资队伍建设，无非是行政工作、党务工作、群团工作、学生工作，等等。总而言之，工作内容都是一致的。一句话，人家30年来干的工作我们要干，人家现在不用干的工作我们仍然要干。所以，干什么已经很明确，怎么干才是最关键！

我们首先应该明了人文与传播学院为什么应运而生？也就是说，人文与传播学院肩负着怎样的历史使命？综合学校党委、行政的初衷，以及各位领导与我们的谈话精神，我感到，学校党委、行政之所以组建人文与传播学院，有三个方面的考虑。

一是专业布局调整的考虑。

我们学校虽然是以经济、管理学科为主，兼有文、法、理、工等6个学科门类的财经类、多科型高校，但是长期以来，我们的中国语言文学类专业和新闻传播类专业——汉语言文学、编辑出版学淹没在法学学科里，广告学淹没在管理学科里，三个专业的生存与发展或多或少受到了局限。这次调整的不仅仅是咱们的人文与传播学科，但调整最大的恰恰是咱们的人文与传播学科，把广告学从管理学，把汉语言文学、编辑出版学从法学

分离出来，组建人文与传播学院，目的是整合力量，让我们的人文与传播学科三个专业独立发展。

二是人文素质教育的考虑。

有一本关于中国大学人文教育的书，其中单独设立一节，就是告诫大学教育要处理好商法职业教育与人文素质教育的关系。我们学校恰恰是典型的商科院校，提倡的是儒商之道，把"培养具有新儒商精神的高素质应用型人才"作为办学特色，这就更离不开我们的人文教育。正如我们的校长说的那样，成立人文与传播学院是我校发展历史上的重大举措，尽管经管学科是我校的办学主干和优势学科，但是，要走内涵式发展道路，全面提升学生的素质，就必须加强人文教育，因为人文素质才是人的核心素质和核心竞争力。

三是大学文化建设的考虑。

我们学校建校30周年了，我们的大学文化是什么？可以说，我们有了大学文化的"苗"却没有大学文化的"树"，有了大学文化的"形"却没有大学文化的"魂"。为了尽快推进我们的大学文化建设，学校党委和行政决定组建人文与传播学院，希冀人文与传播学院在我们的大学文化建设中贡献自己应有的力量。

以上三点就是我们人文与传播学院诞生的出发点，自然就是我们人文与传播学院所肩负的历史使命。所以，我们带着使命而生，就要责无旁贷地履行好这三个使命。这就是我们今后工作所要紧紧围绕的方向。

我是一个比较现实的人，在没有实现目标之前，不会指点江山，也不会激扬文字，我所追求的是干中说、边干边说、干了再说。所以，我只围绕怎么干，提出以下不成熟的看法，供大家讨论或者评判。

（一）明晰理念

所谓理念是人们经过理性思考及实践，对于某一方面工作所形成的思想观念、精神向往和理想追求，是指引人们对该项工作从事理论探究和实践运作的航标。所以，理念具有理想性和引领性，决定工作的走向。我们叫人文与传播学院，弘扬的是人文精神，培育的是人文情怀，提升的是人文素养，传承的是民族文化，那么，我们的工作就要对得起这个高端、大气、上档次的名字，就要明晰我们的工作理念。

人文，是人类文化中先进的、科学的、优秀的、健康的部分，集中体现为重视人、尊重人、关心人、爱护人。作为一个具体的人，只有首先做到重视别人、尊重别人、关心别人、爱护别人，才能得到别人的重视、别人的尊重、别人的关心、别人的爱护。所以，今后应该坚持什么、反对什么，倡导什么、抵制什么，我们应该有一个基本的价值判断。

我们的校训是"惟平惟准、近知近仁"，其中蕴含着深厚的人文情愫，就是说，无论是做人还是做事，都要平和淡定、公允真实、理智豁达、仁爱友善。校风是敬业、诚信、求是、创新。那么，如何在校训、校风的大框架下，确定我们人文与传播学院的工作理念？如何用凝练的文字把它表达出来，用以引领我们的行为？

我查阅了不少人文著作，最终在清华大学国学研究院院长陈来教授的著作《中华文明的核心价值》中发现了八个字："崇仁贵和，尚德利群。"这八个字是陈来教授用以描述中国文化的基本价值的。我认为，这八个字，与我们的校训"惟平惟准、近知近仁"相合，与校风"敬业、诚信、求是、创新"相应，也与我们的人文、传播相符。所以，今天提出来，作为一个备选方案或者我个人的意愿表达，供大家审视。

（二）凝心聚力

凝心聚力就是相互适应，相互融合，尽快形成团结协作、和谐进取的大集体。我们现有的38人中，从专任教师角度讲，来自工商管理学院、公共管理学院、政法学院、社会科学教学部四个教学院部的五个教研室；从全体人员角度讲，来自校内的国际商学院、学报编辑部、图书馆、资产管理处以及上述的四个教学院部，还有校外的中国传媒大学、山东农业大学，共计三所高校十个单位，我们这些都是来自四面八方的"英雄豪杰"，各有各的行为方式、性格秉性、喜好取向，这本身没有对与错、是与非，关键要看我们每一个人能否与他人很好地适应和融合。好在我们都是"圣达立言，化成天下"的人文专家、学者，求同存异，和谐共处是我们的内心所愿。所以，我们每一个人，尤其我们正副书记、正副院长们，都要以身作则，顾全大局，努力营造与我们人文与传播学院这个博雅、清新、靓丽的名称相吻合的风清、气顺、人和的美好局面。

另外，我们还要意识到，我们现有的广告学、编辑出版学、汉语言文学三个专业，它们有着极高的相关度，都需要对方的专业素养作为功底，所以，我们的三个专业在今后的任何方面都要优势互补，相互依存，决不可各自为政，相互拆台，这是我们的大局。大局破碎，全盘皆输！

（三）守正出新

要干好工作，前提是要明确自己的主业和正业是什么，找准了主业和正业，就要坚守它，然后推陈出新。毋庸置疑，人才培养就是我们的主业和正业。我们的人文与传播学院虽是"小新"，但"小新"有"小新"的好处。在我们立足未稳和形势发展尚不明朗的情况下，我们要把壮大我们的师资队伍、增强我们的实力放在首位，不盲目扩张专业和招生规模，坚定不移地走精细化培养之路，集中我们的人力、物力、财力，拿出我们每一个人的看家本领，精心培育好投靠我们门下的这些莘莘学子，让他们享受应该享受的教育资源，让他们得到应该得到的知识熏陶，这是我们的良知，也是我们的王道。

正如党委书记给我们指出的那样：目前，我们的核心问题是目标定位问题，对此我们必须有清醒的概念。与有些院校不同，我们的人文与传播学院是汉语言文学、编辑出版学、广告学合而为一，并不是单纯的人文学院，也不是单纯的传播学院，尤其是在我们这样的财经类高校中设置人文与传播学院，我们的目标定位不仅要与我们学校总体办学属性、办学目标相一致，还要面向商业和市场经济这个主战场来思考问题，所培养的学生还应该有高品位的思辨能力和与时俱进的文字写作、编辑能力，还要有与之密不可分的艺术、美术、美学、经典阅读等素养。一句话，人文与传播学院培养的学生，应该有着明显不同于其他学院学生的气质与品格。为此，我们要走出去，多调研、多学习，考察了解综合型、专科型及财经类高校人文学科的办学经验和做法，然后鉴别比较，取长补短，办出自己的特色和水平。

（四）建章立制

规章制度关乎工作秩序、事业成败、人心向背。我们是新建的教学单位，规章制度建设显得尤为迫切和突出。我们会积极汲取老牌学院的经验和做法，尽快制定、健全符合我们自己实际情况的规章制度。今后，一事一物，一举一动，必须合乎制度，合乎规范，决不能随心所欲，随性而为。这里的规章制度建设包括方方面面，涉及经费管理使用、教师外出学习考察、教师请假及调课、学科建设和科研工作、教育教学研究、职称评定及分级、讲课酬金发放、学生教育管理等等。当然，规章制度正式实施之前，我们会广泛征求教职工的意见和建议，努力使规章制度成为绝大部分教职工的意愿表达。

（五）崇尚学术

这里的"学"指的教学、学习、学问、学风，"学术"与权术、心术相对，指的是"学之术"，就是教学之术、学习之术、学问之术，当然还包括我们日常所说的学术之术。我始终认为，大学人有思想、有文化、有知识、有素质，是觉悟性、达理性都很高的群体，尤其是我们的人文与传播学院的各位教师，都有着经过长期专业训练的人文素养和人文情怀，我们的人文与传播学院应该是一个高度自觉、高度理性的"学之术"团队，所以，在今后的工作中，我们要坚守"四讲四不讲"，即：讲学术、不讲权术，讲学派、不讲帮派，讲学位、不讲官位，讲学道、不讲霸道，在我们人文与传播学院上下形成浓郁的崇尚学术之风。

（六）塑造文化

我们是人文与传播学院，我们必须有文化；我们有广告学、编辑出版学、汉语言文学三个专业38名教师和554名学生，我们有人才、有智慧、有能力。所以，我们必须建设好我们的文化，包括物态文化、制度文化、行为文化、心态文化、视觉文化，这些文化一定要有高品位、高颜值，一定要与由广告学、编辑出版学、汉语言文学专业组成的人文与传播学院相称，用文化凝聚我们人文与传播学院的力量，用文化引领我们人文与传播学院的发展，用文化塑造我们人文与传播学院的形象。

（七）坚守底线

我们现行的教育方针是：教育为社会主义现代化建设服务、为人民服务，把立德树人作为教育的根本任务，全面实施素质教育，培养德智体美全面发展的社会主义建设者和接班人，努力办好人民满意的教育。显然，我们办的是社会主义大学，培养的是社会主义事业建设者和接班人。这是不容置疑、不容含糊的政治指向。横在我们教师面前有三条底线：一是政治底线，二是法律底线，三是道德底线。我们常说一句话："学术研究无禁区，课堂讲授有纪律。"这个纪律，就是这三条底线。作为一名站在社会主义大学讲台上的教师，必须坚守这些底线，决不可越雷池一步。

在这里，我还想与大家交流的是，尽管"学术研究无禁区"，但每一家学术期刊都受国家法律法规的制约，办刊坚守的首要标准就是政治标准，否则，轻者停刊整顿，重者吊销刊号。尽管你可以无禁区地研究，但是人家可是有禁区地办期刊；尽管你的研究成果很前沿、很犀利，但是人家绝不可能为你拿期刊的身家性命开玩笑。所以，教学也好，研究也好，一定要符合最基本的规范要求。

三、关于班子成员的态度

人文与传播学院成立以后，学校党委就为它配备了班子，成员共五人，借此机会，我代表我们五位表达五层意思，希望大家监督：

第一，讲学习。 在座的各位老师和班子除了我以外的其他成员，都来自学校四面八方，身上有着许许多多高贵的品质，如大气仁厚、深邃内敛等等，对教学科研管理工作有着丰富的实践经验和教学院部工作经验，这些高贵的品质和丰富的经验是我们的宝贵财富，我们一定以谦逊的态度，民主的作风，认真地加以相互学习，相互借鉴，并发扬光大。

第二，讲团结。 尽管人文与传播学院是新团队，但大家于我们或者我们于大家都是老面孔，而绝大部分人还不是老面孔这么简单。所以，能走在一起共事，是我们莫大的荣耀和缘分。我们一定会在这个团队里带头珍惜好这种荣耀和缘分，带头团结好我们来自四面八方的兄弟姐妹。

第三，讲正气。 现在，网络上流行一句话——我喜欢和你在一起，因为你有正能量。我们会时时刻刻以这句话来勉励自己，时时刻刻以这句话来检测自己的言行，努力使自己成为大家喜欢与之在一起的那个人。

第四，讲规矩。 规矩就是党纪国法，就是方针政策，就是制度准则，就是道德规范。一个人如果有了规矩，其内心就会平衡，就会内敛，否则内心就会紊乱，就会膨胀。同样，一个单位如果有了规矩，就会有秩序，就会有生态，就会有和谐，就会有进步。所以，在人文与传播学院的各个职位上，我们会心无旁骛地严守规矩，一事一物都以规矩来约束，以规矩来衡量，决不随心所欲，随性而为。

第五，讲民主。 我们的人文与传播学院是个集体，集体需要凝集各方面的力量，需要依靠各方面的智慧，这样我们才能成长、才能进步。所以，在今后的工作中，我们会严格遵守党的民主集中制原则，贯彻好党政联席会议制度，遇事多方请教、多方协商、多方沟通，把我们的人文与传播学院建设成一个又有集中又有民主，又有纪律又有自由，又有统一意志，又有个人心情舒畅的生动活泼的集体。

总而言之，我们会堂堂正正做人，勤勤恳恳做事，清清白白履职，以自己最大的努力，不辜负学校党委和行政的任命，不辜负人文与传播学院全体师生的期望。

我们相信，只要我们大家团结一心，奋发有为，一步一个脚印地前行，我们的人文与传播学院一定会发展壮大。

（公众号推送日期：2016年7月30日）

教师十问

曾子有曰："吾日三省吾身。为人谋而不忠乎？与朋友交而不信乎？传不习乎？"我们的先贤祖师爷尚且如此，我们今天的教师更应该扪心自问。

一问：我有没有放任自流、自甘平庸而愧对"人师"这个称号？

二问：我有没有经过充分的积累而具备讲好每门课程的能力和水平？

三问：我有没有能融入主流群体并为之增加正能量的人格和品行？

四问：我有没有关心团队的发展并在其中发挥应有的作用？

五问：我有没有理解组织的工作意图和核心价值并为之付诸实践？

六问：我有没有甘于担当并为他人付出的愿望与精神？

七问：我有没有以自我为中心而侵害或妨碍他人权益的言行？

八问：我有没有在自身与他人价值发生冲突时客观公正地换位思考的习惯？

九问：我有没有足够的学识用以指导学生的学术活动或创意设计？

十问：我有没有锐意进取并提升自我的规划和行动？

如果我们的教师能时时刻刻以上述"十问"自省，他就会成为一名道德高尚、学识渊博、值得尊重的教师！

（公众号推送日期：2016年7月24日）

高校管理人员"十讲"

高校管理人员无论是上层、中层还是下层，大都有学历、有专业、有知识、有文化。首先应该是个学者，其次才是个管理者，在日常职业行为中，要有虚怀若谷、海纳百川的气度，内敛含蓄、和蔼谦恭的气质，礼贤下士、淡定善行的气节。故此，须践行"十讲"。

一讲学习。学习是一种修养、一种境界、一种品位，一个进步的阶梯。学习方式多种多样，途径无处不有，可以学理论，学先进，学经典，可以向书本学，向师生学，向实践学。现代社会日新月异，新知识、新技术、新思想层出不穷，只有学习才能丰富头脑，开阔眼界，提高觉悟，增强本领，只有学习才能与时代同步，与时代为友。正如著名数学家华罗庚所言："在寻求真理的长河中，唯有学习，不断地学习，勤奋地学习，有创造性地学习，才能越重山跨峻岭。"所以，学习不能停歇，学习没有终点。

二讲团结。团结是大局，团结是涵养，团结是品行，团结是精神；团结出力量，团结出成绩，团结出人才；团结是成功的基石，没有团结就不会有理所当然的成功，这是亘古不变的真理！法国古典文学作家、著名的寓言诗人拉·封丹说过："若不团结，任何力量都是弱小的。"作为管理者，要珍惜好与你身边人共事的幸运与缘分，团结好来自四面八方的师生员工，用一颗真诚的心，去面对集体中的每一个人，让每一个人都能在团结的氛围中感受自身的价值，体味心灵的和谐，享受集体的温暖。如此一来，每一个人都能在愉悦而又美好的憧憬中迸发生机和活力，为实现共同的理想或完成共同的任务而自觉前行。

三讲正气。正气是种声誉，是种豁达，是种号召力，是种正义公平的阳刚之气。所谓"其身正，不令而行；其身不正，虽令不从"，正是正气的魅力所在。《文子·符言》有曰："君子行正气，小人行邪气。内便于性，外合于义，循理而动，不系于物者，正气也；推于滋味，淫于声色，发于喜怒，不顾后患者，邪气也。"要想使自己成为大家都喜欢并愿意在一起的那个人，必须一身正气。有正气，就会使人百毒不侵，百病不染，无论人在何时，都会逍遥自在，轻轻松松；无论身居何地，都会光明磊落，坦坦荡荡。所以，正气还会为工作、生活带来惬意和美好！

四讲规矩。规矩是群体的智商，是群体的利益。尊重和遵守规矩是一种教养、一种文化、一个现代人必需的素质。不遵守规矩，就是破坏群体的平衡和群体的和谐，受伤的是群体中的每一位成员，失掉的将是自己的信誉，从而使自己无法在社会中生存。《韩非子·解老》中说："万物莫不有规矩。"因此，无论何时何地，都要心无旁骛地严守规矩，一言一行都要以规矩来约束，以规矩来衡量，不可逾越规矩一步。守规矩，是对自己最大的保护，也是对他人莫大的尊重。

五讲民主。民主是一种风范，一种气量，一种谦和，会让人如沐春风，亲切而有磁性。"一切的一切都开始于相互尊重，人是有感情的动物，需要平等和民主与理解和信任。"所以，凡事不可独断专行，不可刚愎自用，不可一意孤行，重大或重要问题多与身边人商量，多与师生员工沟通，要耐心听取他人的意见和建议，虚心接受他人的批评和帮助。只有民主，才能达成目标的一致性；只有民主，才能增强行动的向心力。

六讲理性。理性犹如自信之淡定、娴熟之恬静，是温文尔雅、不慌不乱的心理祥和，给人以信赖、以安全、以舒适。海涅曾说："照耀人的唯一的灯是理性，引导生命于迷途的唯一手杖是良心。"理性是一名管理者的基本素质。无论是决策议事还是处理日常事务，都要遵守事物的发展本性和自然进化原则，靠符合逻辑的推理而非依靠表象而获得结论、意见和行动的理由。

七讲科学。科学是一种对待问题的态度、观点和方法，以严谨、客观、事实为标准，不以想象、主观、虚假为前提，多表现为真理或对真理的追求，这是大学的本源和大学的灵魂所在。管理本身就是一门科学，离开科学，管理就会走入歧途。由是，凡事要实事求是，公允合理，不能有脱离实际的纯思维的空想，更不能放纵个人性格，无视客观现实。

八讲规范。规范是标准，是典范，是秩序，是对思维和行为的约束。管理的法则或宗旨就是把复杂的问题简单化，把混乱的事情规范化，让人、让事、让物在标准的轨道上运行，在秩序的环境中发展，而不是繁文缛节，杂乱无章。否则，无以为管，无以为理。因此，一事一物，任何工作，都不能随性而为，马虎应对，都要符合规定的标准，讲求和谐的秩序。

九讲服务。管理是种服务，服务就要奉献，奉献就得无私。没有无私之德，没有奉献之道，没有服务之心，任何人都没有资格管理他人。在高校，管理尽管有效，但它并不万能，它代替不了教学和科研，只有教学和科研才是大学的逻辑起点和终点。管理者必须站在教师的主体地位这一边，为教师诚心诚意办实事，尽心尽力解难事，坚持不懈做好事。

十讲担当。担当是种道义，担当是种品格，担当是真正的管理者不可推卸的责任。只有担当，才能受人尊敬，才能给人以信任。否则，无以为信，无以为立。担当其实很简单，就是立足本职，扎实工作，勤勉敬业，对组织负责、对岗位负责、对教师负责、对自己负责，精心谋事、潜心干事、专心做事，不扯皮、不推诿、不计较、不埋怨。

以上"十讲"，绝非文字之叠加，也绝非应景之作，而是建立在以下现实基础之上的。

高等学校是育人的圣地，学术的殿堂，文明的场所，生活在这里的师生员工有思想、有文化、有知识、有素质，是觉悟性、达理性以及自主性、反叛性都相对较高的群体，在智商和情商两方面，不一定管理者就比被管理者要高、上级就比下级要高。那种"横眉冷对式""强制压迫式""独裁专横式""居高临下式"的管理方式，师生员工是不会买账、心悦诚服的。面对高校知识群体这一特殊的管理对象，选择一种更加尊重人、理解人、关心人、爱护人，更加强调机会均等、人格尊严、谦逊守道、自由和谐的柔性管理方式，对于调动师生员工的积极性，发挥师生员工的创造性，凝聚师生员工的力量，会起到事半而功倍的效果。

因此，这"十讲"，高校管理人员不是可有可无的！

（公众号推送日期：2016年11月13日）

关于规则与守规则问题①

最近一段时间以来，北京野生动物园老虎袭人一死一伤事件、中国游客在美自驾游遭车祸四人全部遇难事件、中国台湾载大陆游客大巴车起火26人无一生还事件，引发了国人关于规则与守规则的反思与思考。有人为此呼吁："三起血案，应该唤醒我们的规则意识，不仅是尊重规则，还要有对违反规则的不容忍、不妥协、不漠视。因为，守护规则，就是对自己最大的保护。"

其实，早在2300前，老祖宗荀子就已经告诫过：人们不可能脱离社会组织而生活，为了保证社会组织有序运转，人们必须遵守行为的规则。

现代人说："制度是国家的良知，规则是群体的智商。……人的天性是相同的，入尧舜之国则为尧舜，入桀纣之国则为桀纣，能够于逆流之中保持自身高洁情操的，是稀有物种。"

还有人说："人类的心理是微妙的。当大多数人都遵守某种秩序的时候，你也会向那大多数靠拢，成为守秩序的一份子，享受秩序带来的便利，偶尔破坏秩序的时候还会心怀愧疚。而当社会的大多数都不遵守秩序时，遵守秩序感觉自己像一个'另类'！这大概就是劣币驱逐良币的过程吧。"

还有人说："'行为'就是和外界的互动，互动就会产生后果。所以，行为需要进行规范，这就是'规则'的由来。"

---

① 本文是2016年4月21日在人文与传播学院教研室主任会议上讲话的一部分，所有引号内的文字皆来源于他人，不是本人原创，恕不一一标明出处。

由此可见，无论什么组织，不管正式的还是非正式的，其中无论什么人，不管地位高还是地位低，心中一定要有规则，言行一定要守规则。

何谓规则？《现代汉语词典》的解释是："规定出来供大家共同遵守的制度或章程。"

百度百科的解释是："运行、运作规律所遵循的法则"，"一般指由群众共同制定、公认或由代表人统一制定并通过的，由群体里的所有成员一起遵守的条例和章程。它存在三种形式：明规则、潜规则、元规则，无论何种规则，只要违背善恶的道德必须严惩不贷以维护世间和谐。明规则是有明文规定的规则，存在需要不断完善的局限性；潜规则是无明文规定的规则，约定俗成无局限性，可弥补明规则不足之处；元规则是一种以暴力竞争解决问题的规则，善恶参半，非道德之理的文明之道。"

规则通常与规矩相通、并用。那么，何谓规矩？《现代汉语词典》的解释是："画圆形和方形的两种工具，借指一定的标准、法则或习惯。"

百度百科的解释是："校正圆形、方形的两种工具，多用来比喻标准法度。"

所以，无论规则，还是规矩，都是指向人们行为的标准和应遵守的制度。在此，我们不说外界，就说我们自己——山东工商学院人文与传播学院。

俗话说，无规矩不成方圆。一般来讲，规矩就是规则，方圆就是行动。一个组织或单位的正常运转，得有一定的规矩、规则作为保障。山东工商学院人文与传播学院去年（2015年）8月组建，教师来自于4个方面（工商管理学院、政法学院、公共管理学院、社科部），党政管理人员来自于学报编辑部、国际商学院、图书馆、工商管理学院、政法学院、公共管理学院、资产处多个部门，差一点儿就"四面八方"！这些人的思维方式、行事风格、工作习惯等，肯定会受原单位的规矩或氛围影响。但是，人文与传播学院是新建的一级组织，要想让它正常运转，或者说要想把这些来自四面八方的人拢在一起，必须得有规矩，而且这些规矩不能只停留在口头上，得落实到纸面上，得明确，得看见；更不能停留在要求上，得落实到行动上，得遵守，得执行。

人文与传播学院成立一年来，在学校规章制度的基础上，又陆续制定和出台了一些实施办法，比如：

《人文与传播学院党政联席会议议事规则（试行）》

《人文与传播学院例会制度》

《人文与传播学院学术委员会章程（试行）》

《人文与传播学院教学指导委员会章程（试行）》

《人文与传播学院关于加强教风学风建设的实施意见》

《人文与传播学院关于严格执行教研室工作条例规范教研活动的意见》

《人文与传播学院关于教职工参加国内外学术会议的暂行规定》

《人文与传播学院关于加强教师课堂教学秩序管理的暂行规定》

《人文与传播学院课堂考勤管理办法》

《人文与传播学院关于毕业论文指导、写作、答辩、归档工作实施意见》

《人文与传播学院导师制实施意见》

《人文与传播学院文档管理责任制》

······

这些规章制度和实施办法就是我们的规矩，就是我们的规则。我们出台的这些实施办法，事先都以不同的方式和渠道征求了教职员工的意见。虽然如此，这些规则不敢保证十全十美，但既然颁布了，我们任何人必须得按照这些规则行事，必须得在这些规则许可的框架下开展工作，不能想干什么就干什么，想怎么干就怎么干，由不得自己的性子，由不得自己的意愿，因为人文与传播学院是一个组织，是一个团队，这些规则就是我们人文与传播学院群体的智商！

如果在实际执行过程中发现有什么问题，或者你有什么好的建议，就请以适当的方式提出来，以备修正这些规则。但是，在没有修正规则之前，就要想方设法加以遵守和执行，而不是想方设法加以抵制和挑战，要坚决反对那种"暴力抵抗"或"非暴力不合作"行为。

有一个命题就像吃饭用嘴一样明确，就是人必须遵守规则！但总有些人就是不遵守规则，挑战规则，为什么？答案也很简单，不遵守规则可以不受到约束，可以随心所欲，甚至还能够为自己带来利益。

然而，不遵守规则最终受到伤害的是组织和组织中其他人的利益，因为不守规则的人会破坏组织生态或者组织秩序，会引发人心恐慌，造成无序或不当竞争。如果长此以往，这样的人的结局就会很凄惨，就会像挑战猴王位置失败的猴子一样，被赶出猴群，自己去过离群索居、郁郁寡欢的日子。

有人总结了一个有关组织的不是法则的"法则"，即："对于组织而言，你的能力是非常重要的，是能够胜任工作的一个必要条件，但同时还有一个更重要的条件，就是你是否愿意热情、主动地付出。如果你不肯付出，总是让组织为你特别费心协调来迁就你的习惯，你就会变成组织前进的阻力，那么，即便你能力再强，也是多余的。"

这个"法则"告诉我们：在组织中，不能解决问题反而制造问题的人，或者不遵守规则反而破坏规则的人，其能力再怎么强，也是组织的累赘、组织的麻烦、组织的负担、组织的负能量，有他不如没他！这时，你如果不主动退出或者做出自我修正的话，你的处境就会很痛楚、很尴尬，要么被组织闲置，要么被组织淘汰！

做好组织中人，是每个人应尽的本分。如何做好组织中人？除了信守规则外，要做到以下几点。

1. **为人要中和。**中和，是中庸之道的主要内涵。《礼记·中庸》说，喜怒哀乐之未发，叫做中；喜怒哀乐发而有节，叫做和。做到中，是天下之"大本"；做到和，是天下之"达道"。现实中，我们要做到中和，就是看问题要不偏不倚，要客观公正，能够控制住自己的情绪。凡事不能按照自己的意愿，想这么说就怎么说，想怎么干就怎么干，根本不把别人的意见或统一部署放在眼里，心里总是不平静、不平衡，总为自己设立"假想敌"，自己把自己摆在大家的对立面，或以下犯上，或对人不尊不重！更不能不懂规矩，不讲分寸，分不清轻和重、大和小、上和下，时不时藐视一下这儿，动不动挑战一下那儿，不安分，不中厚，不和善，总认为自己对、别人错。清华大学陈来教授提出的中国文化的基本精神"崇仁贵和、尚德利群"，应该可以用来提醒组织中人，凡事要心平气和，凡事要彬彬有礼，凡事要温文尔雅，凡事要和为贵！

2. **处事要大气**。组织中的每一个人，无论职务、职称、资历是高是低，学问、学识、学业是大是小，身份、地位、荣誉是显是微，他有没有魅力，关键看他是否存"大气"。何谓大气？大气就是舍得，就是无我，就是仁厚，就是胸怀，就是雅量，就是一种海纳百川、胸怀日月、笑看世界的气概，一种从容大方、自然天成、胸有成竹的气量，一种成熟宽厚、宁静和谐、舍我其谁的气度。具体地说，大气就是要有君子风范，要拿得起、放得下，不可斤斤计较；说话办事要干脆利落，不可患得患失。大气就是让人感到你堂堂正正、坦坦荡荡，具有信得过、靠得住的人格魅力。

"崇仁贵和，尚德利群"，就蕴含有"大气"之意。所以，一所大学里的科级以上干部或者教研室主任，有没有威信，或者能不能带起团队，靠的就是能不能行"大气"，靠的就是能不能从教师角度考虑问题，万万不可与本单位的教师争利益、争待遇。凡斤斤计较，有便宜就沾、没利益就躲的人，形不成核心和凝聚力，带不好团队。高校二级学院的科级以上干部或者是教研室主任，天生就是苦差事，其职责就是担当难事和教师不愿干或者无法干的事。当然，科级以上干部或者是教研室主任也有利益，也有诉求，为了保证和维护这些人的利益和诉求，上一层级组织和领导自然要有制度设计、政策安排和工作考虑，决不能让他们这些人既流汗又流泪。否则，团队谁来带头，谁来担当，谁来负责？组织或者组织导向，应该做到"三让"：让担当付出的人不吃亏、让用心干事的人不吃亏、让踏实本分的人不吃亏。

3. **心胸要坦荡**。老祖宗早有定论，坦荡荡者为君子，长戚戚者是小人。百度百科说："胸怀坦荡就是敞开胸怀容载万物。"心胸坦荡、开心见诚是一种德行，是一种光芒，会为自己和别人带来豁达、带来快乐、带来明媚。反之，欺天瞒地、心存杂念是一种恶行，是一种阴暗，会为自己和他人带来焦虑、带来悲伤、带来阴霾。所以，组织之中，人与人、人与组织之间必须光明正大，不能搞阴谋诡计，不能当面一套、背后一套。不能对统一部署的事，当面表示赞同，背后不予落实，或者按照自己的逻辑，朝相反的方向行事，瓦解组织效力。要心地坦诚、磊落，出主意、想办法，要与人为善，襟怀坦白，不可挖坑埋人，不可设局套人，不可有隐私暧昧不可告人之处。如果有好的意见和建议，要本着向好、向善、向上、向和、向前的态度，客观、理智地提出来，不要掺杂任何个人利益和情感。《朱子语类》有曰："譬如人，光明磊落底便是好人，昏昧迷暗底便是不好人。"所以，组织中的人一定要做"好人"，不可做"不好人"。

4. **思想要合流**。工作中，而不是学术中，看问题、想事情、出主意，要符合大众口味，要符合新常态。思想要跟上新趋势、新变化，不能把自己的思想放在过去的不合时宜的做法上，要与组织保持步调一致，所干的事情，所持的观点，所说的话语，事事处处、方方面面都要与组织设定、组织目标、组织要求保持在一个"频道"上，心往一处想，劲往一处使，不能有任何偏离组织的杂音、噪音、反音。任何公开的言行，都要有利于组织朝向的一致性，有利于组织内各方力量的团结，有利于自己在组织中形象的确立。中国文化的基本精神"崇仁贵和，尚德利群"中的"利群"，就有"合流"的意思。

5. **行为要有效**。管理学上有个概念叫有效管理。有效管理有"六项原则"（即注重成果、把握整体、专注要点、利用优点、相互信任、正面思维），其中第一项就是"注重成果"，即管理重在追求或取得成果，检验管理的一个原则是：是否达到了目标，是否完成了任务。也就是说，无论干什么，或者怎么干，都要有成效；没有成效，或没有达到设定的目标，没有按照设定的要求行事，任何忙忙碌碌都是徒劳无益的。我们经常说，干事干事，既要干，也要干出事、干好事；只知道干，不知道干出事、干好事，一切付出都是白付出！这就是行为要有效的道理。

总而言之，人不可能脱离组织关系而存在，也不可能让组织服从你个人的意愿，更不可能让你在组织中肆意妄为。

尤其人文与传播学院，其中绝大多数人都经过多年的人文学科、人文专业训练，从事的又是人文学科、人文专业教学与研究，担负着"化成天下"的使命，所谓的"文明以止，人文也"，"圣达立言，化成天下，人文也"，"言圣人观察人文，则诗书礼乐之谓，当法此教而化成天下也"，"人文，人理之伦序，观人文以教化天下，天下成其礼俗，乃圣人用贲之道也"，等等。这里的"文明以止""圣达立言""诗书礼乐""人理之伦序"，莫不指向规矩、规则。所以，要想"化成天下"，我们自己必须首先做到尊重规则、遵守规则！

回过头来看看我们制定和出台的这些规章制度，我们曾经在党政联席会上讨论过，认为这些文件总起来看有"七个体现"：

一是体现了教师教书育人的作用，做到全员育人、全过程育人、全方位育人；

二是体现了尊重教师，尊重教师的知识、劳动、创造和成果；

三是体现了关爱学生，为学生负责，为家长负责；

四是体现了教师是办学主体，人才培养是中心任务；

五是体现了对教研室主任的尊重和地位的维护，不能让他们既为难还担责；

六是体现了对教师治教、教师治学运行机制或方式的探索；

七是体现公平公正，规避教学行为的"偏向"。

既然如此，希望全体教职员工齐心协力，不折不扣地落实这些规章制度，做到"四让""四不让"：

"四让"：让担当付出的人不吃亏、让用心干事的人不吃亏、让踏实本分的人不吃亏、让遵守规则的人不吃亏；

"四不让"：不让投机取巧的人占便宜、不让我行我素的人占便宜、不让里挑外撅的人占便宜、不让挑战规则的人占便宜。

这就是我们的规则和守规则的基准线，也就是我们的最低标准或最起码的要求。真心期望人文与传播学院每位教师在日常工作中把握和遵守，尤其是党员教师，更应该带头遵守。

总而言之，学院和教研室不是对立的，教研室和每位教师也不是对立的。有课程或者专业才有教师，有教师才有教研室、才有学院，没有课程或者专业何言教师？没有教师何言教研室、学院？既然有了学院、有了教研室，就要按照一定的规则来组织教师、服务教师、管理教师，然后更好地建设我们的课程或者专业，培养好我们的学生！所以，学院、教研室、教师三者是相辅相成的，互为依存。山东工商学院人文与传播学院是由38个个体组成的"利益共同体"，而这个利益共同体的"黏合剂"就是规则。没有规则，我们就是一盘散沙，就会杂乱无章，就会一事无成！

以下是最近媒体上流行的关于规则和守规则的忠告，也是本文赞同和持有的关于规则和守规则的价值观：

"在这个处处讲背景的年代，规则才是对我们这些没有背景的人最好的保护。它鞭策我们老老实实奋斗，也佑护我们平平安安回家。它让我们每一餐都吃得安安心心，每一觉都睡得踏踏实实。这条路看上去最长最远最累，可是这一路没有密布丛生的荆棘，也没有暴风骤雨，更没有不怀好意的狼外婆。"

"守规则，才是这个世界上最简单的路。"

"尊重和遵守规则是一种教养、一种风度、一种文化、一个现代人必需的品格。没有这样一种品格，人将无法在社会中生存。不遵守规则，失掉的将是人的信誉。"

"规则不是关于行为规范的最高标准，而是最低标准，就是底线，也可能是红线，越界了，就要受到惩罚。"

"规则和法律一般是对于行为规范的最低标准，以达到自律和他律的平衡。规则是最起码的要求，应该成为一种刻到骨子里的习惯。"

"守规则不仅是对自己最大的保护，也是对他人最大的尊重。"

"千万要远离那些不守规则的人，因为雷劈他的时候，可能会连累到你！"

"有个好爸爸，并不一定保证你一生无忧，可是遵守规则，你永远能活得坦坦荡荡。"

"再也没有什么比规则更冷冰冰、硬邦邦、毫无人情，你不遵守它，它比老虎还要可怕；当你遵守它，它就是你最坚实的盔甲和最温暖的外衣。"

但愿每个人都能认真学习规则，努力践行规则。

（公众号推送日期：2016年8月4日）

关于特色与使命的构想

《山东工商学院"十三五"发展规划（2016—2020年）》中有两段文字：

一段文字是指学校层面："继承传统，追溯渊源，把握时代，凝练特色，既要发掘传承办学历程中沉淀而成的大学精神和文化品质，又要解放思想勇于创新，结合现代大学办学理念，深入凝练山商人文精神，挖掘底蕴深厚、特色鲜明的大学精神文化内涵，进而规范化、体系化表达，成为全校师生的行为规范和共有的精神家园。"

另外一段文字是指二级学院层面："鼓励各院部结合自身历史传统、学科专业特色和时代发展要求，凝练'学院使命'和'学院特色'，形成各具特色的院部文化，促进院部特色发展、个性发展。"

这两段文字中，有三个关键词应引起重视：一是学院特色，二是学院使命，三是人文精神，而且前面两个，原文中还打了引号，因此，凝练"学院特色"和"学院使命"，二级学院自然责无旁贷；而要凝练学校人文精神，恐怕人文与传播学院跟其他学院不同，也应有义不容辞的责任。

所以，我们要思考：什么是人文与传播学院的特色？什么又是人文与传播学院的使命？这两个问题必须由我们自己给出明确的答案。

为此，我们暂作如是构想，求教于方家。

一、关于特色

根据《辞海》《新华词典》《现代汉语词典》和百度百科等词语工具的解释，"特色"的主要特征可以归纳为四点：

第一，特色是一事物区别于他事物的显著的风格、色彩和形式；

第二，特色是事物所表现出来的独有的风格、色彩和形式；

第三，特色是事物独具特点的、与众不同的、格外突出的风格、色彩和形式；

第四，特色是事物特别优胜的风格、色彩和形式。

所以，能称为有"特色"的事物，必须是独具特点的、与众不同的、格外突出的、特别优胜的，具有鲜明的差异性、特殊性、独有性、显著性和优越性。

二、关于办学特色

（一）办学特色是什么

1. 办学特色的定义与特征

由"特色"的概念和特征，我们可以对"办学特色"做出以下定义：

所谓办学特色，是指一所高校在办学过程中所表现出来的本校独有的、与众不同的、格外突出的风格和品质。具体有以下三个特征：

（1）特色是指在长期办学过程中积淀形成的，本校特有的，优于其他学校的独特优质风貌，即有区别于同类的特征，有明显高于同类的优势。

（2）特色应当对优化人才培养过程、提高教学质量作用大，效果显著，即有突出的实践效果。

（3）特色有一定的稳定性并应在社会上有一定影响、得到公认，即有应用、推广价值和示范作用。

2. 办学特色体现的层面

根据教育部颁布的《普通高等学校本科教学工作水平评估指标等级标准及内涵》的解释，办学特色可以体现在四个不同层面：

（1）体现在总体上的特色——治学方略、办学观念、办学思路；

（2）体现在教育上的特色——教育模式、人才特色；

（3）体现在教学上的特色——课程体系、教学方法以及解决教改中的重点问题等；

（4）体现在教学管理上的特色——科学先进的教学管理制度、运行机制等。

因此，任何可以称得上"办学特色"的东西，除了要符合以上条件外，还有一个最为关键的因素：就是必须能直接作用于人才培养，不能直接作用于人才培养的"特色"不能称其为"办学特色"。

办学特色必须与办学历史、办学传统、办学指导思想、办学理念、办学层次、办学定位以及人才培养方案与目标相适应。

（二）办学特色不是什么

综合方家观点，要准确把握办学特色，还必须把握"办学特色不是什么"：

1. **办学特色不是办学成绩**。办学特色与办学成绩是有区别的，办学成绩不一定能成为办学特色。某些方面的工作做得好是成绩，但别人也做得好就不是特色了。

2. **办学特色不是改革探索**。办学特色不等于办学的改革探索。适应高等教育发展变化的大势，各个学校都在进行改革的探索，有的改革探索在社会上影响很大，但这不一定就能成为办学特色。

3. **办学特色不是改革成果**。办学特色不能简单地与改革成果画等号。有一些改革成果值得学习和借鉴，但不一定能归纳为办学特色，特别是一些阶段性的改革探索经验和成果。

4. **办学特色不是办学经验**。有些办学特色其实就是办学经验，这些办学经验要上升为办学特色，需要有一个长时间的积淀过程。

5. **办学特色不是办学水平**。办学特色可以构成一定的办学水平，但是办学水平不完全表现为办学特色。特色主要体现在横向的差别上面，水平主要是纵向层次的高低。办学特色往往构成一个学校的办学优势，而不一定是水平最高。

6. **办学特色不是特色学科和特色专业**。办学特色并不是指特色学科和特色专业，因为单科性学校一般都有某种学科专业特色和优势，如把他们合并成综合性学校，其特色和优势就不明显了。

7. 办学特色不是服务面向。办学特色不是服务面向等共性的东西，如把办学特色概括为"立足地方，面向全国，培养地方经济社会建设需要的具有创新精神和实践能力的应用型人才"，这是地方学校的共性要求。

8. 办学特色不是学校学科类别。不能把学校的理、工、农、医、经、管、法、文等学科类别作为办学特色，也不能把综合性、多科性等作为办学特色。因为学校的学科类别是学校的办学属性，同一类别的学校全国有许多所，都把类别作为办学特色就不能成为办学特色了。

综上所述，办学特色不仅孕育着丰富的理论色彩，而且从根本上指向怎样办学的问题，关乎一所大学的生存和发展，尤其在高等教育日趋激烈的竞争态势下，办学特色是一所大学的竞争战略，更被视为大学的核心竞争力。

三、关于使命

根据《辞海》《现代汉语词典》《汉语大词典》和百度百科等词语工具的解释，"使命"有三种基本的解释：

1. 使者所奉之命令、差遣。

2. 奉命出使之人。

3. 任务、责任。

后来，多把"使命"引申为肩负重大的任务和责任。

马克思曾说过："作为确定的人，现实的人，你就有规定，就有使命，就有任务，至于你是否意识到这一点，那是无所谓的。这个任务是由于你的需要及其与现存世界的联系而产生的。"使命是客观存在的，不以人的意志为转移，无论人们是否愿意接受，无论人们是否意识到，是否感觉到它的存在，这种使命都会伴随人出生而降临到每个人身上。

所以，人有人的使命，组织有组织的使命，作为高校基本教学单位的二级学院，自然也应担负起相应的使命。

四、关于人文与传播学院的特色

我们学校是以经济、管理学科为主，兼有文、法、理、工六大学科门类的多科性、财经类、应用型高校。也就是说，人文与传播学院是在经济、管理学科为主的应用型高校中开展人文与传播类专业（汉语言文学、编辑出版学、广告学）教育的，所以，人文与传播学院的特色必须在这个大框架内加以考虑，否则，无以为靠，无以为根，无以为养，我们必须紧紧依靠学校经济、管理类这个办学主体，努力培育自己的特色。

（一）专业特色构想

在专业特色上，我们的构想是：

第一，将汉语言文学专业打造为商务文秘方向；

第二，将编辑出版学专业打造为新媒体与财经传播方向；

第三，将广告学专业打造为广告创意策划与管理方向。

也就是说，相对普通意义上的汉语言文学专业、编辑出版学、广告学而言，我们既坚持了各专业的基本理论，又融入了财经方面的基本知识。应当说明的是，根据办学特色的定义，"财经"是我们学校的办学属性，不能作为我们学校的办学特色，但作为人文与传播学院而言，完全可以把财经融入我们的人文与传播类三个专业人才培养方案中去，形成我们的专业特色。

（二）人才特色构想

在人才特色上，我们的构想是：针对人文传播类专业属性，突出学生的"六大核心能力"培养：

（1）认知能力

（2）批判能力

（3）审美能力

（4）创造能力

（5）表达能力

（6）教化能力

2017年的一项重要工作就是修订人才培养方案，在新修订的人才培养方案中，我们会将这"六大核心能力"培养纳入其中加以体现。

我们认为，无论是专业建设还是人才培养，如果没有了这些特色，我们的人文传播类专业教育就会"武功尽废"，一事无成！

（三）文化特色构想

《山东工商学院综合改革方案》中提到："培育具有院部特色的校园文化品牌，实现'一院一品'，构建院部文化建设的新格局"；学校领导在2017工作会议上也强调要"形成院部特色文化"。所以，除了以上专业特色、人才特色外，人文与传播学院还应该有一项特色，即文化特色。

有道是："大学即是文化，文化即是大学。"作为一所大学中的人文与传播学院必须有文化，必须有高品位、"高颜值"的文化，而且这种文化不仅要成为它的特色，还要成为它的特长，让文化成为超越其他二级学院的一面旗帜！所以，我们要用心培育人文与传播学院的文化，并使之成为体系。

根据我们自己的理解与构想，人文与传播学院的文化体系应该包括以下九个方面。

（1）韵美的物态文化

（2）优质的教学文化

（3）理性的学术文化

（4）规范的制度文化

（5）儒雅的行为文化

（6）清新的环境文化

（7）鲜明的特色文化

（8）高尚的精神文化

（9）平和的心态文化

以上九种文化，需要我们在以后的工作中不断充实，不断凝练。我们的工作宗旨是：用文化凝聚力量，用文化引领方向，用文化推动发展，用文化塑造形象。

（四）研究特色构想

与专业方向相匹配，编辑出版学专业以融媒体与区域传播为研究特色，广告学专业以企业形象与品牌传播为研究特色，汉语言文学专业以中华商务文化为研究特色，文化传播教学部以文化传播为研究特色。以此形成优势，对专业以有力的学术支撑。这是我们今后需要进一步凝聚的特色。

如此这般，专业特色（知识教育）＋人才特色（能力培养）＋文化特色（素质教育）＋研究特色（学术支撑），就能构建起以立德树人为根本任务的人才培养体系。

应当注意的是：无论是一所学校，还是一个学院，特色不能过多，过多就等于没特色；也又不能过弱，过弱没有足够的支撑，也就是说内涵过少，形成不了特色。同时，特色更多的是历史积淀，是不用挖空心思来"总结""提炼"的。特色更多的是"过去时"，而不是"将来时"。但是，特色必须要有意识培育，要有明确的指向，靠"水到渠成"的功夫很难形成特色。

五、关于人文与传播学院的使命

（一）人文与传播学院成立的缘由

2015年8月，在学校建校30周年之际，学校党委、行政出于三方面的考虑，决定组建人文与传播学院。

1. **专业布局的考虑**。整合各方力量，让汉语言文学、编辑出版学、广告学三个人文传播类专业不再"寄人篱下"，而是独立发展。

2. **素质教育的考虑**。人文素质是人的核心素质和核心竞争力。尽管经管学科是学校的办学主干和优势学科，但是，学校要走内涵发展道路，全面提升学生的素质，就必须加强人文教育。

3. 文化建设的考虑。经过30年的建设，学校已经有了大学文化的"苗"，却没有大学文化的"树"；有了大学文化的"形"，却没有大学文化的"魂"。为此，要组建人文与传播学院，助推大学文化建设。

（二）人文与传播学院的使命

在大学，如果只讲专业教育，而不讲人文教育，则"大学之魂"就会不守，"大学之道"就会不存。所以，人文与传播学院既然带着使命而生，就要肩负起这些使命：

1. 肩负所设专业——汉语言文学、编辑出版学和广告学人才培养使命，为社会输送合格的应用型人才；

2. 肩负面向全校各专业开展人文通识教育的使命，全面提升大学生的人文素养、人文情怀和人文精神；

3. 肩负大学文化建设使命，为学校有特色开放式高水平工商大学建设贡献才智。

担当这三项使命，除了人文与传播学院外，绝无仅有！

但是，人文与传播学院毕竟是个新生事物，相比较而言，其三个专业设置的时间不长，师资队伍还很年轻，学科实力还很弱，在特色和使命面前，人文与传播学院任重而道远！

（公众号推送日期：2017年3月13日）

坚定不移地走好应用型人才培养之路①

今天在座的都是外国语学院、人文与传播学院的教师，都是人文人，从事的都是人文教育工作，这么一帮人坐在一起讨论"应用型"人才培养，总感觉别扭、尴尬，因为"人文"是无用之用，是为大用。但是，应用型人才培养是大势所趋，关乎学校今后的目标定位及发展走向，我们必须认真面对。

今天的发言有三层意思：

第一层意思：对本次教学工作会议的总体看法

本次工作会议上，分管教学的学校领导做了《以高水平应用型专业建设为抓手，全面提升我校应用型人才培养质量》的主题报告，会议还出台了《山东工商学院高水平应用型专业建设实施方案（讨论稿）》，教务处长对该方案做了详细解读。对这些，一个总体感觉是：简洁明了，清晰具体，没有什么可以说的，就应该这么做！

学校领导在报告中提出的"四个回归"：回归常识（教育的常识就是读书）、回归本分（教育的基本功能就是教书育人）、回归初心（教育工作者的初心就是培养人才）、回归梦想（教育梦就是报国梦、强国梦），这才是真正的大学之道，俗话说：没有教学，哪来的学校！

至于《山东工商学院高水平应用型专业建设实施方案（讨论稿）》提出了应用型专业建设目标、建设路径及任务、保障措施等，但都是"干

---

① 本文是2017年4月27日下午在山东工商学院教学工作会议分组讨论会上的发言。

货"，就看下一步如何展开了。具体举两个例子说明之。

第一个例子：方案中提到的保障措施仅有4条：健全组织，明确职责；完善制度，强化落实；统筹经费，考评绩效；重点投入，分类考核。这么大的一项"变革"或者"转型"，靠这4项远远不够，需要进一步细化、具体、充实。

第二个例子：方案提到的"建设路径及任务"中的第5个问题——"加强'双师型'和'外聘'教师队伍建设"一节，虽然才7行半字，但其中有6句话，每句话都是需要花大气力加以明确的问题。比如要引进"双师型"教师，这个不难。就我们人文与传播学院而言，申请进来的传媒界人士不少，都是40多岁具有高级职称的人员，可谓年富力强，实践经验丰富。但是，这些人真的引进了，由于他们没有经过高校的学术、学科、学识的历练，他们的学术能力就会成为"软肋"。由此带来的局面是：每年有限的引进人才指标被这样的人给占用了，学术能力强的人则被挡在门外，致使师资队伍的整体学术水平仍然没有得到提高。学术水平不行，则科研成果不行；科研成果不行，则学科实力不行；学科实力不行，则硕士点不行；硕士点不行，则办学层次不行！而如果不引进这样的教师，又不符合"应用型人才培养"对师资队伍建设的要求！所以，如何解开这个"心结"，就得有一定的制度安排，否则，就是个无法解开的"死结"！

第二层意思：坚持"应用型"，就得处理好各种关系

对我们这个层次的高校来说，应用型人才培养是个教育模式、教育定位问题，也是一种教育变革、教育转型问题，需要处理好各方面的关系，我认为，至少有10个方面的因素，需要认真思考。因时间关系，在此不展开谈论，只点一下题目：

一是应用型的内涵与外延的关系；

二是应用型与研究型、技能型的关系；

三是应用型与特色办学的关系；

四是应用型与综合素质的关系；

五是应用型与科学研究的关系；

六是应用型与学科建设的关系；

七是应用型与师资队伍建设的关系；

八是应用型与学生深造的关系；

九是应用型的术与道即用与魂的关系；

十是应用型与办学层次的关系。

在应用型人才培养的过程中，这些关系必须加以厘清，否则就会成为工作的羁绊，导致人才培养的"不伦不类"。

第三层意思：我们人文与传播学院应该怎么办

人文与传播学院目前有3个专业：汉语言文学、编辑出版学、广告学。我们注意到，在《山东工商学院高水平应用型专业建设实施方案（讨论稿）》的后面附了一张表格——《我校省级高水平应用型立项建设专业分布情况》。可别小看了这张表格，隐含着重要的信息，主要有二：一是省级高水平应用型立项建设专业涉及9个二级学院，占二级学院总数（17个）的53%；二是省级高水平应用型立项建设专业覆盖30个专业，占"十三五"期间专业总数（控制在50个以内）的60%。这些学院也好，专业也好，都与人文与传播学院无关。为此，我们眼红，我们心急！那么，像我们这些剩下的47%的二级学院和40%的专业怎么办？

前几天，我们参加了一个通识教育高层论坛，调研了一所同层次的财经类高校，从中发现，我们的理念、方向没有错，有些还走到了前面，关键是下一步我们如何落实。如果紧扣应用型人才培养的话，我们至少要解决好5个方面的问题：

一是解决好定位问题。尽管我们是人文学科和人文传播类专业，倡导的是"无用之用是为大用"，但对"应用型"人才培养必须坚守，没有可商量的余地，也没有第二条道路可走。

二是解决好特色问题。特色就是竞争力，特色就是影响力。我们学校是以经济、管理学科为主的财经类、应用型高校，人文与传播学院是在经济、管理学科为主的应用型高校中开展的人文与传播类专业教育。所以，人文与传播学院的特色必须在这个大框架内加以考虑，否则，无以为靠，无以为根，无以为养，无以为用。我们必须紧紧依靠学校经济、管理类办学母体，努力培育自己的专业特色和人才特色。我们的构想是：广告学专业凸显广告创意策划与管理特色，编辑出版学专业凸显财经传播与新媒体特色，汉语言文学专业凸显商务文秘特色。之所以如此，就是针对"应用型人才"的现实选择。

　　三是解决好能力问题。培养应用型人才的目的在于"应用"，而应用的前提是"能力"。一个人的能力有各式各样，有的是核心能力，有的是非核心能力，但针对人文与传播类专业而言，我们提出，所培养的学生必须具备六种"核心能力"，即：认知能力、批判能力、审美能力、创造能力、表达能力和教化能力。这六种"核心能力"，其瞄准的就是"应用型人才"。

　　四是解决好师资问题。培养应用型人才，就得有应用型师资力量，这就是我们前面所说的"双师型"教师。然而，我们人文与传播学院成立于2015年8月，师资队伍建设主要面临两方面的压力：一是教师来源于4个学院，管理人员来源于多个部门，即我们所说的教职工来源于"四面八方"，师资队伍青黄不接，有职称的干不动了，干得动的没职称；二是两年一次的职称评定和一年一个的进人指标，至少在"十三五"期间，师资队伍不可能按照《山东工商学院高水平应用型专业建设实施方案（讨论稿）》要求的那样，有大的质的变化。所以，我们的师资队伍建设任重而道远。

　　五是解决好实践问题。应用型人才培养注重的是学生的实践能力，其核心环节是实践教学。《山东工商学院高水平应用型专业建设实施方案（讨论稿）》提出："提高实践课比重，人文社会科学类重点建设专业实践教学学分占比不低于25%。"这是针对省级高水平应用型重点建设专业而言的，与我们无关。但是，刚刚出台的《山东工商学院关于编制2017版本科专业人才培养方案的实施意见》规定：要强化实践教学，"增加实践教学的学时，提高实践教学的学分要求，人文社科类专业要达到20%以上"。这才是我们所要做的。这个文件还规定，人文社科类专业总学分不超过160学分。这样，实践教学学分就是160学分×20%=32学分。实践教学包括两大类：一类是专业实践，包括独立设置的实验课程、课内实验、实习、实训、课程设计、学年论文、毕业论文（设计）、专业竞赛等；二类是第二课堂实践，包括思想成长、就业创业、创新创造、社会实践、志愿公益、文艺体育、身心情感、工作履历、技能特长、军事训练、劳动实践等。对此，需要我们好好动动脑筋，好好动动智慧。

　　总而言之，对我们这样一所省属高校而言，应用型之路已经明确，没有其他路可走，虽然人文学科强调的是无用之用，但在"应用型"人才培养模式面前，我们清高不得，必须做出理智的选择，拿出切实可行的制度设计，并加以施行。

（公众号推送日期：2017年5月3日）

如何彰显我们的专业建设能力与水平[①]

根据学校的统一部署和有关规定，经过一段时间的调研、论证，编辑出版学、广告学、汉语言文学3个专业教研室已经修订出所属专业的人才培养方案草稿，今天提交给教学指导委员会讨论，并征求进一步完善的意见和建议。

人文与传播学院发展的依靠力量是全体教师，今天在座的是教学指导委员会委员，尽管人数少，但是人文与传播学院发展依靠力量中的中坚力量。所以，我们一定要发挥好自己的聪明才智，拿出自己的真知灼见，帮助3个专业教研室，全方位地审查一下摆在我们面前的人才培养方案。

在审查之前，有5点建议，供大家参考。

第一，在审查过程中，可以提合理化建议，也可以提质疑性建议，只要有利于专业生存与发展，有利于提高教学质量，什么意见都可以提。一个事物要想站得住脚，必须经历肯定——否定——否定之否定的过程。同样，我们的人才培养方案只要能经得住否定之考验，就是成功！

第二，我们事先提出了修订人才培养方案所要遵循的"七项原则"，其中第三项最为关键，是理念性或方向性的，即突出专业特色和人才特色。在专业特色上，要紧紧依靠学校财经类办学母体，走差异化发展道路，即编辑出版学专业要突出财经传播与新媒体特色，广告学专业要突出广告创意策划与管理特色，汉语言学文学专业要突出商务文秘特色。在人

① 本文根据2017年5月22日在山东工商学院人文与传播学院教学指导委员会会议上的发言整理、压缩而成。

才特色上，要紧密结合人文与传播类专业属性，区别于学校其他所有专业，突出培养学生的"认知能力、批判能力、审美能力、表达能力、创造能力、教化能力"等六大核心能力。这是我们能理直气壮地"说事"的重要"砝码"，要坚定不移地贯彻实施。此次修订人才培养方案，首先要着眼于提高人才培养质量，其次要着眼于提高就业率（包括考研、考公、考编）。就目前的形势而言，没有一定的就业率作为保证，人才培养质量再高也等于零。我们提出的突出"专业特色"和"人才特色"，就是针对此而来。所以，我们要以此"两个着眼于"来衡量、审视修订的人才培养方案。关于"专业特色"和"人才特色"，我们曾到财经类、师范类、综合类等高校调研、交流过，可以说，从东到西、从南到北、从我们自身到学校各层面都予以认可，是站得住脚的。

第三，我们要确立一个非常明确的目标，就是广告学、编辑出版学这两个B类专业坚决不能下滑或者裹足不前，要往上争取进入A类专业；汉语言文学专业必须由C类专业上升为B类专业，尽快摘掉"强加"给我们的"C类"帽子！否则，我们头顶上总悬着一把"达摩克利斯之剑"，说砍下来就砍下来，总有不安全之感，又怎能让我们聚精会神地搞建设、一心一意地谋发展！

第四，各个教研室主任要认真地向教学指导委员会汇报人才培养方案修订的总体设计和具体做法，尤其是"专业特色"和"人才特色"是如何体现的，把整个方案的脉络与机理讲清晰。否则，自己内部都讲不清楚，怎么能让外人清楚？对在座的全体人员而言，一定要有定位意识和责任意识：一是作为教学指导委员会委员，要为学院的教学与人才培养负责；二是作为专业教师，要为专业的生存与发展负责；三是作为一名教师个体，要为自己的职业和岗位负责。

第五，人才培养方案是最关键、最核心的教学文本，不仅体现着党和国家的教育方针的贯彻执行，而且体现着专业水平（定位、特色）和人才培养质量。所以，各位专业教研室主任、各位教学指导委员会委员乃至全体教师，对人才培养方案之修订与完善，万万不可粗心大意。

中国历史上有"以空间换时间"之说，用之于专业建设上，我们要有"以时间换空间"之打算，即：从2016年到2020年的"十三五"期间，如果我们每个专业每年都能保证"平稳"招生的话，到2024年那一届学生毕业，人文与传播学院现有的1964年前后出生的人，有的已经退休，有的正好退休，有的即将退休，而那些现有的和今后每年引进的三四十岁的新生力量就会成长起来，壮大起来，我们的专业建设就会有新的建树！到那个时候，我们的生存空间就能得以保证。这就是我们的"以时间换空间"之打算！

人文与传播学院2015年8月建院，3个月后的11月，我们即与那些老牌院部一道，接受了教育部本科教学工作审核评估，经受了本科教学工作审核评估各个环节的考验。在专家组成员的帮助下，我们清醒地认识到了专业建设的不足，明确了今后努力的方向。从教育部本科教学工作审核评估结束那天起，我们就一直在调研学习、比较借鉴其他高校的先进理念与做法，一直盼望着有恰当的时机全面修订完善我们的人才培养方案，告别我们摇摆不定的过去，开启我们新的征程。这次学校统一修订人才培养方案的工作部署就摆在我们面前，我们一定要抓住和利用好这个契机，高质量、高标准、高水平地修订好我们3个专业的人才培养方案，使其定位明确、特色鲜明，从根本上和源头上设计好汉语言文学、编辑出版学和广告学3个专业未来的发展走向，向全校上上下下彰显我们的专业建设能力与水平，捍卫我们应有的专业地位和主权。

总而言之，人文与传播学院作为新兴的学科性学院，与其他老牌的学科性学院相比，在科学研究、学科建设上不能望其项背，但在专业建设上应该有所作为。

（公众号推送日期：2017年9月9日）

我们的差距、原因及今后的基调①

题记：鲁迅在《记念刘和珍君》中说："真的猛士，敢于直面惨淡的人生，敢于正视淋漓的鲜血。这是怎样的哀痛者和幸福者？"

2015年8月2日，学校党委、行政做出决策，在工商管理学院广告学专业、原政法学院编辑出版学和汉语言文学专业基础上，组建人文与传播学院，同时将原社会科学教学部、公共管理学院的部分人文学科教师划归其中。也就是说，人文与传播学院成立至今才2年的时间。

2016年底和2017年初，根据国家、省的相关部署，学校在省级高水平应用型专业建设、省级科研创新平台申报、硕士学位授权点布局等方面做了相应安排。针对此，我们客观而又清醒地认识到了人文与传播学院的差距所在。

怎么说？

一是我们"合不上群"——合不上高水平应用型立项建设专业群。

去年学校组织申报了山东省高水平应用型立项建设专业，全校54个招生专业，已纳入山东省高水平应用型立项建设专业群4个，涉及重点专业、培育专业20个；纳入山东省高水平应用型自筹经费立项建设专业群2个，涉及专业10个。两项合计：专业群6个，涉及专业30个。但是，我们的3个专业哪一个也没有被列入其中。

---

① 本文根据2017年3月21日在学校召开的学科建设研讨会上的发言改写而成。

二是"站不上台"——站不上高等学校科研创新平台。

去年学校组织了山东省"十三五"高校科研创新平台申报工作，各学院申报重点实验室5个、人文社科研究基地3个、新型智库3个。后经整合，学术委员会排序推荐的有重点实验室4个、研究基地1个、新型智库1个。我们既没有被整合的资本，也没有一名教师入围相关团队。

三是"布不上点"——布不上硕士学位授权点。

在2017年1月12日学校召开的硕士学位点预申报部署会上，公布了院长办公会议研究的硕士学位授权点申报方案，其中要在全校范围内整合4个一级学科硕士学位授权点和5个专业学位类别（领域）授权点进行填表预申报，我们2个学科（新闻传播学学科、中国语言文学学科）同样没有被列入，也没有一名教师入围相关学科或专业学位类别授权点。

所以，在高水平应用型专业建设上"合不上群"，在高校科研创新平台建设上"站不上台"，在硕士学位授权点上"布不上点"，此三项，足见我们的差距所在！

原因何在？

对此，如果不说清楚，不讲透彻，不客观、理性地分析，会摇曳我们的心志，轻视我们的能力，毁誉我们的水平，抹煞我们的成绩，动摇我们的信心。需要特别强调的是：第一，不是我们这些老师不作为，而是学校学科发展战略选择上的"有所为、有所不为"；第二，我们过去不行，不代表我们现在和将来不行。一个重要的前提是：正是需要加强人文学科建设，学校才在建校30周年之际组建人文与传播学院，让我们的专业和学科独立发展。这是我们分析问题的出发点和立场所在。

第一，我们的学科犹如"滴滴专车"。

学校目前纳入建设范畴的学科有：

1. 校级优势学科：企业管理、技术经济与管理、会计学；

2. 校级重点学科：管理系统工程、工程与资源管理、产业经济学、金融学、统计学；

3. 校级培育学科：计算机应用技术、计算机软件与理论、微电子学与固体电子学、电路与系统、宪法与行政法学、经济法学、概率论与数理统计、应用数学；

4. 支持建设学科：公共管理、理论经济学、外国语言文学、新闻传播学、马克思主义理论。

全校共计4个层次21个学科。

我们认真分析就可看出，新闻传播学学科与其他20个学科，壁垒森严，界限分明，其他学科融合不进来，本学科又渗透不出去，孤苦伶仃，无依无靠，犹如"滴滴专车"，别人搭不上我们的车，我们也蹭不了别人的车，就是说，我们借不上势，也借不上力，我们孤立无援！

第二，我们的学科刚刚"自立门户"。

我们现有的汉语言文学、编辑出版学、广告学3个专业，以前分属政法学院、工商管理学院，其他教师有的属于公共管理学院，有的属于社会科学教学部，有的属于非教学部门。这些教师，少部分人"投靠"了其他学科，"寄人篱下"；大部分人游离于学科之外，"单打独斗"。过去我们教师所做的贡献，说好听的是"为他人做了嫁衣裳"，说不好听的是被引入"歧途"，瓦解了我们的现在力量，分散了我们的注意力，致使我们的学科建设的"集中度"为零。

2015年开始，我们才真正有了自己的一级学科——"新闻传播学"和"中国语言文学"。为了整合力量，我们选择了"新闻传播学"学科加以重点建设。万幸的是，2016年该学科被学校列入支持建设学科。

在此之前，无论是"中国语言文学"还是"新闻传播学"，连纳入学校学科建设的视野都没有，更不像其他学科那样，经过了多轮、几千万元的建设洗礼了。

所以，虽然"新闻传播学"学科跟其他20个学科并列为学校的支持建设学科，但我们的建设起点为零，历史积累为零，前期投入也为零。

第三，我们的学科一直"平淡无奇"。

新闻传播学学科对应的是编辑出版学和广告学专业，中国语言文学学科对应的是汉语言文学专业。

1. 编辑出版学专业在学校建校20年以后的2005年设置，每年招生65人左右；

2. 广告学专业在学校建校28年以后的2013年设置，每年招生也是65人左右；

3. 汉语言文学专业在学校建校24年以后的2009年设置，开始时招生为65人左右，后来曾停止过招生，再后来只招生35人左右，去年又恢复招生65人左右。

由此可见，3个专业都是"后起之秀"，相比学校主干专业而言，设置时间不算太长，而且其发展一直"平缓"，由它们支撑的2个学科自然也会"平淡无奇"。

第四，我们的学科依然"队伍不整"。

目前，新闻传播学学科拥有学科成员42人。这些数字看似可以，但认真分析就会发现诸多不足：

1. **队伍青黄不接。** 在42个学科成员中，有高级职称者20人，但50岁以上的就占去12人，占了60%，40岁以下的仅有1人。50岁以上的高级职称人员已经过了科研成果产出的黄金期，而年轻有为的教师还没有成长起来。所以，学科的中坚力量不足。

2. **人员来源广泛。** 42个学科成员由来源于人文与传播学院、图书馆和学报编辑部等3个部门的研究人员组成，其中仅人文与传播学院的36人，就来自于原先的政法学院、工商管理学院、公共管理学院、国际商学院、社会科学教学部、图书馆、学报编辑部、资产管理处等多个部门。所以，学科成员来源广泛，意味着学科力量的整合需要花费时间和精力。

3. **学科历练较短**。虽然新闻传播学学科已经集聚起42人的队伍，但绝大多数教师没有真正经历过前几轮学科建设的熏陶和积累，其中：一部分教师由于年龄等原因，已经对科研和学科建设产生了"职业倦怠"，缺乏科研的精力、体力和动力；一部分教师承担公共基础课教学和来自非教学部门，长期没有进入专业建设与学科建设行列，没有承受过前几轮学科建设的任务压力；还有一部分年轻教师科研经验不丰，学术能力不足，学科意识不强，尚需实践的历练。如此等等，致使现有科研成果分布很不均匀，多集中在为数不多的青年博士教师身上。所以，科研成果的获取尚需构建"百花齐放"的局面。

第五，我们的学科地处"边缘地带"。

山东工商学院1986年建校，是原煤炭工业部所属的唯一一所财经类高校，经过30多年的建设与发展，财经类属性还得到进一步强化，其管理学科、经济学科双双进入全国"百强"。

在重点建设的前两个层次（校级优势学科和校级重点学科）中共有8个学科（企业管理、技术经济与管理、会计学、管理系统工程、工程与资源管理、产业经济学、金融学、统计学），全部是管理、经济学科。所以，无论是中国语言学学科还是新闻传播学学科，不是学校发展的核心学科，也不是学校发展的主干学科。

以上五个方面，就是摆在我们面前的现实！

但是，人文与传播学院组建两年来取得的各项成绩证明：过去，产生这些差距的缘由，不是我们主观不努力，而是客观现实不允许。这一点，任何人都应公平、公正地对待！

怎么办？

如果按照学校两年一次的职称评定、一年一个名额的教师引进指标的工作部署，"十三五"期间，人文与传播学院很难靠外部力量或新鲜血液使自己的专业或学科实力发生质的变化，唯有现有的力量才是我们的生力军！

显然，我们要在心中时常默唱《国际歌》："从来就没有什么救世主，也不靠神仙皇帝，要创造人类的幸福，全靠我们自己！"所以，我们必须自力更生，奋发图强。

这其中有三点"定位"必须明确：

第一，我们无法依靠别的专业、学科带动我们，我们也带动不了别的专业、学科。

第二，我们不能依靠学校层面的政策倾斜与特殊扶持，因为学校过去和现今的发展主体与核心不是我们，且将来也不会是我们。

第三，我们要耐得住诱惑，耐得住寂寞，树立恒心，坚定信念，不摇曳心志，不懈怠毅力，千方百计地增强我们自己的实力。

总而言之，希望能坚持好"三为"方针：

学校领导大力支持、关心为本。新闻传播学学科、中国语言文学学科是人文与传播学院的学科，也是学校的学科，学校如不支持、不关心，我们寸步难行。

职能部门手下留情、慈悲为怀。新闻传播学学科、中国语言文学学科是学校最新兴的学科，也是最稚嫩的学科，还处"育苗"阶段，需要悉心呵护，精心培育，需要的是"胡萝卜"，不是"大棒"。

我们自己积极进取、努力为要。要想有地位，必须有作为。成果、成绩、成就、成功不是天上掉下来的，也不是坐而论道等来的，更不是学校、职能部门送来的，都是自己用汗水换来的。所以，没有进取就没有进步，没有努力就没有实力。这是我们成就事业的出发点。

我们相信，明确了这三点"定位"，坚持好了"三为"方针，我们的专业建设、学科建设就会稳扎稳打，步步为营，人文与传播学院的发展就会越来越好！

（公众号推送日期：2017年9月4日）

我们为什么要严抓毕业论文工作

2016年10月25日，经学术委员会全体成员一致同意，《山东工商学院人文与传播学院毕业论文各环节考核标准（试行）》正式发布。

制定这个标准，本属于教学管理过程中很正常的一项工作，居然有部分教师很不甘心，很不情愿，搬出各式各样诸如"心痛"学生等冠冕堂皇的理由，予以质疑，令人颇感意外。好在，几经解释、几番讨论，教师们最终还是统一了思想认识。

为什么要严抓毕业论文工作？如何抓？应达到什么样的水平？

一、关于毕业论文工作中存在的问题

过去，我们的毕业论文在选题、写作、指导、评阅、答辩等各环节，都存在或多或少的问题。

（一）论文选题方面的问题

部分学生的毕业论文选题过于空洞或宽泛，有的论文选题超出了专业范围，有的论文选题超出了指导老师能力范围，还出现了一些"神题目"。

（二）论文写作方面的问题

1. 部分学生的毕业论文摘要写作不规范，将论文摘要写成了引言。

2. 大部分学生的毕业论文英文摘要语言不通顺，过度依赖翻译软件，翻译完成之后没有进行梳理，导致语法混乱，影响论文的质量。

3. 部分学生的毕业论文语言不够学术化，学术功底不扎实，缺乏学术积累，学术素养不高。

4. 个别学生的写作态度不够认真，没有按照学校下发的毕业论文排版规范进行排版，导致论文的行间距、字体不统一，甚至文中标题也出现较多的错别字。

5. 个别学生不听从老师的指导，把老师的要求或督促当成"耳旁风"。

6. 个别学生以见习、实习、考编制、考公务员为借口，拖延论文写作、修改。

（三）论文指导、评阅和答辩环节的问题

1. 有指导教师对毕业论文选题把关不严，责任心不强，论文指导参与度较低。

2. 有指导教师、评阅教师和答辩教师评分不客观，出现评分偏随意、感情分较明显的现象。

3. 有的答辩小组答辩过程过于简单，出现只有评阅教师提问、其他教师旁观的现象。

4. 有指导教师碍于面子或怕担责任，对学生不认真、态度不端正的行为不敢严加督促和要求，以免引起学生的逆反或极端行为。

其实，本科生的毕业论文问题，早已引起社会各方面的关注，尽管有人主张取消本科生毕业论文，但这个主张还没有被哪一级教育主管部门或哪一所高等学校采纳。所以，毕业论文仍然是人才培养的重要环节之一。

《中国青年报》上有篇小文章：《为什么本科论文抄袭难以避免》，它有三个核心观点：

第一，毕业论文压力不在学生，反而转移到指导教师身上。认为学生论文通不过，指导教师不仅丢面子，还影响下届学生的选择。于是，当答辩组认定论文不过关时，为了照顾同事情绪，常以修改论文或延缓答辩论处。也有指导教师觉得某学生论文不像话，提前向答辩组打招呼、说情，因都是同事，答辩教师一般都"和谐"处理了。

第二，教师找不到学生，学生以考研、考编制、考公务员为借口不跟导师联系，临答辩胡乱拼凑一篇应付了事。这样的学生最终还是通过了论文答辩，原因是大学生找工作困难，为了提升就业率，指导老师无法阻挡他们毕业。

第三，学生不以抄袭为耻，拼接论文却轻松通过的案例又起了坏的示范作用，学校的容忍又助推了学生抄袭的"信心"。

这篇小文，把板子都打在了教师、学校身上，仿佛与学生无关！

上海财经大学陈杰教授也有一篇文章：《本科生论文的标准是什么？——从参加复旦大学经济学院本科生毕业论文评审的感想说起》，其中透露：复旦大学经济学院本科生毕业论文先由校外专家通讯评审10篇，而后又举行专家评审会，对论文中的共同情况进行集体讨论，形成总体意见。结果，评审专家你一言我一语，把复旦大学教务处领导给说"毛"了，当场要求复旦大学经济学院分管本科的副院长把那届本科论文全部驳回，让学生重做，其一严格把关格式，逐一过关，其二对暴露出的几篇质量有疑问的论文，严格督查整改，达不到要求的就地"枪毙"。

所以，针对过去毕业论文存在的诸多问题，对照社会对毕业论文的片面看法，借鉴复旦大学经济学院的经验教训，为了教师的职业声誉，为了学校的人才培养质量，本科生的毕业论文只能严抓，决不能放松。

二、关于毕业论文工作标准的依据和特点

有些教师问，制定这个标准有依据吗？其实有没有依据，教师心里比谁都清楚。如果有依据，何必多此一举？正因没有依据，才有此"下策"！其实，说没有依据，是没有具体的、明确的依据，但"学理"上的依据还是有的。

第一，我们过去"无法可依"，没有自己较为详尽的毕业论文工作标准，只是凭直觉、凭判断工作。为此，我们必须制定一个明确标准，以规矩学生和教师的行为，使学生、教师在毕业论文问题上不可随意，不可游

戏。此标准涵盖了论文选题、写作、指导、评阅、答辩、成绩评定等各个环节，每个环节都有正向和反向两个标准，使毕业论文工作做到有"章"可循。但是，这个"章"给不给力，奏效不奏效，一要看老师、学生的执行力度，二要看标准的科学性。这两方面都是主观意识，不存在客观原因，只要肯做，一定能做好！

第二，过去的毕业论文存在很大和很多问题，无论是选题、写作、指导、评阅、答辩，还是成绩评定，问题要比想象的差一些。这些问题如果不纠正，任其蔓延，教师的职业形象、职业行为、职业声誉以及学校的人才培养质量都会受到极大的质疑。针对上述问题，我们集合各个方面的智慧，制定了这个标准，以最大的可能和限度，规避存在的各种问题。就是说，这个标准就是针对上述问题而来，每一条款的背后，都有"过去的故事"。

第三，这么多年的毕业论文工作，无一学生在其中遭遇"滑铁卢"。除了今年（2016年）有2位学生因学分问题而没有达到毕业要求外，其余都欢欢喜喜地拿到了毕业证书和学位证书。这个现象，作为局内人当然希望它是事实，但局外人能相信吗？ 2016年9月22日，山东省教育厅发布的《山东工商学院本科教学工作审核评估报告》明确指出："学位授予率过高，在2014年49个本科专业中，有22个专业学生毕业率和学位授予率达到100%。"为此，学校在即将实行的二级学院目标管理考核中，对毕业证书、学位证书授予率设定了明确的比率限制。尽管考核指标体系还没有出台，但可以肯定，以后毕业证书、学位证书授予率绝不可以是100%！如果还是100%，那是掩耳盗铃，自欺欺人，不负责任！

第四，毕业论文工作标准设定答辩环节分三个阶段，其中第二阶段答辩综合成绩排名在后15%的毕业论文进入第三阶段，第三阶段答辩综合成绩排名在最后的3~5篇毕业论文进入学术委员会复核，这是激励措施，起督促和震慑作用。有教师问：为什么非得15%进入第三阶段，依据是什么？为什么非得最后3~5名进入复核阶段，依据又是什么？ 15%这个好说，只不过多一次答辩而已！关键是那3～5名：其一，按毕业生总数计算，3名不足5%，5名不足10%；其二，1～2名太少，没有意义，不足以有震慑力；其三，3和5是世俗文化中的常数或大数；其四，5名以上过多。其实，提交学术委员会复核的3～5篇毕业论文，标准中并没有说非得有不通过的！我们坚持的宗旨是：决不冤枉一篇好论文，也决不漏网一篇差论文。冤枉好论文，是对态度认真学生的伤害；漏网差论文，是对态度草率学生的纵容！无论冤枉好论文还是漏网差论文，都是一种不公正和不公平！一篇论文的好与不好，不能本专业几个人说了算，必须能服众。每个专业拿出最后的3～5名，让学术委员会集体评判最终结果，会更有说服力！

第五，我们要为教师减压，让教师敢于严格要求。有教师反映，个别学生置教师的要求于不顾，如果太严格了，怕把学生逼向极端，担不起责任。为此，我们制定了明确标准，让指导教师对学生有严格要求的依据，让指导教师事先以标准告诫学生，引导学生按照标准去对待毕业论文，这样就释放了指导教师的压力。如果学生再不尊重指导教师的意见，或者态度不认真、不积极，指导教师就可以依据标准行事，出了问题，可就不是教师的责任，而是学生自己不遵守制度所致。

第六，毕业论文工作标准也回应了就业工作需要，考虑了就业率的压力。如果（仅仅是如果）指导教师可以不考虑就业的话，作为二级学院不能不考虑就业，所以才规定了三个阶段加复核阶段这个办法。这个办法隐含着多重激励，有正激励，也有负激励，目的是倒逼学生既要高质量完成毕业论文，又要尽早签订就业协议。这样，既有利于促进人才培养，又有利于保证必要的就业率，只不过要多组织几次答辩而已。

第七，要为学生的知识、能力和素质负责，为教师的专业、前途和声誉着想。对学生严格要求是责任所在，学生的痛苦是暂时的；对学生放松要求是失职所为，学生的痛苦是长久的。教师热爱学生、心痛学生，值得赞赏！但是，热爱学生、心痛学生绝不是溺爱学生、迁就学生。有一个孩子对父母说："你不能养我一辈子，为何从小娇惯我？"同样，学生也可以对教师说："老师不能罩我一辈子，为何在大学迁就我？"所以，我们决不能为了迁就学生而降低培养要求，也决不能以降低培养要求来换取所谓的就业率。否则，什么教学水平不高、教学质量不好、教师不负责任等等，我们会被社会数落得一文不值！长此以往，就会造成办学声誉不好，专业人数萎缩，直至取消。如果真到了这个时候，那些走出学校的毕业生如何回来？他们会怎么看待我们这些教师？我们这些教师又有何颜面面对他们？所以，我们不能心软，不能拿专业、前途和声誉当儿戏，否则，既害学生，又害教师。

第八，教风和学风建设是高等学校的永恒主题，没有好的教风就没有好的学风，有了好的学风，也能极大地促进好的教风。有学生骄傲地说："我们特别喜欢老师们！老师们都很厉害，真的教给了我们一生都有用的知识。"还有学生庆幸地说："幸亏老师认真负责，因为老师的负责让我们的态度也变得认真。"这反映了我们的学生一是渴望老师多传授给他们知识，二是学生希望老师认真负责。由此可见，教师没有理由应付差事，敷衍了事，应该忠实地履行教书育人的职责。只要教师的教风端正了，学风就不会歪。然而，教风也好，学风也好，两者都不能空喊口号，必须有实实在在的"抓手"。制定毕业论文工作标准，就是让教师和学生双方都能有"章"可循，有"法"可依，在毕业论文工作上马虎不得，应付不得，以推动教师和学生养成良好的教风和学风。如此坚持不懈，一级影响一级，一级带动一级，用不了几年，毕业论文工作就会养成自然习惯，形成良性循环，到那时，教师指导起毕业论文来就会得心应手，学生撰写起毕业论文来就会积极主动。我们倡导学术之风，崇尚学术文化，毕业论文工作本身就是学术活动，就是学术文化的应有之义。制定毕业论文工作标准，严抓毕业论文工作，就是让教师、学生在共同"研讨"毕业论文的过程中，感受学术文化的魅力。我们要坚持这样的信念：要集中人力、物力、财力，拿出每一位教师的看家本领，精心培育好投靠我们门下的莘莘学子，让他们享受应该享受的教育资源，让他们得到应该得到的知识熏陶，这是我们的良知，也是我们的王道。

第九，抓毕业论文与教师的切身利益有关。无论在职称申报方面，还是岗位聘任方面，更或在教学型教授、副教授聘任方面，都把毕业论文作为重要的因素加以考虑，都明确规定"首位指导学生获省部级优秀学士学位论文"，等同于一系列科研成果和荣誉，甚至省部级、国家级科研成果和荣誉。尽管获省部级优秀学士学位论文很难，难道其他条件就不难？指导教师每年指导那么多毕业生，指导这么多年毕业论文，人文专业的学生又比其他专业学生具备更强的审美能力和写作能力，谁说没有可能产生省部级优秀学士学位论文？只要努力了，什么事情都可能发生；如果不努力，除非是天才！

第十，毕业论文是人才培养的重要环节，是教学工作的重要组成部分。我们对待教学和科研的态度是：不能也不敢说"教学第一，科研第二"，只能说"教学工作是头等大事，但绝不轻视科学研究工作"！但是，10月29日，教育部副部长林蕙青在2016年中国高等教育学会学术年会暨高等教育国际论坛上透露，教育部将于今年年底、明年年初颁布实施全部92个本科专业类的教学质量标准，作为本科人才培养质量的国家标准和基本要求。她指出，从全局看，人才培养工作正在升温，人才培养已经被高校摆在更加突出的位置，一些高校"重科研、轻教学"的倾向正在扭转，一些高校的科研优势正在转化为人才培养优势。而高校新一轮综合改革方案普遍将教师评聘奖励制度改革作为重点，重中之重是增加教学权重、引导鼓励教师把精力更多地投到教书育人上。所以，我们抓毕业论文工作，就是抓人才培养工作，就是引导教师把精力投入到教学工作去。这符合高等教育的大势，符合教育部门的要旨。

三、关于毕业论文工作要达到的水平

无论是论文形式，还是论文内容，都要成为全校的标杆，即形式和内容都要为"王"，成为"双冠王"。这就是我们要达到的水平！

这不是说大话，也不是唱高调，更不是吹牛。因为我们是人文学科，人文学科就要讲美学、有内涵。无论广告学、编辑出版学，还是汉语言文学，都是既重形式又重内容的专业，尤其是审美能力和写作能力，是这些专业学生区别于其他专业学生的最基本的专业特征！可以这样说，审美能力和写作能力是这些专业的看家本领，离开这两种能力，他们就会武功全废，无一技之长！所以，毕业论文必须成为锻炼、检验这些专业学生审美能力和写作能力的重要手段，不可有丝毫懈怠，不可有半点马虎。因学校办学属性限制，人文学科的教师在学科、科研上无法成为学校的标杆，但在指导的毕业论文的形式、内容上，有资格、有能力而且必须成为学校的一面旗帜！

在毕业论文工作中，一些基本的、外在的、形式的东西，指导教师负有不可推卸的责任，有7个方面：（1）选题不恰当；（2）题目不正确；（3）结构不合理；（4）格式不规范；（5）观点不清晰；（6）文题不相符；（7）篇幅不达标。类似这些问题，影响了论文质量，要么是指导教师不负责任，要么是指导教师没水平，要么是指导教师既不负责又没水平。尤其是一篇拿不出手的论文，指导教师仍然让其过了关，这是指导教师极大的不负责任，极大的没水平！

以上，就是我们要严抓毕业论文工作的缘由所在！

（公众号推送日期：2016年11月1日）

若肯付出，必有收获①

人文与传播学院教职工共计37人，专任教师30人，你们在座的青年博士占专任教师总数的三分之一还多。

通过一年来的观察和教学、科研工作显示，你们有朝气，有活力，有后劲，表现出了很好的发展势头，有的青年博士已经表现得相当出色，已经在学校上下不同层次留下了很好的口碑。

博士是什么？在中国古代，博士是个官，是个学官，是个教授之官，是个博通古今之官。所谓"博士，博士，博通古今之士"，这句话不是空穴来风！在世界当代，博士是学士、硕士、博士三级学位中最高的一级学位，代表学生能够达到的最高水准。博士，作为象牙塔最顶尖的一小部分人，深受众人羡慕，他们是智慧和能力的象征，是绝大多数人（包括我自己）可望而不可即的梦想。

所以，在座的各位，你们可不是一般人，你们是人文与传播学院的"塔尖"，你们的能量代表人文与传播学院的能量，你们的水准代表人文与传播学院的水准，你们不能把自己局限于一名"教书匠"，不能把自己捆绑于几门课！你们毕业于北京师范大学、武汉大学、南京大学、中国传媒大学、山东大学、上海师范大学、中国海洋大学、东华大学等国内外知名大学，哪一所都无愧于自己现在任职的学校——山东工商学院。百度百科里讲，博士是以学术研究为基础的，离开了学术研究就失去了博士的意

---

① 本文是在山东工商学院人文与传播学院人文讲堂之青年博士论坛启动仪式上的讲话。

义。在西方现代大学里，没有任何可以被承认的"非科学"的"博士"，也没有任何"非科学"的研究活动。

山东大学儒学高等研究院执行副院长、《文史哲》杂志主编王学典教授曾说："有的人研究一辈子，别人不知道你到底是干什么的，你可有可无；或者别人在研究这个领域时不提你，不影响对这个领域的讲述，这都意味着你没有取得相应的成绩。"你们年富力强，学富五车，又站在象牙塔最顶尖，如果不充分发挥你们的作用，让你们既虚度了大好时光，又荒芜了浑身才华，乃是最大的浪费，也是莫大的遗憾！

你们可能有察觉，人文与传播学院成立一年来，在日常教学、科研工作中，给予你们高度关注，对你们予以扶持、督促和施压。学院感到，仅仅这样做还很不够，远远对不起你们的学术能力！经过一段时间的考虑，学院认为，还应该为你们搭建进一步施展才华、释放学问的平台，因此决定从今天开始，启动人文讲堂之青年博士论坛，请你们围绕专业特长和研究方向，面向人文与传播学院所有专业、所有年级学生，举办学术报告。

论坛的宗旨：讲人文、讲人生，给人文学科的大学生以思想、以学术、以智慧、以信心。

论坛的目的：两个方面，一是对我们在座的青年博士：（1）增加青年博士的出镜率；（2）提高青年博士的知名度；（3）锻炼青年博士的学术力；（4）发挥青年博士的骨干性；（5）缩短青年博士的成长期。二是对我们在读的青年学生：通过青年博士论坛，让青年学生感受青年博士的风采与魅力，激发青年学生学习的热情与动力，帮助青年学生树立正确的世界观、人生观和价值观。

论坛的原则：坚持"五项原则"：（1）可以借鉴，但必须自成体系；（2）可以引用，但必须标注来源；（3）可以思考，但必须正面引导；（4）可以批判，但必须符合主流；（5）可以新颖，但必须遵守规范。也就是说，站在论坛上，要讲究学术规范，遵守政治规定，凸显学识涵养。

论坛是个团队，要有团队意识。不知你们有没有注意，相互欣赏，相互抬爱，相互捧场，相互切磋，是工作、生活中十分美好的境界！但是，在这方面，我们及我们的周边，还有很长很长的路要走，那么，请从现在开始，从我们开始！

我相信，你们有能力和水平站上象牙塔最顶尖，就有能力和水平站上青年博士论坛。请不要嫌弃我们的办学层次不高，请不要嫌弃我们的论坛层次太低，我们任职的毕竟是堂堂正正的高等学府，我们面对的受众毕竟是经过高考选拔出来的莘莘学子，我们毕竟执教于此，生存于此，我们唯有努力，唯有如此！无论如何，只要我们坚持不懈，肯于付出，总会有意想不到的收获！

学院已经拟就了《首届人文讲堂之青年博士论坛实施方案》，提请各位博士讨论。

我是学士，在你们这些博士面前卖弄，如有不妥之处，那是因为我书读得太少，请海涵！

（公众号推送日期：2016年9月9日）

站在高峰之巅可以领略无限风光①

跟着大家来到大上海、大交大学习研讨有一种风光感、自豪感和满足感，收获多多，体会多多，主要有五个方面的感想。

一、关于本次暑期研讨班印象问题

先说四句话：第一句话，有见识的人是从远方归来或者走得远的人；第二句话，有开拓能力的人是站得高、看得远的人；第三句话，有吸引力或者凝聚力的人是有"魂灵"和为组织及其成员确立"魂灵"的人；第四句话，做得好或者成功的人是有先进理念指导的人。说这四句话的用意是，这个暑期能把中层干部集中起来，带到大上海大交大这么一所一流大学来办学习研讨班，集中邀请这么多大专家、大学者结合实际需求授课，这在学校历史上是第一次，立意深远，机会难得，既能集中精力，又能收到实效，有助于我们这些人碰撞思想，开阔视野，对焦问题，思考工作。所以，如果我们能经常走出去，登"高峰"，望"美景"，我们"有特色开放式高水平工商大学"就能高点定位、高点规划、高点起步、高点建设。

二、关于以问题导向引领改革问题

授课专家的报告显示，问题意识推动和引领着上海交通大学的改

---

① 本文是2017年山东工商学院中层干部暑期研讨班的学习体会。

革。这种问题意识引入我们学校会怎样？学校层面我们说不确切，但用之于人文与传播学院我们必须说，还得说好！那么，人文与传播学院的问题是什么？认真想来，我们面临严峻的现实，有"三不上"：一是"合不上群"，合不上山东省高水平应用型专业建设群；二是"站不上台"，站不上山东省高校科研创新平台；三是"布不上点"，布不上硕士学位学科点。这其中的主要原因不是我们的教师不努力，而是学校财经类办学属性所设定的"有所为有所不为"发展战略所决定的。但是，除科研创新平台建设、硕士学位点建设有非主观努力的因素外，高水平应用型专业建设形势的变化必须引起我们高度警觉。因为，我们现有的编辑出版学、广告学和汉语言文学3个专业，已由"第二、三世界"，"被迫"跌入"第四世界"。

怎么说？2015年，根据学校发展定位和专业基础，全校所有专业被划分为A、B、C三类，A类专业提高拨款定额，C类专业减少或不安排拨款定额。我们的编辑出版学、广告学两个专业被列为B类，汉语言文学专业被列为C类，处于"第二、三世界"。2016年，根据山东省教育厅的部署，全校已有30个专业被纳入山东省高水平应用型立项建设专业，分重点建设专业、培育建设专业和自筹建设专业3个层次，我们3个专业没有一个被纳入其中任何一个层次，是为"第四世界"。

怎么办？至少有三个方面工作我们已经做好了思想准备和方案设定：

第一，虽然我们的专业、学科起步晚，但决不气馁，要迎难而进。即使不是山东省高水平应用型立项建设专业，我们也得紧跟学校印发的《山东工商学院高水平应用型专业建设实施方案》，对标高水平应用型专业建设目标、建设路径及任务、保障措施等，积极而为，努力而为，不断增强专业实力，尽快缩短与高水平应用型专业的差距。

第二，全面修订完善并坚定不移地落实2017版人才培养方案。我们立足"应用型"，凸显"特色化"，追求"高水平"，在全面修订完善2017版人才培养方案工作中，旗帜鲜明地秉持"三个基本原则"：一是彰显专业特色。将编辑出版学专业设定为财经传播与新媒体方向，将广告学专业设定为广告创意策划与管理方向，将汉语言文专业设定为商务文秘方向，紧紧依靠学校财经类这个母体，坚定不移地走差异化发展道路。二是凸显人才特色。结合人文传播类专业属性，着力培养学生六个"核心能力"：认知能力、批判能力、审美能力、表达能力、创造能力、教化能力，使所培养的学生能够得到社会的认可与推崇。三是张扬文化特色。人文与传播学院必须有文化，而且文化必须有内涵、有体系，高品位、高"颜值"，让人文与传播学院的文化独树一帜，并成为超越其他二级学院的一面旗帜。 如此这般，专业特色（知识教育）＋人才特色（能力培养）＋文化特色（素质教育），就能构建起以立德树人为根本任务的人才培养体系。

第三，我们已经确立了既必要又现实的专业建设目标。这个目标可以分两步走：第一步，在学校、省教育厅下一次调整专业分类的时候，汉语言文学专业摘掉扣在头顶上的C类帽子，进入B类专业，脱离随时被撤并的"危险地带"。广告学、编辑出版学两个B类专业，至少有一个进入A类专业。第二步，在学校、省教育厅下一次调整高水平应用型专业建设布局时，争取有一至两个专业进入高水平应用型重点或培育或自筹建设专业群。当然，这"两步走"目标是建立在学校和省教育厅有调整的机会安排的基础之上。那么，学校和省教育厅不再进行调整怎么办？我们应该有的信念是：就是不调整，我们也要坚定不移、矢志不渝地努力求进、求上，把我们的实际水平提高到A类、B类层次，能够与校内文科类高水平应用型专业相匹敌，不能让学校上下和兄弟院部小看我们、忽视我们、轻视我们。

三、关于根本改革指向问题

上海交通大学有"三个根本改革"指向，其中一个是"学在交大"。那么，放在我们学校怎样？是"爱在山商""玩在山商"，还是"学在山商""赢在山商"？学校层面说不好，那么，放在人文与传播学院应该有怎样的指向，这是不容回避的问题！一个肯定的答案是，我们不敢说"学在人文""赢在人文"，也不能说"爱在人文""玩在人文"，但我们敢说"学人文做君子，用人文担道义"！"学人文做君子"因"文质彬彬，然后君子"而来，"用人文担道义"因"国之华彩，人文化成"而来。也就是说，进入人文与传播学院，既要学会做人（做君子），又要学会做事（担道义）。因此，在学科、科研短时间内不会有大的质的飞跃的情况下，坚持育人为本，立德树人，我们应该有所作为。

四、关于实行分类管理问题

上海交通大学综合改革方案中有"分类管理"的内容，好像许许多多高校也实行了"分类管理"。中共教育部党组刚刚下发的《关于加快直属高校高层次人才发展的指导意见》中明确指出："在坚持教科融合和岗位分类管理的基础上，针对教学、科研、社会服务等不同岗位的职责要求和工作特点，完善评价指标体系，各有侧重。"所以，我们这类的学校是否也能"分类管理"？这里的"分类管理"不仅仅指人员的"分类管理"，还有学科性学院的"分类管理"。像人文与传播学院这样的所谓的"学科性学院"，历史才两年，与其他学科性学院相比，不仅起点不同、地位不同，所承担的职责和所发挥的作用也不同，所具有的中国语言文学、新闻传播学两个一级学科，既不是学校的核心学科或主干学科，也不是学校的发展重点或投入重点，说是"边缘性"学科不中听，说是"绿叶性"学科恐能接受。在一年一个进人指标、两年一次职称评定这样的大政策背景下，"十三五"期间我们的学科实力、师资队伍结构不可能有大的质的变化。在此情况下，如果把我们的学科与其他核心或重点学科放在一起同等标准衡量，即用"红花"的标准来要求我们这个"绿叶"的话，是对我们的不公平或不公正。

我们不妒忌对核心学科或重点学科的投入，我们也不甘心居于弱势或边缘地位，但我们不服气重点学科与非重点学科采取一个评价标准。一个明显的例子是：一个有投入的学科产出了一个国家社科基金项目和一个没有投入的学科也产出了一个国家社科基金项目，哪个"贡献率"大？后者是无穷大！所以，要计算投入产出比：有投入的学科应该有更高的产出标准，没有投入的学科应该降低产出标准。为此，我们希望，既然我们不是发展重点，也不是主干学科，那么在目标设定、绩效考核、职称评定、岗位聘任等问题上，要区别对待，分类管理，不能"一刀切""一锅烩"！

当然，我们也盼望我们的学科能尽快赶上其他学科，更盼望能成为学校发展的核心或主干学科。但是，这种愿望不是"一厢情愿"，得有历史、有积累、有投入、有扶持。如果我们的中国语言文学、新闻传播学学科真的实现了我们的愿望，追赶上工商管理类学科水平，山东工商学院是更名为"山东工商大学"，还是更名为"山东传媒大学"，或是"山东语言大学"就不好说了。

五、关于健全和完善二级学院组织架构问题

上海交通大学二级学院实行的是院、系、所组织架构，我们实行的是院、教研室组织架构。现在，从中央到学校党委都把健全和完善二级学院组织架构的注意力和作用力放在党政联席会上，这个没有错，而且

很重要、很关键。但是，在我们学校，这仅仅是二级学院横向组织架构问题。其实，二级学院还有纵向组织架构问题，这方面的工作实际上长期被弱化或忽视，就是二级学院下设的教研室建设问题（在党总支层面是党支部建设问题）。目前，二级学院的脚底下是空的，是软的，根基不牢，尽管承担的教学任务越来越多、越来越重，学校没有切实可行、坚强有力的制度安排给予教研室一级组织以足够的地位和重视，也就是说，教研室建设尽管有要求，但都是任务式的、号召式的，没有激励性的、实质性的内容，教研室主任"有名无分"，教研室工作的开展和作用的发挥，全凭教研室主任"觉悟"的高低和"良心"的有无。所以，如何加强教研室建设，奠定和稳固二级学院的工作根基，需要学校在综合改革过程中予以充分考虑，并拿出切实有效的制度安排。一句话，如果教研室这一级组织软弱涣散，二级学院的主体作用就无法得到有效发挥，只有二级学院横向组织架构和纵向组织架构相互连结，共同用力，才能形成稳定的工作局面。

以上就是参加2017年中层干部暑期研讨班所得到的主要体会。一个真情实感是，站在高峰之巅可以领略无限风光。

（公众号推送日期：2017年8月28日）

瞄准大小事　做好产学研①

　　今天有幸邀请烟台日报传媒集团丛主任来我们学院，我要为她颁发"山东工商学院人文与传播学院兼职教师"聘书，感谢丛主任能够接受！

　　既然丛主任接受了这个聘书，标志着她已经正式加入我们编辑出版学专业这个"高学历、高学问、高颜值"且富有活力的战队！从现在开始，我们就是一家人，一家人就要负责任，为我们的学生负责任。

　　有几个方面的问题，有些大家未必都清楚，所以利用这个机会给大家说一下。

　　一、山东工商学院教学与就业实习基地暨烟台日报传媒集团·山东工商学院"融媒体产学研基地"（简称"双基地"）的设立意义非凡。上周五（5月27日），分管学生工作的学校党委副书记带队，与烟台日报传媒集团为"双基地"揭了牌，双方代表也签署了协议，此事对学校、对学院非同小可。为什么这么说？大家可能没注意，2016年1月14日学校主页上有一则新闻——《统筹校地文化资源共建文化合作平台》，报道我校与烟台市文化广电新闻出版局达成战略合作协议，以"共建共享，优势互补，注重实效，共谋发展"为原则，每年确定合作的具体项目并推进落实。那么，我们"双基地"的设立，就为这个战略合作关系增添了重要内容，也是战略合作关系的落地之举。这是针对学校层面而言的。对我们人文与传

---

　　① 本文是在聘任烟台日报传媒集团全媒体新闻中心丛蓉为兼职教师的座谈会上的发言。

播学院而言，能够与烟台日报传媒集团合作，是我们的幸事，因为烟台日报传媒集团是烟台传媒界最大的和最高级别的媒体，在全国都有影响，尤其在全媒体方面还是全国的第一。与烟台日报传媒集团滕总编辑所说的"融媒体"一直是个梦想一样，本世纪一开始（2001年），我就在学校党委宣传部工作（直到2011年），与烟台日报传媒集团深层次合作也一直是我的梦想，没想到这个梦想在人文与传播学院院长这个岗位上实现了。所以，"双基地"的建立意义非凡就指的这两方面。

二、**要把"双基地"做深、做实、做细、做精**。既然"双基地"的设立意义非凡，我们就要对"双基地"的各项工作认真对待，像滕总编辑在致辞中说的那样，要步步为营，稳扎稳打。同时，也要像郭书记在致辞中讲的那样，要充分利用这个教学与就业实习基地，提升我校编辑出版学专业学生的实践能力，推动编辑出版学专业新媒体方向的建设。还要通过双方共建的"融媒体产学研基地"，充分发挥双方资源优势，最终形成集新媒体创意孵化、产品研发、学术研究、人才培养、教育培训等功能于一身的产学研体系。所以，今后的工作要讲究"三性"：深入性、全面性、持久性，各项工作做到"四不要"：不要浮在表面，不要虚而论道，不要粗制滥造，不要昙花一现。当前，最起码得有一个类似基地建设规划这样一个东西，作为以后工作开展的指南。

三、**要发扬"大小新闻精神"**。一开始，我对烟台日报传媒集团的"大小新闻"客户端这么个名字很不苟同，认为叫"大小新闻"没有文化。上周五揭牌后的参观使我意识到，没有文化的是我本人，而不是别人！"大小新闻"之名取自《礼记·学记》和《礼记·礼器》："善待问者如撞钟，叩之以小者则小鸣，叩之以大者则大鸣，待其从容，然后以尽其声，不善答问者反此。""礼释回，增美质，措则正，施则行。"后人将这两句话做了更深一步概括和延伸："善待问者如撞钟，小应小，大应大；措天下者犹置器，安则安，危则危。"非常形象地道出了做学问和治国所应有的态度。"大小新闻"的基本宗旨和态度是：答人之问，当如叩钟，大应大，小应小，无论大小长短，必尽其言，把握好"小响"和"大鸣"的力道和尺度，给用户以最恰当的回应，传递最准确的声音。"大小新闻"以关注国计民生、报道大事小情为己任，以"掌上大事小情，心中国计民生"为坚守。所以，我把"大小新闻"的这一套做法称为"大小新闻精神"或"大小新闻情怀"。我们不妨以这种精神或情怀来对待我们的"双基地"的运作：无论大事小事都要加强合作，大事大合作，小事也合作，没事找事合作，一句话就是：瞄准大小事，做好产学研。

四、充分利用"双基地"做好"两走进"。"双基地"我们已经设立起来了，我们的各位教师要充分利用这两个平台，做到"两走进"：从课堂上的理论书本走进烟台日报传媒集团，积累实战经验；从学院派的空中楼阁走进大千社会，研究现实问题。能够结合自己的专业特长和工作阅历，对社会现实问题做出理性分析和思考，并可以随时随地面对不同受众，信手拈来般地给出自己系统而又富有见地的诠释，一直是我敬佩和羡慕的行为，如北京大学陈平原教授等这样的学者，我们身边几乎没有。我希望我们年轻有为的博士们能够成为这样的人！同时，我也期待丛主任及您所在团队中的任何成员，走进我们的校园，走进我们的课堂，利用你们手中的资源（涉及商业秘密的除外），既充实我们的教学力量，也充实我们的教学内容，丰富我们的实践经验（比如你们的季评，就可以作为教学案例）。

总之，编辑出版学专业经过最近一段时间的建设，目前有了融媒体与区域传播研究中心，有了教学与就业实习基地，有了融媒体产学研基地，就形成了校内校外结合的"三足鼎立"的组织架构，这就为编辑出版学专业的教育教学提供了稳定的组织支撑，只要我们好好把握机遇，我们的发展会更好！

（公众号推送日期：2016年5月30日）

我们应如何对待科研课题的申报①

利用今天这个机会，我把近期以来有关课题申报的一些信息和我的一些想法，向各位介绍一下。申报课题不容易，有"耗时耗力耗青春"之感，但我们既然身居"围城"之中，就得承受和经得起这种"煎熬"，并与这种"煎熬"抗争到底。为此，对待科研课题的申报，我们应当有充足的思想准备和端正的学术态度。

一、我们要有团队协作的意识

2017年11月1日，学校召开了学术委员会，会上把2018年山东省社科规划项目的25个限额进行了分配。分配的原则：一是二级学院申报者多少，二是二级学院总体人数多少，三是适当向弱势学科倾斜。不包括不限项的专项课题，我们学院申报了11项。根据分配原则，我们学院获得了3个向省里推荐的名额，属于学校最多的。后经过争取，可以推荐"3+1"项，这个"1"项，是在学校能够向上级争取更多名额的情况下，首先考虑给我们增加1项。这是唯一的一个特例。为什么会有这个待遇？因为我们的申报者是全校最多的，所以，我们才能有机会按照学校的分配原则去争取。山东省社科规划项目是这样推荐的，山东省自然科学基金项目也是这样推荐的，那么，今后无论什么课题，只要是限项申报，学校恐怕都要采用这种下达

---

① 本文根据2017年12月5日在山东工商学院人文与传播学院科研项目推进会上的讲话整理而成。

名额的推荐办法。由此可见，我们的教师申报的越多，获取的推荐名额就会越多。尤其是在我们这所经济、管理学科占据绝对优势的财经类高校，人文学科本来就相对弱势，要是自己再不"闹出点儿动静"，恐怕就会被人家遗忘在九霄云外。所以，我们决不能无所作为，束手把机会让出去，我们必须积极而为，努力而为。当然，这里面，有人会当"分子"，有人会当"分母"。当分子的决定权自己多（大多？一般？单用"多"字显得有些单薄）掌握不了，当分母的决定权完全由自己掌握。但是，只有上面的分子"走"了，下面的分母才能"冒"上来，就是说，今天你为他人做了分母，明天你才能做分子，所谓"我为人人，人人为我"。这就要求我们的各位教师必须有团队意识，发扬"狼的精神"，实行团队"作战"。这与我们一贯倡导的"崇仁贵和、尚德利群"的行为理念相符合。

二、我们要高标准、严要求

山东省社科规划课题会评专家都是国家社科基金评审专家，他们是戴着国家社科基金的眼镜，来审视山东省社科规划课题。我们学校的理念是：山东省社科规划课题应是国家社科基金项目的培育项目。所以，从校内到校外都是一个"调门"，这就逼迫我们对待山东省社科规划课题的申报，必须有申报国家社科基金的态度、毅力和水平，做到高标准、严要求。如此一来，若要申报山东省社科规划课题，眼光一定要瞄准国家社科基金项目的申报规则与要求。这就如同下象棋一样，走一步、看三步。

三、我们要有申报课题的恒心与毅力

无论什么课题，竞争态势都异常激烈，因为全校、全省、全国专业技术人员都有科研任务，都有科研压力，课题申报者一年比一年多。所以，谁也不要指望一次性申报成功！那样的话，得有中大奖的运气，但前提是自己应该做好中大奖的前期投入和准备！天上掉不下馅儿饼，空手套不住白狼。所以，每一个人都得有锲而不舍、年年申报的思想准备，即使已经获得了相关课题的教师，也要有这种思想。在科研的问题上，很少有"年年播种，年年收获"的好事。当然，走运的人有，我希望咱们的教师年年走运，人人走运！另外，无论干什么，每个人都有"瓶颈期"，科研更是如此。只要突破了自己的科研"瓶颈期"，形势就会一片大好，前途就会一片光明。"瓶颈期"的长短与自己努力的程度有很大关系，即努力的程度越大，突破"瓶颈期"的时间就会越短，反之越长。如若不努力，就会永远被卡在"瓶颈期"里而无法自拔。

四、我们要端正申报课题的态度

青年人申报课题"写本子"，一定要讲究，一定要符合规矩，一定要态度端正，一定要为自己负责，这样有助于养成好的科研涵养和水准。我们大家都说"字如其人""见字如面"，写字、填表格的确能看出一个人的性格和态度。所以，大家可不要小看了这个"写本子"的行为，你个人可能感到无所谓，但是在外人和专家学者眼里，这是个做学问的态度问题，甚至是做人的态度问题。写本子，写的是态度，是规矩，是规范；做学问，做的是人生，是品位，是观念。如果一个人写本子不讲究，总是给人一种对付、充数之感，你这个人的形象就会受到影响！所以，写本子，报课题，要有功夫，要有真功夫，要自己主动长功夫和下功夫，主动向有经验的教师学习、请教功夫，变"要你报为我要报"。学院只是提供组织、动力和必要的条件，督促和帮助大家养成积极主动的科研习惯，端正科研态度，讲究科研规范，丰富科研涵养，提高科研能力。除此之外，没有别的再好的办法。

五、我们要营造美好的学术氛围

学院每次申报课题前都要召集大家在一起讨论、交流，目的是相互碰撞、相互启发、相互借鉴、相互提醒，让大家互相给长长眼色，审视一下选题的可行性，以提高命中率。尽管我们不是专家和评委，但"三个臭皮匠顶个诸葛亮"。把自己埋头写的课题申报书或者苦思冥想的选题拿出来，让大家议论议论、讨论讨论，听听冷眼人的意见，总不是坏事。所以，请各位养成一起"交流切磋"的科研习惯，共同提高科研能力和水平。这是一种十分美好的学术氛围。

六、我们要正确认识科研的受益者

为了教师能够获批省部级和国家级科研课题，学院方面想出了能够想出的一切办法，鼓励和支持教师"进学术圈，入专家围，合学问流"。有人说这是学院为了壮大专业和学科实力的需要，此话有道理。但是，壮大专业和学科实力又是为了谁？还不是为了我们教师有个高一点的平台、坚实一点的依靠！说穿了，课题获批了，真正受益的是我们教师自己！所以，课题不是为他人做的，而是为自己做的。别人包括学院，仅仅是跟着教师沾了数量的光即名义的光而已！尤其是十几位年轻博士，如果你们不去研究学术，不去探讨学问，而是在"柴米油盐酱醋茶"的世俗生活中，耗费"博士"之美誉，实在是一种奢侈得不能再奢侈、浪费得不能再浪费的行为。博士是以学术研究为基础的，离开了学术研究就失去了博士的意义。在西方现代大学里，没有任何可以被承认的"非科学"的"博士"，也没有任何"非科学"的研究活动。所以，年轻的博士们，你们大有可为，应该有所作为！

七、我们要有申报课题的野心

申报课题要有两种"野心"：一种野心是"百花齐放春满园"的野心，就是说，不要把目光瞄在一种课题上，不管是省社科规划课题、省自然基金项目，还是教育部人文社科规划项目，更或是国家社科基金、国家自然基金，只要是课题，只要允许申报，坚决不放弃任何申报的机会和权力，就是申报的项目不被推荐、不被批准，最起码我们也学到了"写本子"的方法，积累了申报课题的经验，同时也对该问题有了全面的思考，说不定整理整理就是一篇学术论文。所以，任何申报课题的行为，都不白费脑力、体力和精力。另一种野心是"芝麻开花节节高"的野心，获批了省部级的，就要瞄准国家级的。因为，科研的规律是越做问题越多，越做问题越高深，自然研究的深度、广度和高度都要再上一个新台阶。所以，我们坚决不能仅仅把眼光瞄在省部级课题上，要有更高标准，拿下国家级课题。这与我们前面谈到的第一、二个问题是一致的。

有一句庸俗的话：科研，不做，痛快一时、平庸一生；做了，痛苦一时、成就一生。当然，这些道理说起来容易、做起来难，但不能不说。

（公众号推送日期：2017年12月13日）

大学学科建设应规避的几种思维

关于大学学科建设，"百度知道"有这样一个答案："学科建设状态及指标是体现一个学校在国内外发展水平的重要标志，也是国内外大学排名的主要依据。"因此，大学学科建设的重要性及其意义不言而喻。

一段时间以来，我利用专程走访、学术交流之际，就大学学科建设的经验与教训问题，请教了不同类型高校的专家、学者，得到诸多启迪，也收获了不少建议。归纳起来，大学在学科建设中应规避七种思维。

一、"好高骛远"的思维

好高骛远，比喻不切实际地追求过高过远的目标。好高骛远的近义词是"好大喜功""急功近利"；反义词是"实事求是""脚踏实地"；歇后语是"考上秀才想当官，登上泰山想升天"；灯谜是"癞蛤蟆想吃天鹅肉"。远大的志向，必须通过艰苦的努力才能实现；奋斗的目标必须与实际的能力相适应。不切实际地追求过高过远的目标，也会是竹篮打水一场空。尤其大学学科建设，不能等同于商品生产，来不得加班加点加量突击，也来不得揠苗助长。《宋史·道学传一·程灏传》："病学者厌卑近而骛高远，卒无成焉。"（本节素材来源：百度百科）

二、"以己之长比人之短"的思维

一所大学有一所大学的办学属性，如财经类、医学类、师范类、农业类、理工类、综合类等，这种属性中的学科就会成为这所大学的办学"长处"，而非办学属性中的学科自然就是"短处"。如果常常拿自己的这个"长处"去比别人的"短处"，如财经类大学拿自己的财经类学科，去比医学类大学的财经类学科，自然就会有优势感和成就感。但是，这种比较，犹如掩耳盗铃，自欺欺人，容易导致自大、自满的心理。到头来，就会发现，真实的情况远不是自己比较的那样，别人的"长处"或者学科实力与整体水平远远甩出自己好几条街。在学科建设上，自己学校与其他学校实力与水平的比较，必须是全面的、全方位的，切不可坐井观天。

三、"关系就是生产力"的思维

关系就是生产力指的是在学科建设上，本身实力不行，上个学位点、评个学术奖、申报个科研课题，想凭关系来搞定一切，回过头来，自己仍然内里空虚，外强中干。关系，应建立在实力的基础之上。没有实力，谁会凭关系长期时时或者事事照顾你？没有实力，只有低三下四地临事求人。假如这种行为长期出现，在业界的声望和名誉就会受到影响。

四、"借鸡生蛋"的思维

借鸡生蛋是指借助他人的力量，来实现自己的目标，多用于商业中，形容借用他人的资金、技术等资源，来发展自己、生成效益。借鸡生蛋本身没有错，但是，如若用在学科建设上，其功效就会递减。因为你想吃鸡蛋，养鸡的人也想吃鸡蛋，借鸡生蛋只是短期的权宜之计，长期不可，事事也不可。外人靠不住，只有自己的力量才是坚实的依靠。借来的鸡打不得、赶不得，只能好吃好喝地"供奉"着。鸡总归是别人的，总要物归原主。说一千道一万，还是自己用心去培养自己的力量保险。所以，大学学科建设可以借势，但真正的发展还要靠自身的实力。

五、"妄自尊大"的思维

妄自尊大，形容人过分狂妄地夸大自己，以为自己了不起，轻视别人，实际并非如此。衡量一所大学的学科实力有着诸多实实在在的客观标准，容不得信口开河，自说自话。所以，无论什么大学，在学科建设上必须要客观地审视自己，正确地对待他人，且不可做夜郎侯。《史记·西南夷列传》："滇王与汉使者言曰：'汉孰与我大？'及夜郎侯亦然。以道不通，故各以为一州主，不知汉广大。"《后汉书·马援传》："子阳井底蛙耳，而妄自尊大；不如专意东方。"（本节素材来源：百度百科）

六、"皇帝的新装"的思维

丹麦童话作家安徒生用极度辛辣和讽刺的手法，描述了两个骗子所设下的骗局——《皇帝的新装》。两个骗子琢磨透了皇帝的心思和臣民的心理，尽管他们根本就没有织布，根本就没有衣服，但他们有一种"钳口术"，谁要说一句真话，说看不见衣服，就借用专制的皇权，说你"不称职或者愚蠢得不可救药"。于是，大臣随员为了保护自己只得说假话，皇帝为了自己的"尊严"也要说假话，高贵的骑士们、街上和窗口里的老百姓、成百上千的人都在异口同声地称赞皇帝的"新装"。大学的学科建设，自己不行就说不行，不要不行却非得说自己行，还要让别人也跟着附和，这样会贻笑大方。（本节素材来源：百度百科）

七、"排列组合"的思维

整合力量，争取最大的效益是应该的，但效益是有边际的，如超过这个边际就会走向反面。学科、科研平台或学位点集中评估、考核时，人员与成果不足以同时支撑争取下来的学科、科研平台或学位点，会导致最终的评估、考核命运多舛。

大学学科建设是高等教育的重要组成部分，而大学教育是"百年树人""百年大计"。所以，大学学科建设必须实事求是，脚踏实地，稳步推进，来不得急功近利，一蹴而就，投机取巧，否则将会付出代价。

（公众号推送日期：2018年5月26日）

高校二级学院要处理和把握好的十个关系

高校二级学院是高校教学、科研的基层单位，是人才培养的具体实施者。把握和处理好方方面面的关系，是推进二级学院健康、有序、和谐发展的保证。

一、处理和把握好党政联席会与例会、党总支委员会、教学指导委员会、学术委员会之间的关系

在学校层面，其领导体制是党委领导下的校长负责制，在二级学院却没有明确规定，既不是党总支书记负责制，也不是院长负责制，而是党政共同负责，形式就是党政联席会。所以，党政联席会是高校二级学院管理体制逻辑演绎的结果。

党政联席会是高校二级学院最高决策机构，凡二级学院工作中的重大事项均须由党政联席会议讨论决定。实行这种体制的目的是为了更好地贯彻执行民主集中制，充分发挥学院领导班子的集体领导作用，实现议事的制度化、规范化，保证决策的民主化、科学化，提高决策水平和办事效率。在此体制之下，学院党组织和行政之间依据职责范围，既有分工又要合作，相互支持与配合，保证各项工作任务的顺利完成。

但是，作为二级学院不仅仅有党政联席会，还有例会、党总支委员会、学术委员会、教学指导委员会等，所以，如何才能把握好党政联席会与这四者的关系，就成为其日常工作中必须理清的问题。

既然党政联席会讨论决定学院的重大事项，是最高决策机构，就决不

是沟通情况的碰头会或者例会。例会是传达贯彻上级组织的重要指示、决定、决议、通报、总结，部署工作，提出工作中需要沟通协调解决的问题，例会无权研究决定学院重大事项。例会可以每周召开一次，党政联席会则不可能每周召开一次，否则就是党政联席会的庸俗化，因为二级学院不可能每周都有重大事项，就连学校的党委会和校长办公会也不是每周召开一次。

根据基层组织工作条例，党总支委员会更多指向党务工作和领导群团工作，包括宣传、执行党的路线方针政策及学校各项决定，并为其贯彻落实发挥保证监督作用；加强党组织的思想建设、组织建设、作风建设、制度建设和反腐倡廉建设，具体指导党支部开展工作；领导思想政治工作；做好党员干部的教育和管理工作；领导工会、共青团、学生会等群众组织和教职工代表大会。如有重要事项，则通过党政联席会讨论决定。

根据章程，学术委员会、教学指导委员会研究决定与学术、教学有关的重要事项。二级学院凡属学术委员会、教学指导委员会职责范围内的重要事项，应由学术委员会、教学指导委员会研究议定，议定结果要报告党政联席会。党政联席会认为学术委员会、教学指导委员会研究议定事项的结果有重大偏差，则责请学术委员会、教学指导委员会重新研究议定。这样做的目的，就是充分发挥教师在治学、治教中的作用，尽量减弱行政干预。

二、处理和把握好正职与副职之间的关系

处理和把握好正职与副职之间的关系，就是要协调好班子成员之间的关系。班子成员中，无论是党总支一方，还是行政一方，正职负责全面工作，有责任和义务对整个工做出总体安排和部署，但要主动听取副职的意见，调动他们的积极性，不搞"家长"作风，同时，要充分信任、支持副职开展工作。副职有责任和义务全力支持正职的工作，就正职的工作部署提出意见和建议，并积极主动地完成分管的工作，及时向正职请示、汇报和沟通情况。

当然，在日常工作当中，班子成员之间、正职和副职之间乃至人与人之间不可能都意见一致。工作中的意见分歧是任何单位、任何部门的一种正常现象。没有意见分歧的"高度统一"在实际工作中是不存在的。无论是正职，还是副职，都不能把工作中的意见分歧看成个人的恩怨，也不能因工作中的意见分歧而产生抵触情绪，影响团结和稳定，更不能把个人的情绪带到工作中来。这就要求班子成员在工作中要出于公心，作风正派，不居功诿过，不嫉贤妒能，善于相互尊重、相互支持、相互拾遗补缺，从讲大局的高度始终不渝地搞好团结。

三、处理和把握好政治理论学习与业务提高之间的关系

高校教师的政治理论学习缺乏一定的原动力，对学习的重要性认识不足，对政治理论学习与业务提高之间的关系认识不清，把学习上的问题看成无关紧要、不必强求的"小事"，充其量只能说是一种"小缺点""软任务"。把握好政治理论学习与业务提高之间的关系，就是要把教师的政治理论学习作为首要任务来抓，切实解决忽视政治理论学习对业务提高的推动作用的问题，突出思想政治和品德在一个人或一个团队业务提高方面的"灵魂"地位。否则，作为一名教师，不注重政治理论学习，就无从掌握和领会党的路线、方针和政策，在实际工作中就容易迷失方向；不注重政治理论学习，就不会有与时俱进的思想政治素质和高尚的道德情操，就不会很好地担当起立德树人这一根本任务。

四、处理和把握好思想政治工作与业务工作之间的关系

思想政治工作是做好业务工作的基础，做好业务工作是思想政治工作的目的。两者目标一致，殊途同归。然而，在实际工作中，思想政治工作与业务工作脱节或错位的现象还时有发生，人们忽视或轻视思想政治工作的观念还不同程度地存在。把握好思想政治工作与业务工作之间的关系，就是要把思想政治工作有机地融入业务工作中，通过采用"主动渗透，合

理引导"的思想政治工作方法，取代"被动应对，亡羊补牢"的思想政治工作方法，努力营造从领导班子成员→党支部书记、教研室主任→党员、教师→入党积极分子、学生干部→普通学生的思想政治工作体系，形成一层带动一层、一层影响一层的自上而下、上下结合的良性互动工作机制。不能出了问题视而不见、袖手旁观，更不要等出了问题再做思想政治工作，思想政治工作与业务工作不仅要有互补性，而且更要有协同性。

五、处理和把握好班子成员、党员、群众之间的关系

把握好领导干部、党员、群众之间的关系就是要解决领导干部、党员混同于一般群众，体现不出干部、党员的先锋模范作用的问题。凡是要求群众做到的，干部、党员必须首先做到；凡是要求群众不能做的，干部、党员尤其不能做。干部、党员不仅要有高度的党的组织纪律观念，还要有很强的集体观念，更要有"吃苦在前，享受在后"的精神。在教学、科研及各项集体活动面前，干部、党员必须首当其冲，走在前列；在待遇、荣誉面前，要"礼让三先"，虚怀若谷。对干部、党员队伍中存在的问题，该当人说的当人说，该背人谈的背人谈，该面上讲的面上讲，该点上提的点上提，及时化解各种不利因素，捍卫党员的光辉形象。

同时，班子成员还必须有过硬的思想和管理能力，尤其要把握好公平、公正、公开，做好秩序的维护者而不是破坏者，不可有"家长"作风，不可压制民意，要对贡献多者给予充分肯定，对应付工作者给予及时惩戒，这样才能调动起群众的积极性，才能形成凝聚力、向心力。

六、处理和把握好教研室之间的关系

每一个二级学院都由多个教研室组成，有的是专业性质的，有的是课程性质的，有的承担重点建设任务，有的承担一般建设任务。这就要求二级学院要着眼于大局，把握好专业与基础、重点与一般的关系。一方面，尽管它们承担的教学任务性质不同，但每个教研室都是组成这个学院的一

部分，其归属的每位教师都是这个学院师资力量的一分子，在整体上，决不能厚此薄彼；另一方面，正因为它们承担的教学任务性质不同，在局部上，必须要有所侧重，决不能不分彼此、混淆你我。也就是说，在整体上地位要平等，在局部上层次要分明。所以，必须树立这样一种观点，即没有专业，基础就会无所支撑；没有基础，专业就会失去根基。同样，没有重点，就不可能带动一般；没有一般，也就不会突出重点。专业与基础、重点与一般都是构成一个利益共同体的有机组成部分。

七、处理和把握好教风与学风之间的关系

作为教学的基本单位，抓好教风和学风建设是二级学院义不容辞的职责。从一定意义上说，教风的优劣直接影响着学风的优劣，因为教师与学生之间是一种知识和精神的传承关系。从知识层面讲，教师是知识的创造者和传播者，而学生既要获取知识，又要创造性地传递知识。从精神层面讲，教师严谨的治学态度以及求真、求知的道德感和责任感也会深深地吸引和感染学生。从字源层面讲，教，从爻从子从攴，上所施，下所效。身体力行是教，以身作则是教，正身明法是教，上行下效是教。教以学为旨。学，以臼、爻、冖、子结构，寓意为：上面对变化的磋磨，孩子在下面稳定的建筑物里得到学习与成长。《说文》中讲："学，觉悟也，从教从冂；冂，尚朦也。"引申开来，就是有什么样的教，就应有什么样的学，离开教无从谈论学，也就无从谈论"觉悟"。《礼记》中说："学然后知不足，知不足然后能自反。教然后知困，知困然后能自强，故曰教学相长。"可见，教风是学风的先导并对学风起决定作用，学风是教风的延续并对教风起反作用。所以，在处理教风与学风的关系问题上，一方面要求教师必须具有强烈的道德感和社会责任心，满腔热忱地对待学生，毫无条件地向学生传道、授业、解惑，以负责的态度、高尚的人格和得体的言行感染学生，引导学生寻找自己生命的意义，实现人生应有的价值追求；

另一方面要教育学生认清自己肩负的历史使命，珍惜大好时光，使自己在大学期间不仅学到知识，更重要的是学到创新的理念，学到进一步获取知识的能力，更好地完成创造性地传递知识火炬的任务。

八、处理和把握好教书与育人之间的关系

新中国成立以来，我国的教育方针几经变迁，但教书育人是教师的天职这一基本定位从来没有改变。毛泽东时期的"又红又专"、邓小平时期的"四有"新人、江泽民时期的"培养德智体美全面发展的社会主义建设者和接班人"、胡锦涛时期的"育人为本、德育为先"，以及现时期的"立德树人"，无不指向教师既要教书又要育人，只有教书与育人两者互为依存，方能构筑完全的"教育"！无论从学校制度设计层面，还是从教师认知层面，全面理解、深刻把握、认真履行教书育人的责任，不是可有可无的命题。其实，教书与育人是一个问题的两面，是不可分开的统一体。之所以把教书和育人分开来说，是为了提醒我们对这两者都不可偏废。教书的目的是为了育人，而育人要通过教书来实现。孔子说："学而不厌，诲人不倦。"韩愈说："师者，所以传道受业解惑也。"陶行知说："先生不应该专教书，他的责任是教人做人；学生不应该专读书，他的责任是学习人生之道。"这些，都很形象地概括了教师的本职工作——教书育人。处理和把握好教书与育人之间的关系，一要求教师必须有"可以胜任教授"的学问，二要求教师必须有"可以为人师表"的道德，即所谓的"学高为师，德高为范"！

九、处理和把握好教学与科研之间的关系

作为一所大学，教学工作永远处于中心地位，人才培养永远是中心环节。教学与科研相辅相成，教学需要科研，科研促进教学。教学是高校发展的生命，科研是高校发展的动力。科研使大学系统更加丰富，

教学在这个更为丰富的系统中自身也得到充实。作为教学、科研基本单位的二级学院，必须首当其冲地处理和把握好教学与科研之间的关系。第一，一切工作都要围绕教学来开展，如果不是这样，"中心"意义何在？二级学院必须要把教学放在第一位，让学生享受应该享受的教育资源，让学生得到应该得到的知识熏陶，这是大学的良知，也是大学的王道。否则，就是对教学行为的放任自流，就是对学生和家长的极端不负责任。对教学工作不仅要常抓不懈，且要常抓常紧，常抓常新。第二，既要重视学术，又要重视教学，要"两手抓，两手都要硬"。因为没有一定的科学研究作为支撑，教学内容就没有一定的高度、深度和广度；没有一定的教学研究作为引领，即使有科学研究成果也不会变成教学内容。所以，要想提高教学水平，科学研究与教学研究不可偏废。第三，科学研究必须围绕教学内容来开展，即科学研究必须能促进教学，教学必须为科学研究导航。衡量科学研究促进教学的标准有三：一是科研经费、设施能否改善教学条件；二是科研成果是否转化成教学内容；三是科研课题和教师的科研工作是否有利于培养学生的创新精神和实践能力，促进学生学法的变革，提高学习效率。

十、处理和把握好本学院与其他部门之间的关系

正如一个人不可能生活于真空一样，一个单位也不可能孤立于世，它面对的有上级单位，也有兄弟单位，更有职能部门。所以，二级学院必须胸襟坦荡，视野开阔，得能"走出去"，也能"请进来"，即兼容并蓄，开门纳贤，决不能妄自菲薄，自惭形秽，更不能故步自封，夜郎自大！校园内，本院教师与他院教师之间、本院与他院之间、本院与职能部门之间，要开诚布公，畅通有节，不能相互封闭，相互隐瞒，相互诋毁。校园外，本学院与兄弟院校之间、本学院与地方部门之间、本学院与驻地居民之间，要谦虚谨慎，行为规范，要大方有度，虚怀若谷，不能形成四面楚

歌、十里埋伏的局面。只有这样，二级学院的生态环境才能山清水秀、郁郁葱葱，否则，就会杂草丛生，荆棘遍地！如果没有一种好的外部环境，二级学院内部的工作秩序也会受到冲击，发展进程也会受到影响。

最大限度地下放管理权限，强化二级学院办学主体地位，激发二级学院的内生动力，已成为高校综合改革追求的首要目标。所以，把握和处理好方方面面的关系，对高校二级学院来说至关重要。

（公众号推送日期：2016年12月29日）

第二章

人文浸润与化育

以"博士之树"摇动"学士之树"[①]

——基于"人文讲堂之青年博士论坛"为载体的大学生思想政治教育案例

山东工商学院人文与传播学院紧紧围绕培育和践行社会主义核心价值观这一主题，不断加强和改进大学生思想政治教育，将课堂外的学术文化交流与榜样行为示范作为对传统宣讲式教育的补充，强化全员育人、全方位育人、全过程育人的理念，拓展教师"教书"与"育人"的时间和空间。通过建立学术文化平台，优化文化生态环境，将学术文化和思想政治教育工作有机融合，在信息、知识、文化、思想的开放式分享交流过程中，加强对青年学生世界观、人生观、价值观的引导，实现对青年学生人格心灵的唤醒。

一、把学术文化作为思想政治教育之载体

青年学生无论在理想信念、道德判断、价值取向，还是在心理发展、审美情趣、行为习性等方面，正在形成独立的思维和选择。互联网时代，信息纷繁复杂，各种价值观念激烈碰撞。因此，对青年学生进行积极有效的典型示范和正向引导尤显重要。

大学文化有物态文化、心态文化、行为文化、制度文化、教学文化、学术文化等多种（文化）形态。学术文化应该成为大学文化的主流，从而使大学上上下下形成浓郁而又深厚的崇尚学术之风，让青年学生在学术文化的陶冶中享受真理的沐浴。这里的"学术"是广义的概

[①] 本文其他作者有张毅君、吴树勤、王西兵。

念，与心术、权术相对，指的是"学之术"，即教学之术、学问之术、学习之术、学术之术。

大学人有思想、有文化、有知识、有素质，是觉悟性、达理性都很高的群体，尤其是人文类专业师生，都有着经过长期专业训练的人文素养和人文情怀，他们应该是一个高度自觉、高度理性的"学之术"团队。所以，在日常工作、生活中，大学人应该秉持"以学术为美、以学术为崇高"之涵养，坚守"四讲四不讲"，即：讲学术不讲心术，讲学派不讲帮派，讲学位不讲官位，讲学道不讲权道。

将学术文化与思想政治教育紧密结合，大学生思想政治教育必将事半功倍。"教育就是一棵树摇动一棵树，一朵云推动一朵云，一个灵魂唤醒另一个灵魂。"这是教育的核心所在。所以，我们坚持"百花齐放、百家争鸣"之方针，弘扬理性之思想、自主之精神，在"人文讲堂"之中，开设"青年博士论坛"，以学术讲座为媒介，组织青年博士教师和青年学生都参与到学术文化中来，包容思考而不放纵谬误，接纳批评而不欣赏丑恶，用人文精神激发青年学生创造的灵感和创新的激情，以学术文化唤起青年学生人格心灵的自觉。

二、"人文讲堂之青年博士论坛"之缘起

在中国古代，博士是学官，是教授之官，是博通古今之官。在世界当代，博士是学士、硕士、博士三级学位中最高的一级学位，代表学生能够达到的最高水准。博士，作为象牙塔最顶尖的一小部分人，深受众人羡慕，是智慧和能力的象征，是绝大多数人可望而不可即的梦想。

博士是以学术研究为基础的，离开了学术研究就失去了博士的意义。在西方现代大学里，没有任何可以被承认的"非科学"的"博士"，也没有任何"非科学"的研究活动。

山东大学儒学高等研究院执行副院长、《文史哲》杂志主编王学典教

授曾说："有的人研究一辈子，别人不知道你到底是干什么的，你可有可无；或者别人在研究这个领域时不提你，不影响对这个领域的讲述，这都意味着你没有取得相应的成绩。"

山东工商学院人文与传播学院有专任教师31人，其中青年博士13人，占专任教师总数的42%。他们来自北京师范大学、武汉大学、南京大学、中国传媒大学、山东大学、上海师范大学、中国海洋大学、东华大学、厦门大学等9所国内外知名大学。他们是人文与传播学院的"塔尖"，是人文与传播学院的希望，代表人文与传播学院的水准。他们年富力强，学富五车，有朝气、有活力、有才华，尤其与青年学生在世界观、人生观、价值观以及生活方式等方面没有隔阂，没有代沟。如果不充分发挥他们的作用，让他们既虚度了大好时光，又荒芜了浑身才华，乃是最大的浪费，也是莫大的遗憾！因为，他们的经历，青年学生能够感知；他们的经验，青年学生能够借鉴；他们的学历，青年学生能够复制；他们的学识，青年学生能够获得；他们的教诲，青年学生能够信服；他们的人生，青年学生能够分享。他们有资格、有能力而且必须成为青年学生成长路上的"灯塔"！

所以，开设"人文讲堂之青年博士论坛"，拿出师资队伍中的精华部分，围绕专业特长和研究方向，面向所有专业、所有学生，举办学术报告，让青年学生享受应该享受的教育资源，让青年学生得到应该得到的知识熏陶，这是大学的良知，也是大学的王道。

三、"人文讲堂之青年博士论坛"之设定

为使"人文讲堂之青年博士论坛"健康、有序开展，我们对其做了全面设定：

（一）论坛宗旨：交融思想，启迪智慧，活跃学术，立德树人。

（二）活动方式：采取主旨报告与互动讨论相结合的方式。

（三）参加人员：所有青年博士教师和各专业学生。

（四）主题选择：围绕教学科研与学生关心的热点问题，结合青年博士专业特长和研究方向，探索前沿问题，体现青年博士的研究深度和学术水准。

（五）遵循原则：每期确定一名主题报告人，报告人需认真撰写讲稿，制作PPT。报告内容遵循"五项原则"：一是可以借鉴，但必须自成体系；二是可以引用，但必须标注来源；三是可以思考，但必须正面引导；四是可以批判，但必须符合主流；五是可以新颖，但必须遵守规范。也就是说，站在论坛上，要讲究学术规范，遵守政治规矩，凸显学识涵养。

（六）主题报告：报告人紧密围绕论坛主题展开，对主题涉及的背景及相关研究进展做简明扼要的介绍，提出讨论话题，使得聆听人员了解报告主题，参与讨论。论坛报告要内容充实，逻辑清晰，突出人文情怀和人生启迪，体现报告人的表达能力和思辨能力。

（七）预期目的：搭建青年博士进一步施展才华、释放学问的平台，请他们面向青年学生讲人文、讲人生，给青年学生以思想、以学术、以智慧、以信心。通过青年博士论坛，让青年学生感受青年博士的风采与魅力，激发青年学生学习的热情与动力，帮助青年学生树立正确的世界观、人生观和价值观。

四、"人文讲堂之青年博士论坛"之开展

经充分的准备，2016年10月27日，首届"人文讲堂之青年博士论坛"首场报告会如期举行。

首场报告会由毕业于北京师范大学的吴树勤博士主讲，主题是"诗礼文化与道德人生"。报告从诗礼是中国文化之核心、诗礼文化塑造道德人生、乐教提升人生境界三个方面，阐述了诗礼文化与道德人生的关系问题，区分了人生的几个层次或境界，指出道德人生是相对于功利性人生而言的，诗礼文化所要挺立的是道德人生，求之于内心的修养，而不是外在欲望的无止境的追求，这是人之所以异于禽兽的根本分野所在。主旨报告

结束后，师生和主讲人之间以问答方式进行了充分的学术互动。

首届"人文讲堂之青年博士论坛"共设十三讲（见下表），计划在一年半的时间内完成。青年博士教师在吸纳学科前沿成果、借鉴多维学术方法的基础上，结合各自研究领域，拟定了报告主题。

首届人文讲堂之青年博士论坛主题

序号	姓名	主　题
1	吴树勤	诗礼文化与道德人生
2	向　敏	中国出版业的近代转型研究——基于编辑学的视角
3	许衍凤	现代广告设计中的人文关怀
4	马兴波	明代社会思潮与四大奇书
5	刘　菡	融媒体时代的传媒政策发展
6	张传霞	"创世纪"的再创——玛格丽特·阿特伍德的生态书写
7	王西兵	交融与突破——融媒体视野下高校学生工作探究
8	房秀丽	儒家孝道与中国人的生命关怀
9	李　英	互联网群体传播时代的微信营销
10	朱　敏	数字教育时代的教与学
11	孙　斐	现代汉语新词语的产生机制和发展方向
12	李效杰	中心与边缘——中古时期东西方对彼此的历史认知
13	王欢欢	人生要与美相伴

这些报告主题既涉及文学、哲学、历史学学科，也涉及新闻学、传播学、语言学学科；既有传统文化，也有现代文化；既有传统媒体，也有新媒体；既有传统文化教育，也有现代文化教育；既有国内的，也有国外的；既有人文，也有人生等话题，可谓多学科、多领域、多侧面，涉猎古今中外。

五、"人文讲堂之青年博士论坛"之功效

思想雕琢现实，境界升华人生。大学是给社会培养元气、提供精神核能量之所，大学生思想政治教育旨在将大学生培养成为具有更高理念、价值、标准的社会精英。通过和学术文化的有机融合，进一步彰显大学生思想政治教育的价值所在。

1. 进一步拓展大学生思想政治教育的资源

大学生思想政治教育的一个重要任务是要提升大学生的文化素养。青年博士论坛在遵循思想政治教育规范的同时，注重学术文化的力量，充分发挥学术文化的凝聚力、影响力、推动力和感召力，使青年学生在浓郁的学术氛围中提高自身文化素养，进而坚定青年学生的理想信念，帮助青年学生树立正确的世界观、人生观和价值观。

2. 进一步丰富大学生思想政治教育的形式

"人文讲坛之青年博士论坛"通过多角度、多学科、多层次的学术活动，将传统的、单一的、枯燥的思想政治教育模式变得鲜活、多样、生动。"青年博士论坛"不仅蕴含着丰富的人文内涵，彰显着高雅的人文情操，而且青年教师博学的知识和高尚的人格，也会在潜移默化中感染青年学生，对青年学生开阔视野、增加学识、创新思维、认知人生都有着示范、引领作用，从而有助于丰富思想政治教育形式，提升思想政治教育实效。

3. 进一步体现大学生思想政治教育的价值

高校学术文化力带给青年学生的影响并不仅仅局限于校园，它还对青年学生的一生有着重要的积极的意义。优秀的学术文化，将无形而广泛地陶染着莘莘学子的思想、理念和言行。青年学生在高校学术文化的感召中获得了积极正面的熏陶，这种积极正面的熏陶会植根于心田，内化为信念，外显于行动，对提升青年学生的人生品位会产生不可估量的作用。

（公众号推送日期：2017年1月5日）

学生十戒

荀子有曰："不登高山，不知天之高也；不临深溪，不知地之厚也；不闻先王之遗言，不知学问之大也。"所以，"学不可以已"！大学生正处人生成长期，必须立志高远，修身增智。

一戒：沉溺玩娱，荒芜正业，虚度青春光华。

二戒：无视律纪，罔闻诲教，游戏知识殿堂。

三戒：心浮气躁，好高骛远，不屑脚踏实地。

四戒：目光短浅，胸无大志，舍弃美好前程。

五戒：索然寡居，形单影只，远离朋辈群体。

六戒：失信违约，不守诺言，毁誉人格品行。

七戒：自私自利，损人益己，伤害同窗情谊。

八戒：贪逸享乐，不念艰辛，挥霍双亲血汗。

九戒：忤逆尊长，心无感恩，背离人伦天理。

十戒：志趣低俗，败风伤雅，辱没诗书礼仪。

如果我们的学子都能时时以这"十戒"告诫自己，规劝自己，他就能成为"一个高尚的人，一个纯粹的人，一个有道德的人，一个脱离了低级趣味的人，一个有益于人民的人"。

（公众号推送日期：2016年7月25日）

学风何来　教风何往

学风和教风是一所高校的根本所在，是一所高校的气质和灵魂。

学风是学生在校学习生活过程中所表现出来的精神面貌，是学生在校园中经过教育和影响逐步形成的行为风尚，是一种潜移默化的无形力量，对人才培养质量起着重要作用。主要反映在学生自觉遵守校纪校规，主动学习、勤奋进取，积极参加以提高创新意识、实践能力、人文素质为目的的各项科技文化活动等方面。

教风是教师的世界观、人生观、价值观、道德修养、知识水平、文化水准、精神面貌的体现，是教师的德与才的统一性表现，是教师整体素质的核心，主要反映在教师课堂教学、科学研究、人格魅力、敬业精神和教书育人等方面。

学风何来？教风何往？

有一命题："学风是由教风带来的，没有良好的教风就没有良好的学风。"对此，教师们有不同的看法，有些人还提出过反对意见。笔者认为，从教师和学生两个对象所处的角色来看，从知识的传授过程来看，一个处于主动地位，一个处于被动地位。教师是知识的先行者和传授者，学生是知识的后进者和获取者，教师与学生之间是一种知识和精神的传承关系。教师教什么，教多少，如何教，都深深地影响和决定着学生获取知识的程度以及获取知识的兴趣。学生获取知识的程度和获取知识的兴趣越高，教师及其课堂教学吸引力就会越强，学生学习的积极性和主动性就会越高。为此，我们说，教风是学风的先导并对学风起决定作用，学风是教风的延续并对教风起反作用，即有了好的教风，就能带动起好的学风；有了好的学风，也能极大地促进好的教风。两者相辅相成、互为依存。

人很少是天才，尤其是作为求知而又茫然的学生，教师不去引不去导，只知道照本宣科，不给他们传授新颖的知识，不给他们指明正确的学习方法，就会使他们学习兴趣消落，好学意识低沉。所以，就整体而言，"学风是由教风带来的，没有良好的教风就没有良好的学风"，这种提法没有错。教师是人才培养的主体，在教与学这对矛盾中，教是第一位的，起主导作用。绝大部分学生都愿意学习，都知道上进。如果我们的教师能把这绝大部分学生学习的积极性、主动性充分地调动起来，我们的学风就会大有起色，良好的学风也会促进教风的进步。

从知识层面讲，教师是知识的创造者和传播者，而学生既要获取知识，又要创造性地传递知识。有学生曾骄傲地说："我们特别喜欢老师们！老师们都很厉害，真的教给了我们一生都有用的知识。"

从精神层面讲，教师严谨的治学态度以及求真、求知的道德感和责任感也会深深地吸引和感染学生。有学生曾庆幸地说："幸亏老师认真负责，因为老师的负责让我们的态度也变得认真。"

《说文》中讲："学，觉悟也，从教从冂；冂，尚朦也。"引申开来，就是有什么样的教，就应有什么样的学，离开教无从谈论学，也就无从谈论"觉悟"。

《礼记》中说："学然后知不足，知不足然后能自反。教然后知困，知困然后能自强，故曰教学相长。"

所以，我们说，糊糊弄弄地教学，就难有生机勃勃的学生。现在我们都在重新审视过去的教学内容和教学方法，都在倡导教育思想、教育观念的转变，如果有谁还在墨守成规，还在不温不火，那么，他脚下的讲台就会摇摇欲坠。

古人云："师者，所以传道授业解惑也。"尽管古人赋予教师的这些"使命"现在看来已不全面，但如果给它加以现代诠释，还是能概括我们教师的职责的。传道，就是教师通过自己的言传和身教，向学生揭示"做人"的道理，帮助学生树立科学的世界观、人生观和价值观，切实做到教书育人；授业，就是教师通过课堂、课外教学，把现代科学文化知识传授给学生，尤其要重视培养学生运用知识的能力，进一步说，就是要结合时代要求，重视培养学生的思维能力和创新能力；解惑，就是要掌握学生的思想动态和心理特点，向他们解释学习、生活和社会当中存在的一些难点、热点问题。

总之，在教风和学风的问题上，教师应该积极探索、尝试、采纳新颖有效的教学方法和教学手段，不仅要激发学生课堂学习的热情，更应该把学生课堂以外学习的积极性、主动性调动起来，努力引导学生"以学习为中心，以成才为目标"，在学到知识的同时，学到进一步获取知识的能力，学到创新的理念。因此，教师必须具有强烈的职业意识，以负责的态度、高尚的人格和得体的言行感染学生，帮助学生寻找生命的意义，实现人生的价值。

（公众号推送日期：2016年10月19日）

大学学风建设体系及成效标志

学风建设是个系统工程，不能光靠一点，也不能光靠一面，必须点连成线，线组成面，点面结合，齐头并进。

1. **以制度"框"学风**。制度带有根本性、全局性、稳定性和长期性，是从客观上规范和制约人们思想和行为的一种硬措施，起着强制和威慑作用。健全和完善学风制度，就是要大学生尊重制度、敬畏制度、遵守制度，使学习行为自觉地纳入制度的轨道，并使之成为习惯。

2. **以管理"严"学风**。管理是组织、是指挥、是协调、是控制，只有严格管理，严肃纪律，严密组织，才能使学生不放纵自我，不迷失方向，从而形成奋发有为、健康向上的良好局面。

3. **以考纪"促"学风**。考试对学生发挥着评价、引导和激励作用，其目的是检验学生的学习效果。考纪越严，考试风气就越好，也会反过来促进学生加强日常学习，明确学习目标，端正学习态度，通过自己的不懈努力，成就真才实学的自我。

4. **以文化"化"学风**。大学即文化，文化即大学。大学文化是先进的文化，对学生具有化育和陶冶作用。加强大学文化建设，就是让学生沐浴着先进文化自觉地学习进步。

5. **以教风"带"学风**。教师是知识的先行者和传授者，学生是知识的后进者和获取者，在教与学这对矛盾中，教是第一位的，起主导作用。所以，教风是学风的先导并对学风起决定作用，即有了好的教风，就能带动起好的学风。

6. **以社团"浓"学风**。大学社团是教学的第二课堂，是大学教育不可或缺的一部分，发挥着实践育人作用，同时也是提升学生综合素质、完善人格品质的平台。加强社团建设，丰富社团文化，可以浓厚学习氛围，助力学生成长。

7. **以竞赛"引"学风**。紧密结合专业、学科特点，开展多种形式的专业、学科竞赛，并以此为平台，引导学生开展探究性学习，培养创新意识和创新能力。

8. **以技能"提"学风**。拥有一张职业资格证（如教师证、会计证等等），是迎接社会检验、提高就业能力的重要砝码。鼓励和支持大学生踊跃参加职业资格考试，也是大学生创新创业教育的重要内容，对提高学习兴趣、提升学习风气大有裨益。

9. **以榜样"树"学风**。榜样的光辉有着巨大的辐射效应，尤其是身边的朋辈，经历可互相感知，经验可互相借鉴，事迹可互相信服。榜样犹如指引航向的"灯塔"，可以照亮青年学生的成才之路。

10. **以环境"造"学风**。大学不仅要教书育人、管理育人、服务育人，也要环境育人。环境有硬环境，也有软环境，但不管什么环境，只要健康、优雅、文明、进取，就可鼓舞人心，催人奋进，让身处其中的大学生向上好学，奋发成才。

但是，学风建设的目的是要取得实实在在的效果，那么检验学风建设成效的标志是什么？笔者认为，大致有10项：

第一，课程考试的成绩优秀率与不及格率；

第二，学科性（专业）竞赛的参与率及其获奖情况；

第三，考研率（报名率、上线率、复试率、录取率）；

第四，上课迟到率、旷课率；

第五，上课精神状态；

第六，期末考试作弊率；

第七，大学英语四六级考试通过率；

第八，获得校级及以上优秀学生称号数量及频次；

第九，图书借阅量和借阅率；

第十，职业资格证书等报考比率及其通过率。

学风是学校的灵魂，学风建设是学校的永恒主题，需要所有的人共同努力。

（公众号推送日期：2018年1月24日）

我们的自媒体

所谓"自媒体"，至少有两层含义被普遍认可：一是"自己"，二是"自由"。所谓"自己"，主要是指在自媒体时代每个人都可成为讯息的传播者和事件的在场者，并且这两种角色能够随时转换；所谓"自由"，是指自媒体时代意味着公民拥有更大的话语空间和自主性，拥有更大的自由度。

自媒体时代有着诸多"好处"：它增进了人与人之间的感情交流；它给予了我们平等发声的权利和机会；它为创作者提供了众多舞台；它推进了社会的公平正义。自媒体时代是一个自主自立的时代，是一个张扬自我的时代，是一个多元多彩的时代，是一个伟大的时代，是一个值得由衷感谢的时代！

所以，我们热爱自媒体，拥护自媒体，青睐自媒体，并依靠专业优势，发挥专业特长，积极支持、鼓励学子举办自媒体。

山东工商学院人文与传播学院有编辑出版学、广告学和汉语言文学3个专业。我们充分考虑学生的成长、社会的需求，立足"应用型"，凸显"特色化"，追求"高水平"，努力彰显专业特色，突出人才特色，张扬文化特色，凝练研究特色：

在专业特色上，紧紧依靠学校经济管理类办学母体，将编辑出版学专业打造为新媒体与财经传播方向，广告学专业打造为广告创意策划与管理方向，汉语言文学专业打造为商务文秘方向，坚定不移地走差异化发展道路。

在人才特色上，结合人文传播类专业属性，着力培养学生"六大核心能力"：认知能力、批判能力、审美能力、表达能力、创造能力、教化能力，使所培养的学生能够得到社会的认可与推崇。

在文化特色上，结合专业、学科特性，积极构建以韵美的物态文化、优质的教学文化、理性的学术文化、规范的制度文化、儒雅的行为文化、清新的环境文化、鲜明的特色文化、高尚的精神文化、平和的心态文化为主要内容的文化体系建设，努力使人文与传播学院的文化引领学校风尚。

在研究特色上，与专业方向相匹配，编辑出版学专业以融媒体与区域传播为研究特色，广告学专业以企业形象与品牌传播为研究特色，汉语言文学专业以中华商务文化及文化传播为研究特色，以此形成优势，给专业以有力的学术支撑。

围绕此，我们充分挖掘和利用校内教学资源，建立长期稳定的实践、实验、实习教学平台或岗位，集中人力、物力、财力，培育好投靠我们门下的每一位学子，让他们享受应该享受的教育资源，让他们得到应该得到的知识熏陶，其中一项重要工作，就是在教学用房紧缺的情况下，合并了两个教师工作室，专门腾空一间组建了"大学生自媒体中心"，容纳了5家大学生"自媒体"：《漂》《沐风》《人文传真》《新报人》和山商人文传播微平台。

一、《漂》

《漂》创办于2009年，是由山东工商学院学生工作处主管、人文与传播学院主办的面向全校发行的学生自办杂志。

理念：聚焦新闻热点，引领校园风尚，旨在为同学们提供一个抒发自我、交流实践的平台，丰富校园文化生活。

机构：编辑部、新闻部、秘书处、公关部和新媒体部。

栏目：本期策划、人物采访、热点灼见、文化聚焦、舆说娱乐、校园杂谈、经济时空、微言大义和图说山商。

刊期：季刊，每年3、6、9、12月各出一期。

开本：16开。

二、《沐风》

《沐风》创办于2012年，是由共青团山东工商学院委员会主管、人文与传播学院汉语言文学系主办的面向全校发行的学生自办纯文学杂志。

理念：笔润我心，如沐春风。抒发真情实感，培养文学情怀，旨在为同学们提供一个文学交流、展示自我的平台，丰富校园文化生活，传承中华优秀传统文化。

机构：编辑部、新闻部、艺术部、秘书处、文字部和宣传部。

栏目：随笔札记、文苑杂谈、如沐春风、特约访谈、唐风新韵、小说世界、书目推荐、风光乍现。

刊期：半年刊。

开本：16开。

三、《人文传真》

《人文传真》创办于2016年，是由山东工商学院人文与传播学院主办，面向全校师生发行的文选性杂志。

宗旨：探寻世界本源，剖析人生真谛；传承文化基因，彰显人文魅力；思考大学教育，重塑大学灵魂。

选文：荟萃名家精华力作，追求思想性、启发性和指导性。

功能：阅读名家著述，感受大家问题意识、经典意识和生命意识。通过反思困境，辨析论断，澄明真理，揭示人文教育的真精神。

机构：《人文传真》编辑部。

刊期：不定期。

开本：16开。

四、《新报人》

《新报人》创办于2005年，是由山东工商学院编辑出版学专业学生自办，人文与传播学院主管，旨在培养学生新闻采写编能力的教学实践型报纸。

理念：展现专业风采，传播新闻精神。

机构：新闻部、编辑部、联络部。

栏目：专业资讯、行业导航、出版人物、校园之声、青春纪念。

刊期：一年四期。

刊本：对开四版或八版。

五、山商人文传播微平台

"山商人文传播微平台"创立于2015年，是山东工商学院人文与传播学院官方微信公众号。

理念：内强素质，外塑形象，搭建学院发展、教师成长、学生成才平台，成为自媒时代人文与传播学院清新靓丽的名片。

栏目：人文动态、人文风采、人文党建、人文讲堂、人文赛事、人文公示、人文传真、人文通报、人文关怀、人文情怀、今日国学、人文花絮、人文提醒等。

维护：人文与传播学院学生会新闻部。

以上五种"自媒体"，有传统媒体，也有新媒体；有报纸，也有杂志；有文学创作，也有思想聚焦；有鲜活文字，也有灵动视频；有版式设计，也有摄影采风；有世俗视点，也有人文教育。全方位历练人文学子的能力与素质，多层面展示人文学子的魅力与涵养。

这些"自媒体"共处一室，相互交流、相互启发、相互依靠、相互融合，促使它们由"自媒体"走向"融媒体"。

我们尽自己最大的努力，遵循教育的王道，守护教育的良知！

（公众号推送日期：2017年12月22日）

在人文的诗书礼乐中创造人生的辉煌①

看到2016级同学们如此之青春、如此之靓丽、如此之鲜嫩，真是件赏心悦目的事情！尽管你们此时都一种肤色——没有一个白的！但是，这不是你们的"错"，都是军训惹的"祸"！

刚才，向敏博士、殷小涵同学已经表达了对你们的拥抱，我在这里再一次代表人文与传播学院38名教师以及你们的440余名师哥师姐，对你们的加入，表示热烈的欢迎！

李晓琦同学代表大家表了决心，杨墅同学以党支部的名义向大家发出了倡议，希望大家不忘初心，砥砺前行！

1986年，我们学校开始招生。今年是2016年，整整30年了，你们在座的各位，是我们学校迎来的第31批新同学中的一部分，但你们又是人文与传播学院迎来的第二批新同学，因为人文与传播学院2015年8月2日才组建，今年正好一周年。然而，我们的编辑出版学、汉语言文学、广告学三个专业却有着较长的开办历史，只不过以前分属其他教学院部而已！

在此，我要给同学们讲的，是我的心里话，主题是"在人文的诗书礼乐中创造人生的辉煌"，请同学们一定要铭记于心。

第一，人文是崇高和神圣的。从9月3日开始，你们就正式加入人文与传播学院这个团队，成为专业的、正宗的"人文人"。作为老师，忝为院长，有了你们的加入，我由衷地欣慰！因为你们是人文的希望，你们是人

---

① 本文是2016年9月12日在山东工商学院人文与传播学院2016级新生见面会上的讲话。

文的未来！什么是人文？《辞海》的定义是："人类社会的各种文化现象。"其实，人文是与教化人及调整人与人、人与物之间关系有关的人类文化中的先进部分和核心部分，即先进的价值观及规范。我们的老祖宗早已反复告诫我们："文明以止，人文也"；"圣达立言，化成天下，人文也"；"人文，人之道也"；"言圣人观察人文，则诗书礼乐之谓，当法此教而化成天下也"；"人文，人理之伦序，观人文以教化天下，天下成其礼俗，乃圣人用赍〔bì〕之道也"，等等等等，莫不高歌——人文是崇高的使命和神圣的事业！所以，能够与人文携手，就踏上了通往崇高和神圣的道路。这，就是我们的睿智！

第二，我们有大任担当。凡选择或者被选择并且能够安心坐在这里的人文传播类专业的每一个人，包括我面前的你们，都是有品位、有胸怀、有雅量、不随波逐流的人！我们不世俗、不低俗、不媚俗、不庸俗，我们有大任担当，这个社会需要我们这些人去"教化"，去"化成"，正所谓"观乎天文，以察时变；观乎人文，以化成天下"！别人以利益为天下，我们则以天下为利益！这，就是我们的荣耀！

第三，我们与众不同。每一个人，无论是谁，想要在社会上扎根立足，或者取得长久的成功，或者受到人们的尊重，最为重要的因素，不是他们的专业，不是他们的技能，而是他们的人文精神、人文素养和人文情怀。所以，经过四年的人文传播类专业的熏陶，我们浑身上下，会散发出一种与众不同的"人文气息"，清新而典雅，光鲜而靓丽，我们会成为未来社会真正的"精英"和"脊梁"！《论语》中说："文质彬彬，然后君子！"这，就是我们的非凡！

第四，我们做人得天独厚。尽管我们所处的人文学科不热门，还被人讥讽曰不实用，但任何时候，任何地方，任何行业，任何部门，任何岗位，做人最热门，做人最实用，而恰恰我们的人文学科就是研习如何做人的学科，我们有着比其他人更为直接的、得天独厚的专业熏陶。人们常说先做人、后做事，我们人都做好了，还担心做事？从严格意义上讲，我们的人文专业是教人做人的思想和境界，其他热门专业是教人做事的技能与方法，孰主孰次，显而易见，无须赘言！拥有或者从事这样的专业，是人生之幸事，值得我们好好珍惜！借用圣人孔子的话说："君子居之，何陋之有？"这，就是我们的优势！

第五，人文有大用。人文学科果真无用？谁也不敢公开做出肯定的回答。说没用的人是因为他们小视、短视、近视和偏视，他们是把"有用"的标准放在眼前和直接的经济利益上，这当然不会是"人文之用"。"人文之用"在长久，在间接，在底蕴，在精神，在灵魂，在人性，它决定人生方向和高度，决定做人方式和准则，决定人的道德品行和修养，决定人的处世态度和价值。"人文之用"似乎看不到，摸不着，但人们可以真真切切地感受到。人文不仅有用，而且有大用！亚圣孟子早有断言："人之所以异于禽兽者几希。"就是说，人和禽兽的差别就这么一点点儿！这真是个令人沮丧而又灰心的论断。所以，与人文为伍，就是与品质为伍，就是与人伦为伍！这，就是我们的价值！

"国之华彩，人文化成。"真心希望我们的人文学子：

沉下心来，抛弃一切杂音、噪音、反音的干扰，抛弃一切世俗的迷惑和引诱，心无旁骛地多读几本有价值的书，多享受享受大学生活的纯真浪漫，多修炼修炼自己的意志品行，多交往交往校园里的男女同学，多聆听聆听大学老师的苦心教诲，多思考思考自己的人生走向，多观察观察无法摆脱的社会百态，多体味体味必然经历的人间沧桑。一定要坚信，只要大学读好了，只要自己充实了，不管学什么专业，工作会有的，爱情会有的，幸福会有的，未来的一切美好都会有的！

有人预测，未来二三十年，我们会由信息时代转入概念时代。这个时代，是理性减退，概念增加，专业、行业、职业迅速变化，真正追求幸福的时代。那些原本仅靠知识和逻辑工作的人，会逐渐被电脑所替代，而那些只有人能做的工作，才能够真正延续下去。计算可以被电脑完成，但创意不能！简单说来，到那时，活得很好的人应该是这样：有品位，会讲故事，能跨界，有人情味儿，会玩儿，而且还有点自己的小追求。也正好在那时，你们正处于人生的巅峰时期。

所以，在这里，我要为人文与传播学院的每一位学子点赞，你们都是好样的，你们超凡脱俗，你们卓尔不群，我祝福你们！祝你们在人文的诗书礼乐中创造人生的辉煌！

最后，愿我们携手同行，勇往直前！

（公众号推送日期：2016年9月13日）

老师与你携手同行，相伴成长①

很高兴也很荣幸，在这个叠翠流金、丹桂飘香的季节，与亲爱的同学们相逢在凤凰山下、黄海岸边！

欢迎来到山海交融的美丽城市烟台。这里是全国文明城市、最适合人类居住城市、国家卫生城市、全国最安全城市、中国优秀旅游城市、国家园林城市、最佳魅力城市。

欢迎来到依山傍海的山东工商学院。这里是全国模范职工之家、山东省文明单位、山东省应用型人才培养特色名校、山东省省级创业孵化示范基地。

欢迎来到山魂海韵的山东工商学院人文与传播学院。这里是全校最年轻的学院、最有文化的学院、最有品位的学院、最有人文素养的学院、最多帅哥靓女且气质非凡的学院。

你们初来乍到，作为你们的师长，我有责任和义务为你们介绍方方面面的情况，引导你们今后的大学生活。

1398年（明洪武三十一年），为预防倭寇，曾在今烟台山设狼烟墩台，烟台市因此得名。

1985年，为培养煤炭系统经济管理人才，中国煤炭经济学院应运而生，2003年更名为山东工商学院。

2015年，山东工商学院建校30周年之际，为了加强人文教育，提升商科院校的人文品位和文化内涵，山东工商学院人文与传播学院成立。

---

① 本文是2017年9月14日在山东工商学院人文与传播学院2017级新生见面会上的讲话。

由此可见，烟台有600多年的历史，学校有30多年的历史，而我们的人文与传播学院仅有2年的历史。在座的各位是以"人文与传播学院"之名迎来的第三届学子！

古语有云："国之华彩，人文化成。"何谓人文？人文就是人类文化中的先进部分和核心部分，即先进的价值观及其规范。就是这样，总有一些"不人文"的人在喧嚣：人文无用！人文果真无用？说无用的人是因为他们小视、短视、近视和偏视，他们是把"有用"的标准放在眼前和直接的经济利益上，这当然不会是"人文之用"。"人文之用"在长久，在间接，在底蕴，在精神，在灵魂，在人性，它决定人生方向和高度，决定做人方式和准则，决定人的道德品行和修养，决定人的处世态度和价值。人文不仅有用，而且有大用！亚圣孟子早有断言："人之所以异于禽兽者几希。"现如今，人类的科技迅猛发展，人类的脚步已踏入智能化时代大门，如若没有了思想、精神和道德，人世间会变得更加冷血与冷漠。所以，与人文为伍，就是与品质为伍，就是与人伦为伍！由此，我可理直气壮地说：凡选择并且能够安心于人文类专业学习的每一位学子，包括你们的家长，都是有品位、有胸怀、有雅量、不随波逐流的人，不世俗、不低俗、不媚俗、不庸俗。我代表全体教师，向你们及你们的家长表示崇高的敬意！

人文与传播学院现有教师41人，学生668人，有3个本科专业：编辑出版学2005年设立，汉语言文学2009年设立，广告学2013年设立。有编辑出版学系、汉语言文学系、广告学系、文化传播教学部、全媒体实验教学中心5个教学基本单位。

自2017级的你们开始，实行全新的人才培养方案。这个方案充分考虑了你们的成长、社会的需求，立足"应用型"，凸显"特色化"，追求"高水平"，努力彰显专业特色，凸显人才特色，张扬文化特色，凝练研究特色：

第一，彰显专业特色。将编辑出版学专业设定为财经传播与新媒体方向，将广告学专业设定为广告创意策划与管理方向，将汉语言文学专业设定为商务文秘方向，紧紧依靠学校财经类这个母体，坚定不移地走差异化发展道路。

第二，凸显人才特色。结合人文传播类专业属性，经过四年的学习、培养，你们应该具备"六大核心能力"：认知能力、批判能力、审美能力、表达能力、创造能力、教化能力，你们应该得到社会的广泛认可与推崇。

第三，张扬文化特色。人文与传播学院必须有文化，而且文化必须有内涵、有体系，高品位、高颜值，让人文与传播学院的文化独树一帜，并成为超越其他二级学院的一面旗帜。我们的文化包括：韵美的物态文化、优质的教学文化、理性的学术文化、规范的制度文化、儒雅的行为文化、清新的环境文化、鲜明的特色文化、高尚的精神文化、平和的心态文化。

第四，凝练研究特色。与专业方向相匹配，编辑出版学专业以融媒体与区域传播为研究特色，广告学专业以企业形象与品牌传播为研究特色，汉语言文学专业以中华商务文化为研究特色，文化传播教学部以文化传播为研究特色。以此形成优势，对专业以有力的学术支撑。

如此这般，专业特色（知识教育）＋人才特色（能力培养）＋文化特色（素质教育）＋研究特色（学术支撑），就能构建起人文与传播学院以立德树人为根本任务的人才培养体系。

如此这般，经过四年的熏陶，你们浑身上下会散发出一种与众不同的"人文气息"，清新而典雅，光鲜而靓丽，你们有知识、有能力、有素质，你们会成为未来社会真正的"精英"和"脊梁"！

2017级的同学们，老师已经做好了培养你们的万全之策，你们是否也做好了"修炼"的各项准备？

为此，我要以"人文"的视域，向你们提出五个人们最为常说的要求，希望能帮助你们度过充实而有意义的大学生活，走好"人文之旅"。

第一要做人。我们本是人，为什么还要做人？不错，人的一生都要不停地"做人"，且要做"好人"，不做"不好人"，这是人生的第一要务，也是最基本的"做人"要求。何为好人？何为不好人？《朱子语类》有曰："光明磊落底便是好人，昏昧迷暗底便是不好人。"然而，在我们中国，做人不仅仅是"好人"与"不好人"这么简单，还有更为复杂的"人类"供你选择，最常见的有：孔子的"六类人"：小人、庸人、士人、君子、贤人、圣人；荀子的"四类人"：国妖、国用、国器、国宝；司马光的"四类人"：小人、庸人、君子、圣人。在座的2017级各位同学，你们必须意识到，自踏入人文与传播学院那刻起，你们就与"人文"携手，就成为"人文人"。老祖宗早已断言："文明以止，人文也"，"圣达立言，化成天下，人文也"，"人文，人理之伦序，观人文以教化天下"，"观乎天文，以察时变；观乎人文，以化成天下"，如此等等，莫不高歌——人文是崇高的使命和神圣的事业；莫不昭示：人文人有大任担当！可是，当下的世界太功利、太实用、太喧嚣、太粗野、太物质，需要人文人去"教化"，去"化成"，正如耶鲁大学校长苏必德所言：我们已经到了最需要人文学科的时刻。所以，"人文人"决不能混同一般，更不能居于"下游"，虽然我们百分之九十九点九的人做不了贤人、圣人，但也不能做庸人、士人，更不能做小人，我们必须毫不含糊地宣示：学人文做君子，用人文担道义。这才是我们的非凡与荣耀！所以，真心希望我们的人文学子能够抛弃一切世俗的迷惑和引诱，多书写书写自己的纯真浪漫，多思考思考自己的人生走向，多修炼修炼自己的意志品行，多规划规划自己的使命担当，多在人文的诗书礼乐中升华人生！

第二要读书。 大千世界，芸芸众生，乔布斯与比尔盖茨仅是特例，千万不要相信"读书无用"的鬼话！我们常说条条大路通罗马，可是，你们有没有想到，有人一出生就生在罗马，有人不得不去修通往罗马的路，有人不得不在通往罗马的路上艰难地跋涉。"读书是门槛最低的高贵"，"读书自会有一种从容不迫、雍容高雅的风度。"作为凡夫俗子、无依无靠、无势无力的我们，要想缩短通往罗马的路，要想在罗马城里与罗马"土著"一样幸运，唯一的路径就是读书。我们可以想一想，都是什么样的人在说读书无用？无非三种人，一是没有资格或者读不了书，只有靠苦力打拼养家糊口的人；二是没怎么读书，但是凭着自己的努力或者聪明有了点小成就的人；三是虽然读了书，但是没读出什么名堂，于是就哀叹读书无用的人。所以，读书无用论是居心叵测"拉人下水"的大骗局！我们上大学就是要读书！读书要读专业的书，也要读非专业的书。读专业的书，是因为用它来接受专业教育；读非专业的书，是因为用它来提升和实现大学教育。读君子的书，也要读小人的书。因为君子与小人如影随形，读君子和小人的书，能知道什么是君子之道，什么是小人之行，即明辨是非之理。读高雅的书，也要读通俗的书。高雅是人生的境界，通俗是人生的本分，人既要高雅又要本分。所以，你要坚持读书，全面地读书，只有这样，在人际交往中，你就能以谈吐、学识和修养来赢得他人的尊重。

第三要明志。胡适曾说："生命本身没有什么意义，你要能给它什么意义，它就有什么意义。与其终日冥想人生有何意义，不如试用此生做点有意义的事。"所以，人生必须明志，而要明志，大学时代恰逢其时，因为此时的你们已成年，体力、智力、精力正处于旺盛期，有独立思考、辨别是非和实践的能力；你们周围有师长、有学长、有同窗、有朋辈，他们的经历、经验、学历、学识，都可以学习、借鉴。其实，明志并不复杂，就是明确方向，树立目标，简单说就是要明确自己当前和将来要干什么、能干什么、为什么干、要达到什么样的目的。无论大人物、小人物，无论明星、粉丝，无论老师、学生，无论什么人，其一生皆不可浑浑噩噩、得过且过。否则，你人生的词典里就查不到尊严和成功两个词。早明志，早进取，早成功；晚明志，晚进取，晚成功；不明志，不进取，不成功。当然，所明之志可大可小。梁启超说："天地一日没有息，我相信我们没有绝对成功的一日。我们能工作一部分，就有一部分的成绩，最怕是不做。"这是小志！所以，梁启超自少壮至病逝，始终驰骋于政治舞台，并醉心于学术研究，以救国新民之责自任。王阳明说："何谓人生第一等事？我以为第一等事应是读书做圣贤。"这是大志！所以，王阳明从小立志做圣贤，后来果然修成立德、立功、立言之"三不朽"，虽久不废，流芳百世。所以，明志，犹如黑暗中远方的灯塔，照亮你前进的方向，引领你到达成功的彼岸。

第四要交友。朱熹在《论语集注》中讲："尹氏曰：自天子至于庶人，未有不须友以成者。"所以，人不能没有朋友，如果没有朋友，人会很孤寂，很凄凉，很狭窄。古人有云："问学必有师，讲习必有友"，"学贵得师，亦贵得友"，"师以质疑，友以析疑，师友者，学问之资也"。你已踏入大学校门，大学是研习学问之地，也是你走向社会前的最后一片净土，这里有无私诲教的老师，有相伴成长的同学，正是你拜师交友的绝佳之地，你在其中必须学会与老师、同学相处，与全校老师交朋友，与全校同学交朋友。老师认为，你们成长的时代，是物质生活十分丰富、科学技术高度发达的时代，你们有不少是独生子女，即使不是独生子女，你们也生活、成长在祖辈、父辈的百般呵护与关爱之下，向内索取或者坐享其成的意识或多或少地会浸润在你们的行为习性之中。如果这些习性不在大学期间做出更正，而是任由带到社会，你会为此付出惨痛的代价。所以，老师要告诫你，在人的各种基本生活技能中，学会如何建立及保持友谊，是一种至关重要的生活本领。良好的人际关系可以使你快乐，可以使你自信，可以使你幸福，还可以使你认清自己的缺点，矫正自己的方向，激励自己走上成功。当然，结交朋友绝不是没有原则，没有选择。先师孔子早已告诫我们："益者三友，损者三友。友直，友谅，友多闻，益矣。友便辟，友善柔，友便佞，损矣。"此语还同时授意我们交友之道，即以正直交友，以诚信交友，以学识交友，以真诚交友，以阳光交友，以品德交友。朋友是人生的财富，朋友是前进的力量，朋友是自己送给自己的礼物，你必须学会交朋友！

第五要健体。《孝经·开宗明义》："身体发肤，受之父母，不敢毁伤，孝之始也。立身行道，扬名后世，以显父母，孝之终也。"所以，你的健康很珍贵，很重要。我们所说的健康包括两方面，一是健康的体魄，二是健全的心智。你尽管是你自己，但你的健康不只关乎你自己，在你的身上，承载着生身父母的希望、未来家庭的幸福、所处团队的力量以及踏入社会的担当。大学是人生的黄金时期，是吸纳学问、储备能量的时期。在这个时期，你脱离了教师"贴身式"的紧盯，远离了父母"唠叨式"的叮咛，你仿佛成为飞出竹笼的"小鸟"，可以自由自在、无拘无束地翱翔，但老师要提醒你，虽然你已是法定年龄上的"成人"，但你还不是真正意义上的"大人"，你的身体和心智还处于成长期和完善期，不可作践、不可透支、不可任性，无论干什么，都不能以牺牲健康为代价。所以，你要少恋床榻，多进球场；少玩游戏，多做运动；少讲自我，多想团队；少寻烦恼，多看美好。你一定要清楚，你未来的路还很长，在此路上，需要你为父母、为家庭、为团队、为社会负起应该负起的责任，挑起应该挑起的担子。没有健康的身体，如何承载海量的学问？没有健康的身体，如何承担孝悌的责任？没有健康的身体，如何营造幸福的家庭？没有健康的身体，如何分担团队的任务？没有健康的身体，如何融入繁杂的社会？健康是天，健康是地，健康是责任，只有健康才能庇护和容纳一切。

当然，上大学要做好的事情很多，而唯有此五者方为初心，而唯有做好此五者方能得始终。

与有人喧嚣"读书无用"一样，也有人喧嚣"上大学无用"，其实那是因为他们没有上大学或者没有好好地上大学。上不上大学，过的不是一样的人生。上大学是人生华丽的经历，会提高人生的层次；上大学会结交大批有才华的伙伴，拥有一生一世的眷顾；上大学会领教学富五车的老师，徜徉知识的海洋；上大学会使男生变得有风度，能够娶到好媳妇；上大学会使女生变得有气质，能够嫁给好夫君；上大学会使你脱胎换骨，净化人生境界；上大学会使你更加接近蓝天，有更多的机会享受上苍的恩惠！

然而，上大学并不是件轻松的事，好好地上大学必须敏而好学、学而不厌。大家都知道孔子有个学生叫宰予，亦称宰我，能说会道，言辞动听，就因白天睡大觉，即遭到孔子的大加鞭挞和鄙视，还促使孔子改变了"识人观"。更有甚者，此事竟被收录于千百年来一直被中国人奉为修身治世圭臬的儒学经典《论语》之中："宰予昼寝，子曰：'朽木不可雕也，粪土之墙不可圬也！于予与何诛？'子曰：'始吾于人也，听其言而信其行；今吾于人也，听其言而观其行。于予与改是。'"由此可见，学生的懒惰是多么不可容忍、不可饶恕的行为！就连倡导有教无类、循循善诱、诲人不倦的孔圣人都无法矜持！所以，大学不是欢乐谷，大学不是伊甸园；大学是训练营，大学是修道院。不要指望柳荫湖畔、花前月下就可完成大学四年的学业，不要指望大学四年老师会教会你一切，不要指望大学四年你会学会一切，更不要指望大学四年你会修成金刚不坏之身。无论是谁，就是天才也要不停地努力，不停地进取，正所谓：生命不息，修行不止！

同学们，文质彬彬，我们超凡脱俗；化成天下，我们大任担当！衷心祝愿每一位人文学子能够顺利且圆满地度过美好的大学时光！学在人文，爱在人文，老师与你携手同行，老师与你相伴成长！

愿我们的缘分化作友谊并天长地久！

深深地祝福同学们！

（公众号推送日期：2017年9月15日）

大学生婚姻：法理可行，现实不允[①]

早在2005年9月，国家教育部就颁布实施了新的《普通高校学生管理规定》，其中取消了一些涉及学生婚恋的强制性规定，最显著的是撤销了原规定中"在校学习期间擅自结婚而未办理退学手续的学生，作退学处理"的条文，对学生能否结婚不再做特殊规定。言外之意，学校对在校大学生结婚、生育等将不再干涉。这在当时，令不少青春萌动的大学生产生了幻想和憧憬，其思维也由"可不可以恋爱"转向了"可不可以结婚生子"，也令不少高校管理者"谈婚色变"。

其实道理很简单，尽管教育部门和高等学校过去有大学生禁婚禁育的条文，但法律从来没有规定达到法定婚龄的大学生在校期间不可以结婚和生育，结婚、生育和受教育，都是法律赋予公民的基本权利。

即便如此，我们可以做这样一些假设：

第一，假设一对大学生在校期间已申领了结婚证，其住宿如何解决？ 总不能夫妻分居男、女生宿舍吧？也总不能在校外租房居住或者走读吧？更不能要求学校配备单间或者住宅吧？当然，现在的高校管理远比以前宽松得多，如自己非得在校外租房居住或者走读，一般情况下，学校也无法强行干涉！

第二，即使住宿能够解决，一旦生育怎么办？ 按国家规定，女职工生

① 本文曾以《大学生应当树立正确的婚姻观》为题发表于2005年4月15日《山东工商学院报》（国内统一刊号CN37~0813/G）第三版，收入本书时略有改动。

育可以享有至少90天的产假和1年的哺乳期，女大学生生育可没有类似的规定。当然，人家根本不需要产假，也不需要哺乳假，生不生育由个人说了算！

第三，住宿、生育、休假都不成问题，可生出来的孩子该如何照顾？该不能带着孩子进课堂吧？该不会小夫妻轮流翘课带孩子吧？当然，小夫妻双方都有父母，这个问题会有万全之策，无须他人操心！

第四，住宿、生育、休假、带孩子都可以搞定，其学业能否按时或正常完成？当然，现在高校实行的要么是弹性学制，要么是休学制，什么时候毕业，或者毕不毕业，可以悉听尊便！

第五，上述任何问题都可以置之度外，但孩子需要抚养，其抚养费又如何解决？该不会举债、募捐或乞讨吧？当然，小夫妻可以勤工俭学，也可以业余打工，还可以创业甚至休学创业，大不了再加一层"啃老"，抚养费根本不是事儿！

……

这一切的一切，想想都让人心焦、胆战！尽管有"当然"，无论怎么说，对于还不是完全独立意义上的社会人的大学生来说，是无法承受的物质与精神、生理与心理压力，不利于他们的健康成长。

也许有的大学生会说，我就结婚，并不要求住在一起，也不要求生育，更不用抚养孩子，学业也会保证正常按时完成。既然如此，那为什么偏要在大学期间进入婚姻的殿堂呢？等学业完成，事业有成，再去享受婚姻的甜蜜，岂不是轻松又愉快！

从当代大学生群体来讲，生理成熟期前移，心理成熟期后移，作为受教育者，既无经济基础，也无社会经验，没有直面承受来自社会生活的各种挑战，独立支撑家庭的能力尚不具备。因此，面对婚姻大事，大学生应理智地对待，尤其要正确处理好恋爱与婚姻的关系、婚姻与事业的关系，树立先立业后成家的婚姻观，把学业放到首位，集中精力走好大学之路，待踏上社会，趁最容易获得成功和快乐的青春年华，放手实现自己的职业理想，甜蜜的婚姻自然会带着雄壮的翅膀飞到身边。

劳动社会学研究成果发现，个人结婚的年龄越晚，其职业向上流动的机会也就越高。如在丹麦，25岁以前结婚的男性在事业上的成就不如25岁以后结婚的男性，25～29岁结婚的男性在事业上相对稳定，30岁以后结婚的男性则比较成功。人们认为，过早地结婚会使"早婚"所带来的家庭和子女方面的压力增加，从而影响个人的精力和锐意进取的信心。[①]

所以，尽管法律没有禁止在校大学生婚育，也尽管高校学生管理规定不再限制大学生婚育，而一旦大学生在校期间真的结婚生子，不但会为他（她）增加巨大的"人生成本"，也会为其父母甚至整个家庭增添沉重的经济和精神负担，学校正常的管理秩序也会被打乱。

老话儿说得好：人无论在什么时候，该干什么就得干什么！大学生该认真读书的时候就得心无旁骛地认真读书！

这不，在校大学生婚育禁令废弛十多年来，没有多少大学生在校期间娶妻嫁夫、怀孕生子！当初的那些担心，有些杞人忧天了！

因为，谁都懂得：婚姻，对在校大学生来说，是一个法理可行而现实不允的问题！

（公众号推送日期：2016年11月28日）

---

① 刘艾玉.劳动社会学教程［M］.北京：北京大学出版社，1999.

大学生应如何承受父母之重①

　　人们经常讨论这样一个话题：父母对子女的影响大，还是教师对子女的影响大？其实，对这个问题，早有人提供了答案：家庭是子女永恒的课堂，父母是子女一生的老师！

　　劳动社会学认为，家庭是子女出生与成长的地方，是子女社会化的重要场所。在任何一个国家，家庭背景对子女事业成功和地位升迁的作用始终是一个不可低估的因素。家庭对子女在劳动社会中的影响是多方面的，主要有②：

　　一是父母是子女的养育者和启蒙老师，生理与心理特征的遗传，在一定程度上影响子女职业能力的发展水平，父母的价值取向、教育方式和一言一行会内化为子女的价值标准。

　　二是父母的职业决定了子女特殊的生长环境。生长在知识分子家庭，一般容易受科学精神的耳濡目染，生长在技工的家庭，会较早接触到"实实在在的东西"，"子承家业"的现象经常出现在医生、艺术家与私营工商者的家庭之中。

　　三是父母的地位和经济能力可以给子女的职业流动带来不同的机会。经济地位高的家庭往往可以给子女提供进一步向上流动的条件和机会，在学费越来越贵的情况下，经济地位高的家庭依然能够支付子女昂贵的

　　① 本文曾以"应树立正确的家庭观"为题，发表于2005年11月25日《山东工商学院报》（国内统一刊号CN37～0813/G）第三版，收入本书时略有改动。

　　② 潘锦棠.劳动社会学［M］.北京：中国劳动出版社，1995.

学费，而那些低收入的家庭将不得不在昂贵的学费前做出痛苦的选择。而且，子女一旦离开学校，父母社会地位高、经济条件好的还依然可以从经济上非常富有、社会交往广泛而又声名卓著的父母那里受益，一些父母甚至可以通过自己的声望和权威直接或间接地对子女的职业施加影响。

四是父母往往可以通过深思熟虑和潜移默化的社会化模式，对子女的职业动机发生作用，这种社会化模式铸成了子女的抱负和为成功而努力奋斗的动力。在一般情况下，父母的期望越高，子女的动力越大，职业上的成就可能性也越大，并越有可能向上流动。

五是家庭的权力结构也会对个人的职业流动起影响作用。经研究发现，家庭的权力结构比父母对子女的期望影响还要大，一个由母亲"当权"的家庭与一个由父亲"当权"的家庭相比，在对子女向上流动机会的影响上就有很大的差别。

这些影响，不管是正面的还是负面的，也不管是大的还是小的，作为一个人，都必须毫无条件地加以面对而无法回避。

因为，人生什么都可以选择，就是父母不可以选择。父母给了你生命，你这一生就要或多或少地打上父母的"烙印"，父母的贫富、地位的高低都是无法改变的事实。攀比家庭、怨恨父母，甚至产生心理扭曲，只能增加父母的愧疚和自身的痛苦，而无济于任何问题的解决。"你的努力配不上父母的艰辛！"①所以，热爱家庭，孝敬父母，才是人的美德。我们每个人都应该把家庭看作自己生命中温馨的"港湾"，在关心国家、社会和他人之前，先要关心和爱护自己的家人。

虽然父母不可以选择，但人总要为父母。换句话说，今天你是父母的孩子，明天你就会是孩子的父母。你既然改变不了父母，完全可以为你的孩子改变你自己。消极而悲观的"宿命意识"，对自己的成长和对自己将

---

① 邓艳萍.你的努力配不上父母的艰辛［EB/OL］.ID：dypyuwen。

来的家庭都是不利的。

　　大学生要想使自己曾经的家庭"悲哀"，未来不再发生在自己子女的身上，就要直面人生，奋发进取，努力改变自我，为自己未来的子女创建一个良好的家庭背景和成长环境，这才是积极的、负责任的人生态度，正所谓"天行健，君子以自强不息；地势坤，君子以厚德载物"。

　　同样，只寄生在父母的地位和权势庇护之下的大学生，也不会有健康的人生。因为父母的终究是父母的，将来父母也终究要离你而去，不可能陪伴你走到永远。只有靠自己的聪明才智开创的一片天地，才是真正意义上的晴空万里，阳光普照。

（公众号推送日期：2016年12月4日）

大学生择业必须把握好四个维度①

寒假越来越近了，大学毕业生们又到了四处奔波寻找职业最为关键的时期。他们不容易！真不容易！非常不容易！先祝福他们！

如果把计划经济时代国家保证每一位大学生都能有一个体面的国家干部身份的职业作为参照系的话，如今的大学生的确就业"难"：找一个职业难，找一个理想的职业更难。但是，不少资料显示，无论从哪个方面看，我国的大学生并不是多了，而是职业能力对大学生的要求越来越高了。造成"一边有人没活儿干，一边有活儿没人干"现象的原因之一，就是大学生的职业观问题。

从劳动社会学的角度说，职业是劳动者相对稳定地从事某项有酬工作而获得的劳动角色。随着社会的进步和科学技术水平的提高，一方面，新的职业相应产生，一些旧的职业相应消亡，或者这种职业虽然存在，但职业的工作内容和工作条件发生了改变。另一方面，每种职业都要求从事的人员具备与之相适应的任职素质，而每个人对职业也有各自的需求与选择，于是就产生了职业对人的选择和人对职业的选择。②

因此，站在这个角度，大学生选择职业时，必须把握好四个维度：

第一，大学生已不再都是社会精英。 任何一种职业，都是一种劳动角色即一种社会分工，都有其一定的社会地位。无论从事什么样的职业，只

---

① 本文曾以《应当树立正确的职业观》为题发表于2005年11月11日《山东工商学院报》（国内统一刊号CN37~0813/G）第三版，收入本书时略有改动。

② 刘艾玉.劳动社会学教程［M］.北京：北京大学出版社，1999.

要能做出贡献，就能得到人们的尊重。在当今高等教育背景下，知识只是个人适应社会、成为社会合格成员而必须掌握的基本劳动技能和生存技能。当代中国高等教育已处于大众化阶段，不是所有的大学生都能成为社会精英，大学生已不再是享有崇高声誉和威望的特殊群体，他们中的大部分人必然是劳动大军中的普通一员。随着经济的发展，现代社会需要的是大量高学历、高技能、高素质的一线劳动者，而不全是站在"高处"对人与事行使"指手画脚"职权的"管理者"。当代大学生只有准确定位自己的身份，才能找到适合自己的职业。

第二，大学生要勇于面对职业的变化。任何一种职业，都有可能随着社会的发展而发生变化，由此决定着劳动者与职业的结合也会相应发生更替。选择职业时，考虑相对稳定是应该的，但想找一个稳定的职业干一辈子的想法是不切实际的。因为，产业结构不断变化，知识不断更新，那种几十年不变的职业岗位是越来越少了。这就要求大学生必须认清职业的发展方向，分清职业的"冷"与"热"。特别要摒弃"一步到位"的传统就业观，树立"先就业、后择业"的现代就业观，即面对纷纭职业，大可放手选择，充分利用它锻炼自身的能力，积累职业经验，然后再谋求更好的发展，以成就自己的职业理想。

第三，大学生自身素质必须能与职业匹配。任何一种职业都对劳动者有特定的要求，而不是每个劳动者都适合从事这种职业。同时，每一位劳动者都希望找到理想的、符合自己要求的职业，但不一定所有的劳动者都能如愿以偿。当代大学生有一种择业误区，就是不以自己所具有的实际劳动素质或可能开发出的劳动素质来选择职业，也不考虑自己是不是真正喜欢、爱好要选择的职业，全凭一些不切实际的或者是错误的想法去选择职业，结果或者选不成，或者即使选中了也做不好工作，甚至会被职业所淘汰。在择业过程中，大学生必须正视现实，正视自身。正视现实，就是要面对市场经济发展的客观实际。正视自身，就是依据科学方法，对自己的性格、兴趣、能力、气质与个性进行全面分析和综合评价。不能只想"高薪、舒适、名气"而不考虑个人的劳动素质，更不能宁肯不就业也不选择收入较低的职业。

第四，大学生不能让眼前的视觉妨碍职业选择。任何一种职业都对社会和劳动者具有一定的功能，进而形成了职业地位、职业声望和职业期望，这些都影响着人们对职业的选择。任何人都希望拥有一个职业地位高、职业声望好和职业期望大的职业，这是人之常情。但职业地位、职业声望和职业期望并不是一成不变的，而是随着社会的发展、人们职业生涯的深入而不断变化的，就是同一职业在不同的国家或地区也有不同的职业地位、职业声望和职业期望。当代大学生在选择职业时，不能只看眼前，而不顾长远；只顾当地，而不见外地。在职业社会里，往往是当初不被人们看好的职业，后来却成了"朝阳"职业，而被人们看好的职业，却成了"夕阳"职业；也往往是你事先不感兴趣的职业，经过职业活动后，却使你激情倍增；而感兴趣的职业，一经接触，却使你索然无味；还往往是这个职业在当地被人们"冷落"，而在外地却是"热门"。所以，大学毕业生大可不必让眼前的职业地位、职业声望和职业期望，挡住自己的视野，妨碍自己的选择。

只有把握好了上述四个维度，大学毕业生在职业选择上，才不至于只会"仰望星空"，而不"脚踏实地"！

（公众号推送日期：2016年12月13日）

大学生组织观教育不是可有可无①

劳动社会学认为，劳动组织是人们从事社会活动的基本单位，其最大特征是要求组织成员遵守组织规范，服从组织管理，听从上级指挥，以实现组织成员的共同目标。

人类社会是组织的社会，所有社会人的生活和工作无时不与组织发生着联系，就连2300多年前的荀子都知道：人们不可能没有某种社会组织而生活，为了有社会组织，人们需要行为的规则。②

虽然大学生在校期间是纯粹的受教育者，但最终都要以各种方式加入到不同的劳动组织中去，成为真正意义上的社会人。加强大学生组织观教育，就是要使大学生踏出校门走上社会后，能够顺利地融入各种劳动组织，并成为劳动组织中的合格一员。尤其在当代大学生思想文化需求日趋多样，价值取向日趋多元的新形势下，加强组织观的养成教育，更显得尤为必要。否则，到了社会，只固守自己的行为习俗，强调自己的思想意识，追求自己的价值观念，而置组织规范于不顾，或游离于组织管理之外，或不服从上级领导，那才是为人的一大失败，教育的一大悲哀。

从一定意义上讲，组织观念与集体主义思想是一致的。但加强组织观教育，树立集体主义思想，是建立在有组织、有集体的基础之上的。正如教育部原部长周济曾经发问的那样："我始终在想，如果没有集体，怎么

---

① 本文曾以《大学生应当树立正确的组织观》为题发表于2005年11月18日《山东工商学院报》（国内统一刊号CN37—0813/G）第三版，收入本书时略有改动。

② 冯友兰，涂又光. 中国哲学简史［M］.北京：北京大学出版社，1985.

去树立集体主义的思想？如果没有组织，怎么样去加强组织观念？"那么，在大学校园里，如何加强大学生组织观念或集体主义教育？这就要发挥好六大组织的优势：

一是党组织优势。中国共产党是一个按照高度的组织原则建立起来的政党，加强党的领导，把优秀大学生吸纳到党的队伍中来，接受党性锻炼，提高党性修养，这是增强大学生组织观念的政治优势。

二是共青团组织优势。共青团是党领导下的先进青年的群众组织，是党的助手和后备军，在教育、团结、联系大学生和竭诚为大学生服务方面发挥着重要优势，起着重要作用。

三是学生会组织优势。学生会是在共青团指导下的大学生群众组织，是大学生自我服务、自我管理、自我教育的组织者，在大学生中发挥着桥梁和纽带作用。

四是学生班级组织优势。学生班级是大学生的基本组织形式，是大学生自我教育、自我管理、自我服务的主要组织载体，通过组织开展丰富多彩的主题班会等活动，发挥着团结学生、组织学生、教育学生的职能。

五是学生社团组织优势。学生社团是由大学生为实现共同的意愿和爱好而自愿组成的学术性、文体性、娱乐性、服务性、实践性、创业性的群众性组织，在扩大学生的知识面，丰富大学生的课外文化生活，提高大学生综合素质，促进校园文化建设等方面具有重要作用。

六是学生社区组织优势。学生社区是实行思想教育与行为指导相结合、学校管理和学生参与相结合、规定劳动和自愿服务相结合的新兴区域组织，承担着大学生教育、管理、服务的职能。

这些组织优势，可以说渗透到了大学生生活的各个层面，不仅为大学生组织观教育提供了丰富资源，而且也是大学生组织观教育的主要载体。一方面，高等学校作为教育的举办者，只有充分利用好了这些优势，大学生组织观念教育才会加强，集体主义思想才会树立，为社会主义培养建设者和接班人的教育目标才会实现。另一方面，大学生作为受教育者，组织观念的养成是由简单到复杂递进的，由低级到高级发展的，也只有接受了这些组织的规范，遵从了这些组织的管理和指挥，并变成了内在的自觉行动，就会为踏上社会，融入劳动组织，借助组织的力量充分展示自身才华打下坚实的基础。很难想象，一个连学校组织规范都遵从不了的大学生，怎么能遵从好社会组织规范。

所以，大学生要想成为真正的社会人，就不可能脱离组织而存在，而组织之间的相互联系又组成了社会。由此，我们也可以发问：一个没有组织观念的大学生，能否被组织所吸纳？一个游离于任何组织之外的大学生，又怎么能成为真正的社会人？一个不是真正社会人的人，到底是什么样的人？

只要摆清这些问题，大学生在组织观教育面前，就会感到不是可有可无的了。

习近平总书记在2016年12月7日～8日召开的全国高校思想政治工作会议上强调："我国有独特的历史、独特的文化、独特的国情，决定了我国必须走自己的高等教育发展道路，扎实办好中国特色社会主义高校。我国高等教育发展方向要同我国发展的现实目标和未来方向紧密联系在一起，为人民服务，为中国共产党治国理政服务，为巩固和发展中国特色社会主义制度服务，为改革开放和社会主义现代化建设服务。"所以，加强大学生组织观教育不但极为重要，而且也是中国特色社会主义高校的本质属性之一。

（公众号推送日期：2016年12月16日）

就业，大学生不该任性和倨傲[①]

又是一年大学毕业生寻求职业的旺季，各类供需招聘会充实大学校园，大学校园真真切切成了"人才市场"。

自1999年起，我国高等教育进入了一个空前发展时期，随后每年都有上百万甚至几百万大学毕业生进入社会就业行列，大学生就业问题引起社会广泛关注。一时间，"大学毕业生就业寒流来临""大学毕业生就业难""大学毕业生千军万马过独木桥"等种种说法四起，引起在校大学生"谈就业色变"，心理压力增大。与此同时，就业率的高低，不仅成为衡量教学质量高低的标准，还成为判断某一专业存废的依据，使得高校无法踏实本分地搞"教育"，不得不千方百计地促"就业"，大学的课堂已不再理性和安静！

劳动社会学认为，在市场经济的工业化国家中，劳动者是就业还是失业，往往取决于一系列的社会经济因素。这些因素，可能使劳动力市场中的工作岗位大于对劳动力的需求，从而使劳动者能够比较容易就业；也可能使工作岗位稀缺而使劳动者出现失业，甚至即使在劳动力市场上有足够的工作岗位，却因其不开放而造成结构性失业。由于社会经济因市场的变化无常而瞬息万变，个人的能力和精力也不能保证其对成千上万种职业技能都能掌握，同时劳动力市场也不可能完全开放，因而失业总是在所难免

---

① 本文曾以《理智对待大学生就业问题》为题发表于2005年11月4日《山东工商学院报》（国内统一刊号CN37—0813/G）第三版，收入本书时略有改动。

的，而且失业是当今几乎所有国家在社会经济发展中普遍存在的现象。

既然如此，我们必须客观地、理性地对待大学生就业问题。

早在2002年11月，江泽民同志在党的十六大报告中就曾经指出，要"坚持教育创新，深化教育改革，优化教育结构，合理配置教育资源，提高教育质量和管理水平，全面推进素质教育，造就数以亿计的高素质劳动者、数以千万计的专门人才和一大批拔尖创新人才"。这句话，再明白不过地告诫人们，现代教育，包括大众化高等教育，只是一种素质教育，造就出来的"人才"无论在数量上还是质量上有三个层次：首先是"数以亿计的高素质劳动者"，其次是"数以千万计的专门人才"，然后才是"一大批拔尖创新人才"。可是，对这句话，人们往往熟视无睹，经意或不经意间忽略了其中的逻辑内涵。

其实，在市场经济条件下，一切经济资源的配置包括劳动力资源的配置，都是通过市场来实现的，这是不以人们的主观意志为转移的客观规律。在进入高等教育大众化阶段后，大学生已不再是"社会精英""天之骄子"，社会精英岗位与高校毕业生数量相比，显得不充足甚至短缺了，一部分毕业生通过市场竞争，进入社会精英岗位，而另一部分必然要进入大众岗位，甚至暂时失去工作岗位，这是再正常不过的事情了。那种大学毕业生短缺，社会精英岗位充足，一切由国家"统包统分"，保证每个人都可以获得一个"体面的""国家干部"职位的精英时代一去不复返了，我们没有必要再把大学生就业"难"问题当作一种"新闻"，没完没了地"炒作"。

所以，克服大学生就业恐慌的前提条件之一，就是从家庭到学校、从学校到政府、从政府到社会各个阶层，必须站在当代大学教育新使命的立场上，重新审视当代大学生就业问题，把大学生就业观念从精英教育阶段的国家计划分配就业模式，引导到大众教育阶段的市场调节自主择业模式中来，使他们在思想深处真正意识到大众教育形势下，谁也不能说大学毕业生就一定都能有工作、一定能有好的工作！[①]

在市场经济社会中，人人身份平等，人人机会均等，学校代替不了绩效，学籍代替不了业绩，学历代替不了能力，学位代替不了作为。任何人无论读没读大学，都应该有工作、有好工作，凭什么大学毕业生就非得有工作，而且还得有好工作？所以，对待大学毕业生就业问题，无论是社会、政府，还是学校、家庭，所有的言行与观念，都必须从"精英主义"的意识陷阱中走出来，让大学生不再任性、不再倨傲。

只有这样，大学生在就业面前就不会有"山雨欲来风满楼"的恐慌情绪，大学生就业难的气氛就不会弥漫，大学生们就会放下包袱，舒缓精神，安心读书学习，专注于提高自身素质，学校正常的教学秩序也得以维持，教学质量也得以提高。否则，大学生一旦在就业问题上遭受挫折，就抱怨家庭、抱怨学校、抱怨国家、抱怨社会，那是不利于大学生健康成长的。[②]

（公众号推送日期：2016年11月22日）

---

① 汤敏.从深层次思考大学生就业问题［J］.中国高等教育，2003（3-4）
② 罗旭辉，周芳.大学生就业难被夸大了［N］.中国青年报，2003-04-09.

毕业了，意味着什么？

走过小学、初中、高中，读过本科和研究生，迎来了最后一次毕业，这就彻底告别了学生时代，人生便要开始新的旅程。我的女儿即是其中一员，她去年7月从意大利米兰理工大学毕业，今年7月又从同济大学建筑与城市规划学院毕业，获工科双硕士学位，其学生生涯画上了一个圆满的句号，值得纪念，值得庆祝！

然而，一个十分现实的问题摆在了这些毕业人面前：毕业了，到底意味着什么？他们或许还没做好心理准备，或许还没意识到即将到来的角色转换，或许因为根本没有经历便无法提供答案。所以，作为过来人的我们，有责任、有义务告诫他们：

意味着少了校园里的浪漫，多了社会上的世俗；

意味着少了新同学的加盟，多了新校友的诞生；

意味着少了寒暑假的肆意潇洒，多了无闲暇的痛苦煎熬；

意味着少了教师的谆谆教诲，多了自己的沉思省悟；

意味着少了同窗间的喜笑颜开，多了同事间的合作共事；

意味着少了教室里的琅琅书声，多了职场上的人声鼎沸；

意味着少了生活上的闲庭信步，多了生计中的东奔西走；

意味着少了人生的灿烂花季，多了青春的无声流逝；

意味着少了独来独往的惬意，多了团队协作的约束；

意味着少了孩提时代的天真烂漫炫酷风，多了婚姻家庭的柴米油盐酱醋茶；

意味着少了不分白天黑夜的花前月下，多了混淆分内分外的披星戴月；

意味着少了权益式的享受，多了责任般的付出；

……

以上说法虽然"惨淡"，但必须直面应对。其实，学生时代只是知识与能量的储备时代，是未来人生的奠基时代。人只有走出这个时代，投身客观世界，在用储备的知识与能量推动社会进步中才能找到自身定位，检验自身价值，创造美好生活，这才是人生的本真与初心！

但愿没毕业的孩子们珍惜校园生活！但愿已毕业的孩子们走好接下来的人生旅途！

（公众号推送日期：2017年7月14日）

母校和老师永远与你同心同在

——献给人文与传播学院所有毕业生

题记：每年的五六月份，大学便进入毕业季。看着厮守了四年的莘莘学子即将展翅高飞，为师的心情是复杂的，有喜悦，有不舍，有祝愿，有挂牵，自然想起了徐志摩的《再别康桥》，便有了这篇拙作。

成熟的你走了，

却不似你青涩地来；

你轻轻地挥手，

作别往日校园风采，

更有守候母校的老师与熟悉的讲台！

时尚的你走了，

却不似你朴素地来；

你踏入社会，

缺少了同窗间的喜笑颜开，

要始终保持青春的活力与生活的欢快！

自信的你走了，

却不似你稚嫩地来；

没有了老师的谆谆教诲，

你要多观察多思考多忍耐，

把握好属于自己的前程莫困惑与徘徊！

坚毅的你走了，

却不似你柔弱地来；

为了人生的幸福，

你要勇闯天涯任凭风吹日晒，

不管万千困苦皆要保持强者本色与气概！

厚重的你走了，

却不似你单薄地来；

昔日的寒窗苦读，

皆是为诗书礼乐国之华彩，

切不可辜负人文化成的担当与豪迈！

长大的你走了，

却不似你年少地来；

老师期盼你的音讯，

犹如父母对远方儿女的关爱，

会时时刻刻年年岁岁萦绕于梦里与梦外！

充实的你走了，

却不似你懵懂地来；

无论你身居何处，

莫忘记这里的蓝天碧海，

更不要割断浑身上下母校的基因与血脉！

收获的你走了，

却不似你期许地来；

你脚下的路且长且远，

有喜悦有泪水有成功有失败，

请铭记母校和老师永远与你同心同在！

（公众号推送日期：2017年5月17日）

第三章

人文精神与文化

山东工商学院发展目标简史①

    所谓目标，是指组织或个人想要达到的境地或标准，是一个组织或个人希望在一段时间内通过一系列的措施所要达到的目的。

    目标决定动力，动力来自目标，目标与动力成正比。目标越大，动力越足；目标越低，动力越小。

    世界上，任何组织、任何人都有自己的发展目标。一所高等学校的发展目标包含很多方面，有近期发展目标、中期发展目标和长期发展目标；有办学目标、定位目标、人才培养目标；有战略目标、战术目标，等等。这些目标的确立，不仅是高校自身办学实力、办学性质等诸要素作用的结果，也是全体师生员工思想认识统一的结果，更是全体师生员工共同努力所要实现的价值追求和精神所在。没有明确的目标引领，师生员工就会迷失方向，丧失前进的动力。

    一所高校的发展目标具有四个最基本的特征：

    一是激励性。发展目标要有拉动力和驱动力，要能激发师生员工为之奋斗的欲望，激励师生员工的斗志。唾手可得或缺乏激励，不叫发展目标。

    二是时限性。发展目标的实现要有一定的期限，是经过一段时间的努力才能达到的。随时可取或永远无解，就失去了设定目标的意义。

    三是清晰性。发展目标是什么，指向性必须清晰，不能模糊；发展目标的标志有哪些，必须有确定的内涵，有可衡量的标准。含糊不清或模棱

---

① 本文是2010年为纪念山东工商学院建校25周年而作。

两可，成为不了发展目标。

四是简洁性。发展目标是对学校未来发展走向的总概括，要朗朗上口，便于记忆，因而要求语言简洁，能一语道来。绝大部分人记不住、只沉睡在文件里的发展目标，很难发挥应有的作用。

对于一所高等学校来说，到底要把自己建成什么样子，各有各自的"奋斗理想"，或曰"一流大学"，或曰"知名大学"，或曰"高水平大学"等等。

就山东工商学院而言，在其25年的不同成长历程中，都会根据经济社会和高等教育的发展变化，结合自身的办学条件、办学实力，提出相应的发展目标。

一、学校发展目标的萌芽阶段（1984—1997年）

从1984年12月开始筹建，到1997年11月本科教学工作合格评价通过，是学校发展目标的萌芽阶段。

最早的"奋斗理想"是1984年筹建时提出的"华东煤炭大学"，下设两个学院：煤炭经济学院和煤炭教育学院。煤炭经济学院为煤炭系统培养经济管理人才，煤炭教育学院为煤炭系统培养中小学师资。但因种种原因，"大学"这一"理想"未能付诸实践，随后便于1985年12月诞生了"中国煤炭经济学院"。其实，这时候的"理想"还不能称其为真正意义的"奋斗理想"，仅仅可以称其为"建校理想"。

初步意义上的"奋斗理想"出现在1994年。为使学校发展走出低迷的困境，时任学校领导提出了"一年上轨道，三年见成效，五年争上游，十年创一流"的奋斗目标。在此基础上，1995年1月，首届"双代会"第一次会议审议通过了《中国煤炭经济学院1995—2005年改革发展规划提要》，进一步提出："一年上轨道，三年见成效，五年争上游，十年创一流。背靠行业，面向社会，建成全国煤矿经营人才培训基地、全国煤矿管理科学交流中心、全国煤矿两总师（总经济师和总会计师）业务和信息交流中心，同时积极向地方靠拢，努力为山东省的经济建设和文化发展服务，使自己处于教育体制改革的有利地位。"这个"奋斗理想"，是在学校发展处于徘徊不前的历史条件下提出的，尽管在一定程度上起到了鼓舞士气的作用，但由于当时受诸多因素的影响，并没有在全校上下形成共识，更没有引起师生员工的共鸣。

1997年11月，学校顺利通过原国家教委组织的本科教学工作合格评价，全校教职员工深受鼓舞，士气大振，从中也看到了学校生存与发展的希望。之后，随着办学条件的不断改善和办学实力的不断增强，全校上下便开始有意识地探索符合学校实际的发展目标问题。

二、学校发展目标的探索阶段（1998—2003年）

从1997年11月顺利通过原国家教委组织的本科教学工作合格评价，到2003年11月以良好成绩通过教育部组织的本科教学工作水平评估，是学校发展目标的探索阶段。

1998年10月，经全校师生员工及教职工代表大会主席团讨论，党委研究通过了《中国煤炭经济学院1998—2001年发展规划》，其中提出：到2001年，把学校建成以经济学和管理学类专业为主，兼有理、工、文、法专业，学科结构合理，教学和科研方面具有较强实力，有配套的教学设备和条件，有较高的教育教学质量、办学水平和办学效益，在山东省同类院校中声誉良好、特色鲜明的普通本科院校。

2000年3月，首届教职工代表大会通过了《中国煤炭经济学院深化校内管理体制改革总体方案》，其中提出：争取在三年时间内，把学校建成特色鲜明、优势明显的普通本科高等学校。

2001年12月，第二届教职工代表大会一次会议审议通过了《中国煤炭经济学院"十五"发展计划和2010年发展规划》，明确提出：到"十五"

末期，把学校建成有较高的教育教学质量和办学效益、特色鲜明、省内外有较大影响的普通高等学校；在实现"十五"计划的基础上，再经过5年的努力，把学校建成特色更加鲜明、有广泛的影响和知名度，在国内同类高校中整体办学实力居于前列的综合性财经大学。

2002年12月21日，第二届教职工代表大会二次会议又号召全校上下进一步解放思想，抓住机遇，深化改革，与时俱进，开拓创新，加快发展，为把学校建设成为高水平财经类院校而努力奋斗。

这以后，"省内知名、国内有较大影响的普通高等学校"以及"有较大影响和知名度的山东省高水平财经类院校"等，时常出现在学校简介和有关报章之中。尽管如此，这时期的"奋斗理想"并没有形成一个"固定概念"，仍处于前后不一致的状态，师生员工中也很少有人对此耳熟能详，信手拈来。

2003年11月，学校在山东省高校率先接受教育部组织的本科教学工作水平评估，并取得了良好的成绩，这表明学校已进入良性发展轨道，发展目标的确立也就应时而生。

三、学校发展目标的确立阶段（2004年至今）

自2004年7月中国共产党山东工商学院第一次代表大会，到2010年6月中国共产党山东工商学院第二次代表大会，是学校发展目标的确立阶段。在这个阶段，学校根据形势的变化，先后提出了"山东高水平财经大学"和"有特色开放式工商大学"两个发展目标。

（一）"山东高水平财经大学"

1. "山东高水平财经大学"的确立

2004年1月12日，学校党委召开了全校干部会议，号召全体师生员工进一步解放思想，与时俱进，开拓创新，努力开创学校各项工作新局面，为建设山东高水平财经大学奠定坚实基础。"山东高水平财经大学"作为一种"特定概念"或一种"奋斗理想",首次被提了出来。

2004年2月15日和3月20日,《山东工商学院报》刊登了时任党委书记毕宪顺撰写的《正确处理十大关系推动山东工商学院持续快速健康发展》和《论主导山东工商学院事业发展的若干根本性问题》两篇文章,都使用了"山东高水平财经大学"这一概念。还是在3月20日,他在全校学生干部大会上,号召全校学生和教师一道,以科学发展观为指导,为把山东工商学院建设成山东高水平财经大学做出应有的贡献。他强调,"山东高水平财经大学"是一个特定的概念,不能多一字,也不能少一字。

2004年7月3日~4日,中国共产党山东工商学院第一次代表大会通过了时任党委书记毕宪顺代表党委所做的《解放思想,与时俱进,深化改革,加快发展,为建设山东高水平财经大学而努力奋斗》的工作报告,"建设山东高水平财经大学"的目标,被确定为全校师生员工的共同"奋斗理想",也成为学校历史上具有真正意义的发展目标。

此后,在学校召开的各种会议上、领导讲话中和文件报章里,"山东高水平财经大学"成为使用频率最高的词语之一。

2. "山东高水平财经大学"的含义

所谓"山东高水平财经大学",有两方面的含义:

一方面是"词面"含义,要点有四:

第一,是"山东"高水平财经大学,而不是"全国"高水平财经大学,更不是"世界"高水平财经大学,这是空间定位;

第二,是山东"高水平"财经大学,而不是山东"知名"财经大学,更不是山东"一流"财经大学,这是水平定位;

第三,是山东高水平"财经"大学,而不是山东高水平"理工"大学,更不是山东高水平"综合"大学,这是学科定位;

第四,是山东高水平财经"大学",而不是山东高水平财经"院校",更不是山东高水平财经"学院",这是层次定位。

所以，"山东高水平财经大学"是一个由这四个部分构成的有机整体，融合着学校的空间定位、水平定位、学科定位和层次定位。

另一方面是"发展阶段"含义，要点有三：

第一，仅是学校近期所要实现的"奋斗理想"，即到2010年，在校生规模达到2万人，部分学科达到省内一流水平，拥有30名以上省内知名、全国有影响的专家学者，拥有10个以上硕士学科点，把学校建设成为山东高水平财经大学。

第二，又是学校中期所要实现的"奋斗理想"的起点，即从2010年起到2020年，在校生规模适度发展，部分学科在省内处于一流水平、在全国有较大影响，涌现出若干名省内一流、全国知名的专家学者，获得博士学位授予权，把学校建设成为山东一流财经大学。

第三，更是学校远期所要实现的"奋斗理想"的基础，即在实现近期、中期"奋斗理想"的基础上，从2020年起，向全国高水平财经大学迈进。

由此可见，"山东高水平财经大学"既是学校近期的"奋斗理想"，又是长远发展的基础。就是说，建不成"山东高水平财经大学"，就建不成"山东一流财经大学"，也迈不进"全国高水平财经大学"。

3."山东高水平财经大学"的标志

所谓"山东高水平财经大学"，其标志主要包括高水平的师资、高水平的学科、高水平的科研成果、高水平的管理、高水平的人才、先进的办学思想、鲜明的办学特色、良好的社会服务功能等因素，主要有以下7个方面：

第一，在校生2万人，意味着学校规模达到全国财经类院校中列，同时拥有与此规模相应的办学条件和相当的综合实力。

第二，部分学科达到省内一流水平，就是说学校的省校两级重点学科，一部分要达到省内一流水平，处于领先地位，一部分要建成省内高水平学科，具有明显优势。这些学科都要成为硕士学位授权学科，个别学科要具备培养博士研究生的条件并能联合培养博士研究生。

第三，拥有30名以上省内知名、全国有影响的专家学者，有了这30人，也就有了10个以上硕士学科点。

第四，学校的类型定位为教学型，构建以本科教育为主，研究生教育、高等职业技术教育、国际合作办学、成人继续教育、短期培训等多层次、多形式的办学体系。

第五，在学科类型上，以经济、管理类为主，兼有法、文、理、工等6大学科门类相互支撑、协调发展的财经类普通高等学校。

第六，在办学特色上，区别于一般高等学校，所设学科绝大部分为管理学科，因而以管理学科见长；区别于财经类高等学校，因原隶属煤炭部领导，又以煤炭经济与管理研究见强；区别于省内外高等学校，因地处沿海开放城市烟台，且是胶东半岛唯一的一所财经类高等学校，又以区域经济研究见优。

第七，在服务面向上，立足山东，面向全国，服务地方经济与社会发展，为基层培养复合型、应用型人才。

在"山东高水平财经大学"的引领下，学校的各项事业取得了长足进步，教育教学工作成效显著，学科建设取得重大突破，科研实力不断增强，人才队伍建设卓有成效，办学条件明显改善，合作交流逐步扩大，管理水平不断提高，思想政治工作扎实有效，党建工作全面加强，学校的发展迈上了一个新台阶。

（二）"有特色开放式工商大学"

1. "有特色开放式工商大学"的确立

2009年2月24日，第三届山东省学位委员会第一次工作会议在济南召开。会上，我校在7所申报院校中脱颖而出，通过硕士学位授权立项建设单位评审，学校的发展又站在一个新的历史起点上。

面对新形势、新任务、新要求、新期待，学校党政领导重新审视了学校发展所处的外部环境和内部条件。为适应经济社会的发展要求，适应高等教育的变化态势，进一步充实办学内涵，进一步提升办学实力，进一步彰显办学特色，尽快成为硕士学位授权单位，追求一种更加有特色、更加开放式的奋斗目标，成为全校师生员工新的愿望。

2010年6月21日~22日，中国共产党山东工商学院第二次代表大会召开，通过了时任党委书记魏金陵代表党委所做的《继续解放思想，坚持改革创新，为建设有特色开放式工商大学而努力奋斗》的工作报告，报告根据我国经济社会和高等教育的发展与变化，尤其是山东省财经类高校布局的调整，号召全校师生员工承前启后、继往开来，用更开阔的视野、更长远的眼光、更高的要求，努力推进"有特色开放式工商大学"建设。"有特色开放式工商大学"便成为学校发展历史上又一个新航标。

2. "有特色开放式工商大学"的含义

所谓"有特色开放式工商大学"有两个方面的含义：

一方面是"词面"含义，要点有四：

第一，是"有特色"的开放式工商大学：具有自己独特的气派、风格和品质，在教育教学、人才培养、学科建设、专业设置、管理服务、校园文化等各个方面都要做到人无我有、人有我优、人优我特、人特我强。

第二，是有特色"开放式"的工商大学：在地域上，既是烟台山东的，又是国内国际的；在领域上，既是高等教育的，又是经济社会的；在意域上，既是海纳百川的，又是气势磅礴的。要以开放作为办学理念的重要内容，以促进自身内涵发展为目的，以融入社会、服务社会为核心，以扩大对外开放程度、完善校内开放机制为基本内容，以广泛的合作与交流为重点，把开放意识贯穿于教育教学、学科建设、科学研究、队伍建设、社会服务、国际交流等各项工作。

第三，是有特色开放式的"工商"大学：是一所以经济和管理学科为主，以理、工、文、法学科为强力支撑的多科性有特色财经类大学，而不是师范、理工、医学、农学等单科性大学，也不是包罗万象、门类齐全的综合性大学。

第四，是有特色开放式工商"大学"：是"大学"，而不是"院校"，也不是"学院"。所以，"有特色开放式工商大学"融合着学校的办学内涵、办学方式、办学属性和办学层次四个部分。

另一方面是"发展阶段"含义，要点有三：

第一，它承接着未来15年学校发展所要实现的第一阶段目标，即从2010年起，用两年左右时间，完成硕士学位授权单位建设任务，成为硕士学位授权单位；

第二，是未来15年学校发展所要实现的第二阶段目标，即在实现第一阶段目标的基础上，再用4年左右的时间，到2015年建校30周年前后，更名为山东工商大学，建成有特色开放式工商大学；

第三，是未来15年学校发展所要实现的第三阶段目标的起点，即在实现第二阶段目标的基础上，再经过10年左右时间建设，到2025年建校40周年前后，力争成为博士学位授权单位，建成更高水平的工商大学，跻身全国财经类院校前列。

由此可见，"有特色开放式工商大学"具有承前启后的作用，它既是未来15年学校发展第一阶段目标的提升，又是未来15年学校发展第三阶段目标的基础。就是说，成不了"硕士学位授权单位"，就建不成"有特色开放式工商大学"，也跻身不了"全国财经类院校前列"。

3."有特色开放式工商大学"的标志

结合我国高等教育尤其是山东省财经类院校的实际，回顾发展历史，定位客观现实，瞄准发展未来，"有特色开放式工商大学"的标志主要包括五个方面：

第一，学科定位：所要建设的有特色开放式工商大学，是以经济和管理学科为主，以理工文法等学科为强力支撑的多科性大学。

第二，类型定位：是以培养具有实践能力和创新精神的高素质应用型人才为根本任务，以学科建设提升专业建设、课程建设，教学引导科研，科研促进教学，教学科研紧密结合、协调发展的教学型大学。

　　第三，模式定位：是办学理念更开放、社会联系更密切、对外合作交流更广泛、国际化水平更高、外部资源支持更有力、内部资源共享程度更高，开放式人才培养、开放式科学研究和开放式管理经营有机统一的开放式大学。

　　第四，内涵定位：是教育教学质量较高、优势学科在全国知名、整体办学实力在同类高校中居于前列、有广泛影响和知名度的特色鲜明的大学。

　　第五，面向定位：是面向全国，服务地方经济社会发展，服务煤炭行业建设的、具有更强的社会服务功能的山东省属大学。

　　总之，有特色开放式工商大学是一所有内涵、有特色、更开放、更和谐的创新型的工商大学。

　　当前，全校上下正在"有特色开放式工商大学"发展目标的感召下，继续解放思想，坚持改革创新，全面实施"质量立校、特色兴校、学科强校、人才名校"战略，坚定不移地走创新发展、内涵发展、特色发展、开放发展、和谐发展之路，人才培养质量明显提高，学科综合实力明显提升，社会服务能力明显增强，人才队伍建设明显加强，学校管理水平明显提高，师生幸福感明显上升。

　　　　　　　　　　　　　　　（公众号推送日期：2016年10月8日）

自立自强　团结奋进①

——山东工商学院办学精神

1996年国庆佳节，为庆贺中国煤炭经济学院建院十周年，原国家煤炭工业部部长高扬文挥笔题诗：

> 十年坎坷路，催人把路闯，
>
> 千计求发展，桃李已芬芳；
>
> 逝时无追悔，举目向前望，
>
> 师生一股气，奋起铸辉煌。

这首诗，字字句句浓缩了中国煤炭经济学院的奋斗历程，书写了广大师生员工的不懈追求。今天，经过18年的浇灌，"自立自强、团结奋进"的办学精神已深深扎根于山东工商学院这片沃土上。

山东工商学院，原名中国煤炭经济学院，始建于1985年12月，是原国家煤炭工业部所属唯一的财经类普通高等学校，1998年9月管理体制改为中央和省共建，以山东省管理为主，2003年4月经国家教育部和山东省人民政府批准更为现名。经过18年的发展，学校已经成为以经济和管理学科为主，法、文、理、工、经、管相互支撑、协调发展的多科性财经类普通高等院校。

---

① 本文是2003年10月为山东工商学院迎接教育部本科教学工作水平评估而撰写的特色报告。

一、艰苦创业篇——高校中的首例："当年建校当年招生"

1983年，是我党把中心工作转移到经济建设上来的第5个年头，国家在经历了10年"文化大革命"的"洗礼"后，百废待举、百业待兴，在大规模恢复和发展经济的过程中，知识断层，人才缺乏的问题日益暴露出来，并且严重影响了国家经济的快速发展。这种现象在煤炭行业尤为突出。在庞大的煤炭职工队伍中，不仅工程技术人员缺乏，经济管理人才更少，根本谈不上现代化管理。为了适应煤炭工业发展对经济管理人才的需求，提高我国煤炭企业的经营管理水平，原国家煤炭工业部几经考察论证，决定建立华东煤炭经济学院。此外，作为艰苦行业，煤炭系统原有干部的素质也满足不了经济发展的需要，矿区中小学校师资教育人才匮乏的状况也亟须得到改善。为了加强煤炭企业干部培训和为矿区中小学校培养师资，决定同时建立华东煤炭教育学院。为提高办学效益，煤炭经济学院和煤炭教育学院统一筹划，两块牌子一套班子，命名为"华东煤炭大学"，并把校址选定在我国14个最早开放的沿海城市之一的烟台市。

对于这所学校，煤炭部的领导曾给予了很高的期望，绘就了一幅在当时看来极为美丽的蓝图：近期规模为5000人，远期规模为8000人，总投资为9457万元，并表示要把学校建设成高起点、高标准、高质量的花园式高等学府。1984年11月，华东煤炭大学建校指挥部正式成立，学校的筹建工作全面展开。正当征地任务完成之际，国家压缩煤炭部基本建设投资，学校建设出现严重困难和曲折：要么取消华东煤炭大学建设项目，筹建一所规模较小的经济学院；要么继续筹建华东煤炭大学，但要减少投资规模，放慢建设速度。建校工作处于进退两难之境。为争取学校早日上马，度过难关，经多方努力，1985年4月，煤炭工业部决定缩小学校建设规模，提出建立中国煤炭经济学院。经过几番曲折，同年12月，经原国家教委批准，中国煤炭经济学院正式诞生，隶属煤炭工业部领导，面向全国招生，为煤炭行业培养经济管理人才，设管理工程、物资管理、技术经济、劳动经济、会计学、管理信息系统、计划经济等专业。

1986年4月，中国煤炭经济学院破土动工。尽管如此，受当时国家宏观和微观经济困难的限制，学校仍有随时下马的可能。为摆脱困境，学校有针对性地提出了"边建校边招生"的方针，力求实现当年建校、当年招生的目标。此后，各路建设者们夜以继日，紧张施工，在不到半年的时间里，使各项教学设施基本配套。由于学校的宏伟蓝图和得天独厚的地理位置，也吸引了一大批来自全国各地的教师和名牌高校的毕业生前来任教。同年9月，学校就迎来了第一批105名全日制本、专科大学生，创造了我国普通高等学校历史上"当年建校当年招生"的记录。

建校伊始，为把有限的资金投入到基本建设上去，学校领导压缩开支，带领全校师生员工发扬"自己动手，丰衣足食"的艰苦奋斗精神，开展了"南泥湾式"的垦荒建设运动。18年前的烟台东郊冷清荒凉，冬天没有暖气，夏天蚊虫叮咬，晚上呼啸的北风夹带着海水的潮汐声令人恐惧，白天一望无际的荒草覆盖着校园，没有围墙，没有校门，只有空落落的几栋楼房。就是在这样的氛围中、这样的环境里，教师们的工作热情依然很高，除了完成正常的教学任务外，还与学生一道积极参加义务劳动，美化、绿化校园。没有奖金、没有补休，无人抱怨，无人退缩。现在回忆起来，凡经历过这段历史的师生员工都会说出同样的理由：一种责任心和创业的成就感，使大家心甘情愿地为学校的建设奉献着青春、智慧和才干。正是这些，为学校以后的快速发展蕴藏了一笔宝贵的精神财富。

二、生存考验篇——逆境中的跋涉："小步快跑"

事物的发展并不是人们预料的那么顺利，学校初创不久就遭到沉重的撞击。

20世纪80年代末90年代初，正是我国开始由计划经济向市场经济过渡时期，受传统计划经济的制约，产品价格严重扭曲，煤炭行业出现了较严重的三角债、亏损和资金紧张，整个煤炭事业的发展受到影响。与此同时，我国高等教育事业在经过一段数量、规模的大发展之后，进入以稳定数量规模、提高质量效益为主的发展阶段。在这种形势下，刚刚起步的学校建设不仅深受上级投入严重不足的困扰，而且发展规模也受到严重限制。1989年，中国统配煤矿总公司（即原煤炭工业部）重新核定了学校的规模为1100人，煤炭教育学院停办。学校的发展进入所谓"小步快跑"时期。从1989年至1994年，维持着会统系、管理系、师范部（后改称基础系）3个基本教学单位，学生1000多人。每年的财政拨款仅能艰难地维持日常教学费用，除了一些零星修缮性建筑外，学校的大型建设项目基本停滞。由于学校规模萎缩，原定专业无法开办，致使许多教师闲置，更谈不上良好的办学效益。所以，这时期的学校建设虽然被称为"小步快跑"，但"小步"是步履蹒跚，"快跑"是举步维艰。

学校还能不能生存和发展下去？当时，无论是上级有关领导还是教职员工，都产生了此种疑问。在前途渺茫的情况下，学校领导稳住了教职员工的思想，及时调整了办学方向，从以数量规模的扩大为主，转为向以内部管理机构和机制的建立、完善为主，进一步调整了校内分配制度和管理制度，初步改变了管理粗放、赏罚不甚分明的状况。通过校领导和广大教职工的不懈努力，逐步建立健全了各级管理机构，使教学、科研、管理、后勤、校产等各项工作基本上走上正轨，学校工作的规范化、秩序化取得了一定成效。但终因资金的限制，校舍面积无力增加，学生人均建筑面积、图书资料等硬性指标无法达到国家规定的标准。

为了弥补国家投资不足，增强办学实力，改善办学条件，学校领导不得不将相当精力投入校办产业，并取得了较好成果，为学校的生存和发展提供了部分资金。1988年，在我国教育领域率先创办了外向型校办企业。1991年，校办产业在煤炭系统高等学校范围内率先实现收入超千万，利润过百万。1992年，学校被原国家教委作为"经营开道，发展校办产业"的典型向全国高等学校介绍和推广。

三、奋发有为篇——痛苦中的新生：顺利通过本科教学合格评价

就在逆境中跋涉之际，1994年下半年，学校接到原国家教委关于实行本科教学合格评价的通知。对照评价指标体系，当时的办学条件远远未达到合格标准。但如果评价不合格，学校面临着停办或降格。学院再一次面临着生与死的考验。

"先天不足，后天失调"。面对痛苦的现实，校党委决心化压力为动力，以挑战为机遇，号召全校师生员工下定决心，背水一战，"以评促建，边评边建，不惜代价，确保合格"。为此，校党委提出"背靠行业，面向市场，将学校建成全国煤矿经营人才培训基地，全国煤矿管理科学研究中心，全国煤矿两总（总经济师和总会计师）业务和信息交流中心"的奋斗目标，以及"一年见成效，三年上轨道，五年争上游，十年创一流"的建设发展安排。针对制约学校发展的关键——资金问题，校党委决定"争取上级支持与积极创收相结合、开源与节流并举"，一方面积极向煤炭部争取资金，另一方面利用校办产业创收资金投入教学、科研和基本建设。通过这些措施，形成了学校全新的发展思路，确立了奋斗目标及实现目标的指导思想和方法，鼓舞起教职员工和广大学生的士气，调动了大家同心协力办好学校的积极性。

经历过逆境的人们意志更加坚强，思想更加统一。从此，全校上下开始了为期三年的迎评促建的"学院保卫战"，"一切为了评价、一切服从于评价、一切服务于评价"的思想深入人心。

为改善办学条件，校领导率领全体机关人员带头发扬艰苦奋斗、勤俭建校的精神，毅然搬到经改造的建院时临时搭建的工棚内办公，腾出办公楼改为实验楼。

为树立干部以身作则，身教重于言教的榜样，处级以上干部每月进行一次义务劳动，培养良好的工作作风。

为适应社会主义市场经济对人才的需要，学校在认真调查研究的基础上，根据社会需要和自身实力，对原有系部进行了调整、充实，将原来的3系部调整为会计、管理、贸易经济、经济信息、文法5个系。

　　为提高教学质量，严格教学管理，狠抓教、学、考各环节的制度建设和管理，树立良好的教风和学风。重视师资队伍建设，制定优惠政策，以较好的物质条件引进人才，同时通过派出进修提高和校内举办学位班等方式，改善教师的知识结构，提高学历层次和教学水平。

　　为达到国家规定的建筑面积标准，学校一方面改革经费管理，实行经费包干，减少不必要开支，尤其严格控制差旅费和招待费；另一方面通过各种渠道积极争取基本建设资金，特别是将校办产业每年近百万元的创收连续3年全部用于基本建设，3年新增建筑面积18850平方米，使学生人均建筑面积一举达标。

　　为改善学生的学习条件，在学校资金十分紧张的情况下，通过购买散件组装等形式添置百余台486微机，装备了1个语音室、1个信息网络与通讯实验室。而许多机关部门使用的却是学生淘汰的286、386微机。1994、1995、1996连续3年，学校的教学经费占学校总经费的比例均超过国家规定的15%标准。

　　为拓宽办学渠道，摸索新时期教育紧密结合市场经济和社会实践的新途径，与加拿大辛力嘉高等应用文学和技术学院联合办学，创办了"中加高等应用技术学院"，经国家教委批准并于1996年正式招生，成为山东省合作办学最早、规模最大、正规学历教育并且拥有《中外合作办学许可证》的中外合作办学单位之一。

　　为了学校的前途和命运，为了教学评价的顺利过关，广大教职员工发扬了高度的"舍小我顾大我"的无私奉献精神，虽然工资低、福利待遇差，但仍无怨无悔，坚定地团结在校党委的周围，忠实地履行着自己的职责。就连初评专家和煤炭部司局领导都为此发出过感叹：教师这么清苦，福利待遇这么差，敬业精神还能这么好，真是可敬可佩！于是，他们在院领导面前"替教师鸣冤"：长期这样下去，不利于学院的发展。

1997年9月，在迎评的紧要关头，上级部门调整、充实了校级领导班子。新领导班子一成立，就以团结一致、奋发有为、开拓进取的新形象出现在全校师生面前，进一步激发了广大师生员工的积极性。在此后的时间里，师生们没有了休息日，没有了你我的工作界线，人人顾全大局，人人恪尽职守，全校上下达到了空前的团结和统一。

1997年11月17日至21日，是全校师生员工有史以来最受"煎熬"的5天，也是最有期盼的5天，更是决定学校前途命运的5天。许多教职工焦虑地徘徊在评价专家组会场外，都想在第一时间获得评价的最终结果。

原国家教委本科教学合格评价专家组经实地考察认为，学校各项指标基本上达到了"B"级标准，在某些方面，比如领导作风、人文环境等达到了"A"级标准。评价通过了，学校保住了。当这一结果公布时，学校沸腾了，广大师生员工击掌相庆，许多人情不自禁地流下了激动的泪水。

本科教学合格评价的顺利通过，使学校人心大振，凝聚力大增。"顾全大局，艰苦奋斗，团结协作，从严从细，恪尽职守，勤奋工作"的迎评促建精神，为学校进一步改革发展奠定了坚实的基础。

四、团结奋进篇——崛起中的辉煌：规模和效益的双赢

以1997年11月顺利通过原国家教委本科教学合格评价为契机，学校终于结束了痛苦挣扎、徘徊不前的历史。1998年至2003年短短的5年，是学校飞速发展、日新月异的5年，是走向辉煌、令人惊叹的5年，一所迅速崛起、团结奋进的现代化普通高等院校已经凸现在世人面前。

（一）发展规模，增强效益。学校紧紧抓住高等教育大发展的大好机遇，积极争取招生计划，保证生源质量，使办学规模迅速扩大，办学效益明显增强。全日制在校生由1998年10月的2300人，发展到2003年10月的

11000人。教学单位也由本科教学合格评价时的5个，发展到现在的15个。

（二）突出中心，强化教学。学校坚持以人为本，突出教学的中心地位，加大教学投入力度，不断深化人才培养模式、教学内容和课程体系改革，使教育教学质量明显提高。

1. 创新教学管理制度

学校建立健全了富有特色的教学质量监控与保障体系，对教学单位和教师个人实行了教学管理和课堂教学量化指标评估办法，保证了教学质量的稳步提高。自2000年起，在本科专业中实行了学分制，设立了第二课堂学分和创新学分，着力培养学生的创新能力，鼓励学生个性发展，调动了广大学生课外学习与创新活动的积极性。

2. 积极开展教学研究

学校建立了教学成果立项和验收奖励机制，鼓励教师开展教学研究工作。承担的5项山东省"面向21世纪教学内容和课程体系改革"教学研究项目，通过了教育厅验收，其中2项被评为优秀。近几年，学校获省级教学成果二等奖3项、三等奖4项。

3. 加强师资队伍建设

把师资队伍建设作为战略任务，把青年教师培养作为战略重点，在引进与培养并重的基础上，坚持政治素质与业务素质一起抓、师资队伍与管理队伍一起抓、学术带头人与管理带头人一起抓，着力提高师资队伍的学历层次和学术水平，优化师资队伍结构，重视拔尖人才的引进与培养，造就一支与教学、科研工作发展相适应的师资队伍和学术梯队。同时，学校还重视智力引进，通过聘请学术顾问、兼职教授等方式，不求为我所有，但求为我所用，缓解学校师资力量不足的压力。经过多年的努力，学校的师资队伍建设取得了显著成绩，稳定了一大批高层次骨干人才，形成了一个年轻的优秀人才群体，学术梯队结构较为合理，教学科研水平日益提高，新老交替已基本完成，中青年教师已成为教学科研的骨干力量，有20

余名教师被中国矿业大学、中国石油大学、辽宁工程技术大学、中国海洋大学、山东科技大学、西安科技大学等聘为兼职博士生、硕士生导师。截至2003年7月，全校共有教师443人，其中教授46人，副教授144人；具有博士学位者20人，在读博士52人，硕士学位173人。

4. 不断改善教学基础设施

不断加大教学基础设施建设，建有9个实验室（实验中心），装配了54个多媒体教室、5个语音室；加大信息网络建设，实现了办公区、教学区、师生宿舍区的全面联网，为实现教学现代化和网络化提供了强有力的平台；加大图书资料购置费用投入，使图书资料总量急剧增加。2002年5月，学校图书馆还被山东省教育厅授予"自动化先进图书馆"称号。

5. 不断调整、优化专业结构

学校十分重视专业建设和发展，提出了"品牌"专业、"品牌"课程建设思路，加大了以省级教学改革试点专业"人力资源管理"、"统计学"和省级教学改革试点课程"管理学""工程估价学"为重点的专业、课程建设力度。学校本、专科专业总数由建校初期的7个发展到现在的34个，专业涵盖经、管、理、工、文、法等6大学科门类。

（三）提升层次，注重科研。科研工作以学科建设为中心，以提高层次为重点，加强管理，内引外联，主动出击，取得了明显成效，全校教师和科研人员完成的各级各类科研成果无论在数量上和质量上，都有大幅度提高。近年来，发表学术论文数量年均增长31%，核心期刊年均增长96%，承担项目数量和经费持续增长。近年来，学校获得5项国家社会科学基金和自然科学基金项目，实现了科研工作质的飞跃。

坚持"有所为、有所不为"的原则，培育优势学科，发展特色学科，加强应用学科，使学科的整体实力迈上新的台阶，形成了布局合理、重点突出、特色鲜明、优势明显的学科格局。目前学校有"管理科学与工程"、"企业管理"两个省级重点学科，其中"企业管理"为"十五"期间省级强化建设学科，是山东省"重中之重"的学科建设项目。

（四）**全面育人，提高素质**。学校认真贯彻党和国家的教育方针，始终把教学工作放在中心地位，深化教学改革，大力推进素质教育。

在课程体系和教学内容方面，加强基础，突出主干，减少重复，注重实践，不断优化人才培养方案，着力培养厚基础、宽口径、高素质、强能力的复合型、应用型人才。

始终把德育工作放在首位，以多种形式开展爱国主义、集体主义和社会主义教育；在教育教学过程中，坚持德、智、体、美全面发展的方针，强化思想品德教育、实践教育和创新教育；重视第二课堂和校园文化建设，为学生营造良好的学术、学习氛围和健康的文化氛围。

始终重视师德建设，努力树立"立德育人，甘于奉献"的师德风范，并潜移默化于广大青年学生，弘扬努力学习、刻苦拼搏的精神，引导学生树立正确的学习观、成才观。

几年来，学校学生大学英语通过率、考研通过率逐年提高，在国际奥林匹克体育与文学大赛、全国数学建模大赛、全国电子设计大赛、山东省"百灵杯"电脑知识大赛、山东省大学生辩论赛、山东省大学生创业计划大赛、山东省"蓬莱阁杯"英语演讲比赛、山东省校园剧大赛、山东省大学生篮球联赛、山东省大学生运动会等多项比赛中，学生都取得了优异的成绩。

所培养的毕业生具有良好的思想道德素质、扎实的基础理论知识、较宽的专业知识面、较强的实践能力和健康的体魄，遍布北京、上海、深圳等全国各地，深受用人单位的欢迎。近五年来，毕业生一次就业率一直保持在90%以上。

（五）**帮困助学，确保学业**。学校除为学生提供优良的学习、生活条件外，还通过"奖、贷、助、补、减、免、勤"等多种方式帮助贫困学生完成学业，仅近两年就为贫困学生减免学费50多万元，发放困难补助50多万元，勤工助学款40多万元，各类贷款近200万元。自建校以来，没有一名学生因家庭困难而辍学。

（六）改革搞活，保障有力。 自1997年起，学校就坚持投资主体多元化、资源配置社会化的改革取向，通过多种途径和方式，筹集社会资金，盘活存量资产，有效地打破了制约学校发展的"瓶颈"，使学校的建筑面积迅速扩大，由1998年的7万平方米，增加到2003年的30.2万平方米，有力地保障了教学科研工作的顺利开展。1999年11月，学校被指定参加了国务院办公厅召开的全国高校后勤社会化改革工作会议并作了典型发言。

（七）加强合作，开放办学。 学校坚持开放式、国际化办学思路，积极发展对外合作，广泛开展多形式、多渠道的学术交流。2001年，经山东省教育厅批准学校招收外国留学生。2002年又创办了"国际商学院"。到目前为止，学校已与韩国、加拿大、日本、澳大利亚、英国、新加坡等国家的教育部门和高等院校建立了学术交流和友好合作关系。除此之外，学校还积极选派优秀教师和学生参加国际和国内学术交流活动，并定期邀请国内外著名专家学者来校讲学，聘请李京文、周叔莲等多位专家教授为学校客座教授。

（八）开拓进取，天道酬勤。 18年的艰苦创业，18年的开拓进取，山东工商学院已在自己的历史上写下了光辉的篇章。无论是校容校貌和师生的精神风貌，还是办学条件、办学质量、师资队伍，都发生了翻天覆地的变化。如今的山东工商学院，高可以望山，远可以观海；春来花团锦簇，草木泛青；夏至绿树成荫，湖光潋滟；秋日云高气爽，落英缤纷；冬日银装素裹，松柏傲立。楼房鳞次栉比，景致各具特色，树木错落有致，草地四季常绿。山东工商学院不仅拥有美丽典雅的校园，而且拥有丰富的办学内涵，曾先后获得"山东高等学校德育工作先进单位""山东省高校贯彻《学校体育工作条例》优秀学校""省级花园式单位""省级文明校园""烟台市社会治安综合治理先进单位""山东省高校社会治安综合治理先进单位"、"山东省教育工会先进集体"等荣誉称号。2002年10月和11月，在山东省教育厅组织的学生宿舍管理工作以及办学条件和教学质量检查评估中，专家组都给予了高度评价。

此外，近年来，有3名教学管理人员被评为山东省教学管理先进工作者，教务科被评为山东省教学管理先进集体，有15名教师先后获全国和省部级优秀教师、优秀青年知识分子、优秀共产党员、优秀党务工作者、十大中青年法学家、劳动模范和技术革新能手等荣誉称号。

五、宏伟蓝图篇——憧憬中的未来：办学层次和水平的进一步提升

辉煌的历史已成过去，灿烂的未来更加美好。在迎送岁月的时候，我们完全可以自豪地说：我们创造了历史。如今，山东工商学院人已经为自己绘就了宏伟的蓝图，并朝着既定的目标迈进。

到"十五"末期，学校的办学层次和学科结构更加合理，教学和科研有较强实力和突出特色，在行业经济研究中有更加明显的优势，成为有较高的教育教学质量和办学效益、特色鲜明、省内知名、国内有较大影响的普通高等学校，普通全日制在校本专科生规模达到15000人。

在实现"十五"计划的基础上，再经过5年的努力，普通全日制在校本专科生达到20000人，部分学科在全国财经类院校中达到先进水平，成为特色鲜明、有较大影响和知名度的山东省高水平多科性财经大学。

六、精神财富篇——历史中的沉思："自立自强、团结奋进"

回顾历史，山东工商学院人可谓经历了风雨才见到了彩虹。在短短的18年时间里，山东工商学院人也积累了一笔宝贵的精神财富：

——**团结务实、开拓进取的领导班子是学校发展的核心。**面对各种困难、处于各种逆境，一个集体要有凝聚力、战斗力，领导班子和领导干部

起核心作用。山东工商学院人之所以能百折不挠，走上发展之路，就是因为有了一个团结务实、开拓进取的领导班子。正是在这个领导班子的带领下，全校师生员工总能在每一个关键时刻，始终保持坚定的信念和昂扬的斗志，勇往直前，自强不息，形成打不倒、压不垮的铜墙铁壁，取得了一个又一个胜利。

——**奋发有为、顽强拼搏的师资队伍是学校发展的根本**。一所高校，教学是中心，教师是根本，正所谓"国运之兴衰，系于教育；教育之兴衰，系于教师。"高等学校要办出特色、办出水平，不仅要有典雅的校园和美丽的校舍，更要有一支教书育人，甘于奉献的师资队伍。18年来，学校紧紧抓住师资队伍这个根本，通过健全和完善各种激励机制和倾斜政策，激发教师奋发有为、顽强拼搏意识，不断提高教育教学质量。广大教师是学校的主人，是推动学校改革和发展的主力军。

——**艰苦奋斗、自立自强的精神状态是学校发展的保证**。艰苦奋斗是我党的优良传统和作风，也是山东工商学院的优良传统和作风。有了艰苦奋斗，我们就能凝聚人心、形成合力；有了艰苦奋斗，我们就能聚集财力、节约资金去建设、去发展。同样，有了自立自强，我们就能直面挑战，不畏挑战，迎难而上，克服各种发展道路上的艰难险阻，朝着一个共同的目标奋勇迈进。

——**以人为本、以德治校的管理理念是学校发展的灵魂**。学校的发展是通过人来实现的，人既是发展的主体，又是发展的动力。因此，山东工商学院的党委班子成员深谙"团结出生产力、团结出凝聚力、团结出战斗力"的真谛，高度重视人的发展和人才的培养与集聚，始终实践着用事业凝聚人、用感情凝聚人、用待遇凝聚人、用制度凝聚人的管理理念，为学校的改革和发展营造了宽松的学术环境、和谐的人际环境、公平的竞争环境，调动了各方面的积极性，不断把学校的事业推向前进。

——**锐意改革、不断创新的思想意识是学校发展的动力**。改革是永恒的话题，发展是硬道理。18年的实践证明，要发展就必须改革，只有改革才能推动更大的发展。而要改革就必须创新，只有创新才能走出自己的特色之路。近几年，学校之所以迅速壮大，知名度不断提高，就是因为在改革方面成绩显著，在创新方面独具特色。

面对坎坷不退缩，身处逆境不动摇。自立自强、团结奋进的办学精神，永远激励着山东工商学院人从辉煌走向辉煌。

（公众号推送日期：2016年8月27日）

学科立校　人才强校　特色兴校[①]

——山东工商学院的发展战略与实践

山东工商学院，原名中国煤炭经济学院，始建于1985年12月，是原国家教委批准建立、原煤炭工业部所属财经类普通高等院校。1997年11月，学院顺利通过原国家教委本科教学合格评价，2003年12月又在教育部本科教学工作水平评估中取得良好成绩。1998年9月，管理体制改为中央与省共建，以山东省管理为主。2003年2月经教育部批准更为现名。

学院坐落于中国最具魅力城市之一的烟台市，依山傍海，风景秀丽，是省级花园式单位和文明校园，占地1450亩，全日制在校生13600余人，教职工1080人，其中具有高级专业技术职务教师316人，研究生学历教师447人。设有18个二级学院和教学部，31个本科专业。经过20年的发展，学院已经成为以经济、管理学科为主，兼有法、文、理、工等6大学科门类的多科性财经类高等院校。

近年来，山东工商学院高举邓小平理论和"三个代表"重要思想伟大旗帜，以科学发展观为指导，认真贯彻党的十六大和十六届三中、四中全会精神，办学规模不断扩大，办学水平不断提高，综合实力显著增强，各项事业取得长足进步，呈现出良好发展势头。当前，全院上下紧紧围绕培养社会主义建设者和接班人这一根本任务，以教学为中心，以科研为重

---

① 本文是2005年为纪念山东工商学院建校20周年而作，第二作者为李效杰；曾先刊登于2005年3月29日《光明日报》，后刊登于2005年第7期《中华儿女（海外版）》。

点，以改革为动力，全面实施"学科立校、人才强校、特色兴校"三大战略，促进各项事业全面、协调、可持续发展，努力实现山东高水平财经大学目标。

一、大力推进"学科立校"战略，全面提高学科实力和水平

学科建设始终是大学建设的核心内容和永恒主题，处于学校发展的龙头地位。山东工商学院由建校初期仅有的经济、管理2个学科门类8个专业的单科性院校，发展为现在以经济、管理学科为主，兼有法、文、理、工等6大学科门类31个本科专业的多科性院校，其根本点就是把学科建设作为立校之本，大力实施"学科立校"战略。

——明确学科建设基本思路。根据学校学科发展状况和实际需要，确定了学科建设基本思路，即汇集学科队伍，凝练学科方向，构筑学科高地，营造学术氛围，强化建设管理学学科，积极发展经济学学科和法学学科，大力扶持工学学科，使强势学科强上加强，发展学科增强优势，弱势学科生成优势。

——优化学科布局。遵循学科发展规律，树立"学科群"观念，推动各学科相互支撑和融合，形成学科交叉与跨学科优势。按照省级重点学科、省级强化建设学科、省级重点建设学科、校级重点建设学科、校级重点扶持学科、新兴学科、潜在学科次序，对已有学科进行整合和优化。投入经费1000万元，重点或强化建设管理科学与工程、企业管理、技术经济与管理、会计学、产业经济学、区域经济学、统计学、宪法学与行政法学、计算机应用技术、应用数学、虚拟现实与可视化技术实验室等11个学科（实验室）。企业管理、管理科学与工程、统计学、宪法学与行政法学4个学科被列为省级重点学科，企业管理学科还是"十五"期间省级重点强化建设学科。

——实施"812学科建设工程"。通过校级重点建设，在现有省级重

点学科的基础上，积极申报省级重点学科（实验室）和省级社科研究基地，使省级重点学科（实验室）、社科研究基地达到8个；重点建设和扶持10个校级学科；新增硕士授权点20个以上。

——建立重点学科滚动建设机制。随着已有校级重点学科（实验室）建设为省级重点以及申请硕士授权点的需要，在现有重点学科布局的条件下，新增校级重点扶持学科，对校级重点建设学科进行滚动建设。未纳入校级重点建设的学科，达到重点建设学科条件的，可申请评审，纳入重点建设学科。

——实施"创新团队建设计划"，把高水平学科或学术带头人的培养、吸引和创新团队的建设作为学科发展战略的重点，以重大项目凝聚创新人才和创新团队。设立创新团队基金，培育特色学科与研究方向、原创性成果、国家重大项目、国家奖、省部级一等奖、国内外高水平期刊发表学术论文等，入选团队每年给予5万元资助。

——加强科学研究体制创新。加快科研管理体制和机制改革，加强重点实验室建设。倡导科学、合理的科研评价机制，加大对重大科研项目的培植。充分发挥研究中心、研究所的作用，促进产学研紧密结合，扩大与企事业单位的合作领域，加速科研成果向现实生产力的转化。

——贯彻实施"高等学校哲学社会科学繁荣计划"。加大对新世纪学术带头人和学术新人的扶持培养力度，加强人文社会科学重点课程教材和研究基地建设，积极培育学术精品。对具有重大学术价值和社会影响的基础研究成果和解决重大现实问题的应用研究成果实施奖励。加强对学术著作出版和评价的规范管理，设立"山东工商学院学术文库"，加大资金投入，提高学术著作出版基金额度，资助学术水平高、应用价值大、具有里程碑意义的学术专著，培育一批精品著作。大力实施哲学社会科学图书资料和信息化建设计划，突出网络平台对科学研究的基础支撑作用。

——大力实施科研奖励政策。对获得国家级奖者，按实得奖金的300%

予以奖励;对获得省部级奖者,按实得奖金的200%予以奖励;在核定的最高综合权威期刊发表学术论文者,每篇予以2万元奖励;在最高专业权威期刊发表论文者,每篇予以1万元奖励;出版高水平学术专著者,每部予以0.3万元奖励;获批省部级以上科研课题者,按实到经费的100%予以匹配。

在"学科立校"战略的指导下,山东工商学院的学科建设和科研工作已初见成效,一部分学科实现了跨越式发展。五年来,学校被正式命名省级重点学科2个,新增省级强化建设学科1个、省级重点建设学科2个,省级人文学科重点研究基地和部级行业研究基地4个,校级重点学科8个,形成了以管理、经济学科为突出优势,以法学、工学、理学为重要支撑,以管理、经济学科带动法学、工学、理学,以法学、工学、理学促进管理、经济学科的多学科相互渗透、相互支持发展格局,产生了22个梯队结构合理、研究方向稳定、研究成果显著的学科研究群体。五年来,承担的科研课题、出版和发表的论著数量及层次大幅度提高,在国家自然科学基金、国家社会科学基金等重要项目、获得省部级以上科研奖励、出版和发表有影响的学术论著等方面均实现重大突破。

二、贯彻落实"人才强校"战略,全面加强师资队伍建设

人才问题是高等学校改革与发展的决定性因素和核心环节。加快高层次人才队伍建设,努力吸引、培养和造就一批高水平的学术大师和优秀人才群体,是学校发展的关键所在。山东工商学院牢固树立"人才资源是第一资源"的观念,始终把师资队伍建设作为战略任务,把青年教师的培养作为战略重点,大力实施"人才强校"战略。

——大力实施"125人才工程"。遵循"既求所有,又求所用"原则,培养和引进相结合、激励与约束相结合,根据学科发展需求,以学科带头人为核心,以中青年学术骨干为中坚,建设一支师德高尚、治学严谨、数量充足、结构合理、实力雄厚、勇于创新的高水平师资队伍,重点

培养和引进10名在同学科国内领先的学科带头人，20名在同学科省内一流的学科带头人，50名在同学科省内领先的学科带头人。

——**健全教师培训制度，进一步完善教师培训体系**。认真做好青年教师的岗前培训和教师岗位培训。加大经费投入，鼓励教师攻读博士学位。各二级学院（部）对青年教师的培养逐步实行导师制。鼓励教师到国内外著名大学的重点学科进修学习，围绕学科建设从事科学研究。到2010年，专任教师中具有高级职称教师比例达到50%以上，具有硕士研究生学历以上比例达到60%以上，全院教授达到120人以上，博士学位获得者达到150人以上，努力培养和造就一大批具有创新能力和发展素质的中青年学科带头人和学术骨干，

——**实施"筑巢引凤计划"**。加大引进高层次人才工作力度，尽快提高师资队伍的学历层次。根据学科建设需要，坚持择优引进，按需引进的原则，积极拓展教师来源，充分利用国内、国外人才资源，紧紧抓住培养、引进和使用人才三个环节，采取有力措施，加快补充师资，优化师资队伍结构，确保每年引进具有博士、硕士学位的教师100人以上，以保证学校发展的需要。以高层次人才队伍和创新团队建设为重点，加快建设一支高水平学术带头人队伍，为学校的快速发展提供人才保障。

——**实施"育英计划"**。加强与国内外著名大学的合作与联姻，把青年教师送出去，缩短研究周期，使其尽快进入国内外前沿领域。每一个省级重点学科（实验室）选拔确定1~2名具有博士学位，有培育前途，近期能出高水平成果，责任心、事业心强的青年教师，到名校从事科学研究，重在培养，重在形成学科高地，同时给予指导教师每年1万元~2万元补贴。设立"学术新人奖"，每年评选若干名在某些方面研究成果突出的学术新人，给予每人5000元奖励。

——**加强学术梯队建设**。合理规划各学科方向学术梯队组成，优化研究人员结构，有规划、有重点地形成由学科带头人、学术带头人、中青年

学术骨干组成的学术梯队，到2010年，省级重点建设学科博士学位人员达到70%、硕士学位以上人员达到90%，校级重点建设学科（实验室）博士学位人员达到50%、硕士学位以上人员达到70%。重点培育具有相当实力和水平的校级学科带头人进入省级学科带头人的行列。

——**设置特聘岗位，实行人才智力引进**。根据事业发展和学科建设需要，按照"不求所有，但求所用"原则，在省级和校级重点学科（实验室）设置特聘岗位，聘任国内外著名专家学者担任学科带头人，享受特聘岗位津贴。

——**加强师德师风建设，提高教师的思想政治素质**。制定和完善师德师风建设规章制度，建立师德师风监督机制，保证师德师风建设的措施落到实处。建立和完善师德师风的导向、评价、激励和约束机制。坚持不懈地开展师德师风学习教育活动，及时表彰先进，充分发挥先进典型的示范作用。强化师德师风在教师职务晋升中的重要性，强化学术道德规范，倡导严谨的治学精神。鼓励教师以崇高的品格、风范和敬业精神来影响、指导和带动学生。

——**树立科学的人才观，积极发现人才、培养人才、集聚人才**。建立领导联系学术带头人、骨干教师制度。切实关心教师成长，帮助教师解决实际困难。校内政策向教师倾斜，对取得突出成绩的教师予以重奖。充分发挥教师参与学校民主管理、民主监督的作用，体现教师在学校的主体地位。进一步营造事业留人、感情留人、待遇留人、政策留人的良好氛围，形成鼓励人才干事业、支持人才干成事业、促进人才干大事业的内部环境和人尽其才、人才辈出的良好局面。

"人才强校"战略已促使学校的师资队伍规模、素质和结构发生了显著变化，据2005年6月的统计，教师人数由1999年底的286人增加到575人，硕士研究生以上学历者由52人增加到447人，教授、副教授由106人增加到316人。通过培养和引进，学校涌现了一批在省内外具有一定影响和实力的学科带头人和学术骨干，其中享受国务院特殊津贴专家3人，教育部新世纪优秀人才支持计划入选人员1人，山东省有突出贡献中青年专家1人，全国优秀教师、山东省十大优秀教师、山东省十大中青年法学家、山东省"百人工程"理论人才等36人，"125人才工程"学科带头人13人，有20多位教师被中国海洋大学、中国矿业大学等省内外高校聘为研究生导师。

三、积极实施"特色兴校"战略，全面提升学校的核心竞争力

办学特色是高校高水平、个性化和影响力的标志，是学校优势和独到的教育思想的反映，是优于其他学校的独特品质，可以说，没有特色就没有优势，没有优势就没有水平。在林立的高校中，要想使自己取得更大的发展空间，高等学校就一定要办出自己的特色，以特色求生存，以特色谋发展，以特色兴事业。在20年的办学历程中，山东工商学院始终注重培育和形成自身的办学特色，大力实施"特色兴校"战略。

——实施"特色兴校"战略的重点是，到2010年，建设成在本学科领域和山东具有较大影响和知名度、具有独特研究方向的煤炭经济与管理研究、半岛经济研究、经济数学研究等，培育和形成学科特色。

——实施"跨学科发展计划"，不断发展和丰富特色学科、特色研究的内涵，不断推进研究方法创新，推进数学、计算机科学与管理学和经济学的融合，用多学科知识联合攻关，提高学校整体研究水平。加快煤炭经济研究整合步伐，强化行业特色建设，展开煤炭经济、能源经济、矿业经济的研究，强化矿业经济、能源经济、煤炭经济研究的稳定性和可持续性。加大地域特色建设，展开以山东半岛经济研究为主、辅之以辽东半岛经济等比较研究，真正孵化出一批为地方经济社会服务的科研成果，使经济学学科、管理学学科、法学学科等有特色成果支撑。加大强势学科管理学科的整合力度，进一步突出特色，使管理学科独树一帜，优势更优。坚持研究机构的开放性和资源共享，打破行政壁垒和学科壁垒，营造一个和

谐的团队研究氛围。

——完善学分制,扩大主辅修、双专业、双学位范围,确立以第一专业为主体,第二专业、第二学位和辅修专业为补充的人才培养模式。突出计算机、外语应用能力和专业技能训练,积极开发以岗位模拟、计算机模拟等具有经济管理类学科特色的实验项目,构建集实验教学、课程实习与设计、认识实习、毕业实习与毕业论文、社会实践等有机结合、相辅相成、融为一体的实践教学体系。适应现代化经济社会发展的需要,注重课程整体功能,把科学知识体系、能力培养体系和人格培养体系有机地结合起来,按照"加强基础、突出主干、减少重复、注重实践"的原则,整合课程内容,确立"全院性基础课+专业基础课+专业课+选修课+第二课堂与创新学分+实践环节课"的课程体系结构,形成思想政治教育模块、基础教育模块、专业教育模块、个性教育模块、人文素质教育模块、创新教育模块和实践教育模块七大课程模块,全面加强对学生的通识教育、个性教育、人文素质教育、创新教育和实践教育,突出基础理论扎实、专业知识面宽、综合素质高、实践能力强,具有创新精神和创新能力的复合型、应用型人才培养特色。

——按照"增加数量、保证规模,调整结构、适应市场,突出特色、打造品牌"的专业建设方针,在现有本科专业的基础上,优化专业结构,适当增加理科、工科专业,重视基础专业,强化、完善优势专业,扶持弱势专业,支持发展新兴、交叉学科型专业,支持开设专业方向,使专业布局既适应经济社会发展需要,又具有明显的优势和特色。

——以精品课程建设为龙头,深化教育教学改革,推进教育创新,改进教学方式、管理方式,全面提高教育教学质量。根据课程建设及专业建设的实际情况,在认真做好省级及校级教学改革试点专业和试点课程工作的基础上,以基础课和专业基础课为主干,兼顾学科与专业分布,构建校、省、国家三级精品课程体系,充分发挥精品课程的示范带动作用。

经过3～5年的建设，使校级精品课程达到20门左右，省级精品课程达到6～10门，并力争国家级精品课程。

——深化教学管理改革，按照"以人为本"的管理理念，遵循"高质量、高效率"的工作要求，坚持"从严治教、从严治学、从严治考"的指导方针，努力实现"科学化、制度化、规范化、信息化"的教学管理运行机制。进一步加强和完善教学督导组、学生督导员和同行专家三位一体的教学质量评价制度，领导干部听课制度，考务工作督察制度，教学工作学生信息员制度以及用人单位对学校人才培养质量的评价制度等，进一步完善网上评教制度。通过建立科学完善的教学管理运行机制和教学质量保障与监控体系，确保教学质量目标的实现。

——积极扩大在科学研究和人才培养等领域的国际交流与合作，学习国外成功的办学经验，引进国外优质教育资源，推进办学国际化。优化资源配置，实现社会资源与学校现有教育资源、公有体制与民营机制的有机结合，最大限度地提高资源利用率，推进办学社会化。

——坚持从严治教、规范管理，教育与管理相结合的学生工作思路，以大学生全面发展为目标，建立健全独具特色的大学生成才服务体系和学业保障体系。坚持先进性要求，从教育理念、形象标识、行为规范、科技文化、校园环境等五大系统入手，加强大学文化建设，提升校园文化建设品位和档次，努力建设既有深厚底蕴，又充满生机活力的科学民主、健康向上、丰富多彩、特色鲜明的大学文化。从教育教学、管理服务、文化环境等全方位构建"大育人"格局，为中国特色社会主义事业培养合格建设者和可靠接班人。

"特色兴校"战略，进一步提高了山东工商学院的办学实力和社会声誉。企业管理、统计学、半岛经济与区域经济、煤炭经济与管理、宪法学与行政法学等领域的研究已形成明显优势，其中半岛经济与区域经济研究在国内有较大影响，煤炭经济与管理研究一直处于国内领先水平，为地方经济建设和煤炭工业的发展做出了较大贡献。在普通高校专业目录所列经济、管理类19个专业中已占有17个，覆盖面位居山东省高校首位。"人力资源管理""统计学"2个专业和"工程估价学""管理学"2门课程被列为山东省高校教学改革试点建设专业和课程，"经济数学基础""计算机学科导论"等12门课程被分别评为山东省和校级精品课程。"团队创新教学法""投入循环教学法"等17项教学成果获山东省省级教学成果奖。教学质量保障与监控体系、教学管理信息化程度已走在全省高校前列。五年来，大学英语四、六级通过率一直高于全国非重点院校的平均水平，考研录取率也逐年上升，有近百名学生在科技文化活动和社会实践中获国家、省部级奖励。所培养的学生具有良好的思想素质、坚定的政治方向、扎实的基础理论、突出的专业技能，得到用人单位的欢迎，本科毕业生一次性就业率始终保持在90%左右。

（公众号推送日期：2016年9月22日）

山东工商学院校风之沿革

又一年的新生军训结束了。

军训期间，新生学唱校歌《火热的熔炉，温馨的摇篮——中国煤炭经济学院之歌》之声，响彻校园上空。校歌那令人自豪的旋律，给人鼓舞，给人激奋！

校歌里有句歌词8个字：爱国、敬业、勤奋、创新。这可不是歌词作者一时诗兴大发，随便写写的，而是那时的中国煤炭经济学院（现山东工商学院）的校风！

可能绝大部分山东工商学院人都不知道，过去的中国煤炭经济学院的校风原本不是这8个字，更名后的山东工商学院的校风也不是这8个字。

那是什么？

追溯起来，过去的中国煤炭经济学院时期，加上现在的山东工商学院时期，其校风前后有4个，即经历了4个阶段。

一、最迟1987年开始为第一阶段，那时的校风为"团结、勤奋、开拓、求实"。学校1985年始建，此前没有校风

佐证：1987年5月25日，《中国煤炭经济学院报·创刊号》头版通栏标题："开创和发扬'团结、勤奋、开拓、求实'校风！"同时，刊登了学校负责人刘亮同志和罗太炎同志在全校师生大会上谈校风问题的两篇文章；第二版用整版的篇幅刊登了阙德汉、张开祝、刘克苏、黄安栋4位教师分别就"团结""勤奋""开拓""求实"所写的专题文章。

这时候的"团结、勤奋、开拓、求实"的校风内涵，可根据《刘亮同志在全校师生大会上谈校风问题》一文做如下诠释：

团结：我校是面向全国办学的新校，人来自五湖四海，要把团结友爱、互相帮助、严于律己、宽以待人作为处理人与人之间关系的一项极为重要的行为规范。团结就是力量，团结就是我校兴旺发达、顺利前进的基本保证。

勤奋：勤奋是治学、求知、建功、立业之本，扎实的知识基础、丰硕的科研成果、出色的工作成绩，来自长期的艰苦奋斗、锲而不舍的努力。要做到勤奋学习、勤奋工作、勤奋干一切事情。

开拓：我校创建于我国腾飞的时代，要跟上腾飞的时代，就要开拓前进，开拓创新。要想开拓性的事情，干开拓性的事业，做开拓性的工作，出开拓性的人才。

求实：实事求是，是无产阶级的世界观和方法论，也是一切教育科技工作者和所有同志必须具有的优秀品德。工作的成绩、科研的成果、革命和建设的胜利，都是实事求是的结果。坚持实事求是，就是说老实话，办老实事，做老实人，光明正大，表里如一。

二、最迟1993年开始为第二阶段，那时的校风为"团结、勤奋、求实、创新"。与第一阶段校风相比，没有了"开拓"，换上了"创新"

佐证1：1993年9月25日，《中国煤经院报》第44期刊登了《高凤志书记在九三级新生开学典礼上的讲话（摘要）》一文，其中明确指出："同学们要牢记我们学校的校训（应为校风——笔者注），这就是'团结、勤奋、求实、创新'8个字。"

佐证2：那时的第一餐厅正面外墙，也豁然镶嵌着"团结、勤奋、求实、创新"8个大字！

这时候的"团结、勤奋、求实、创新"的校风内涵，可根据《高凤志书记在九三级新生开学典礼上的讲话（摘要）》一文做如下诠释：

团结：同学们来自祖国各地，为了一个共同的目标走到一起来了，因此，我们要搞好团结，同学之间要亲如兄弟、姐妹，要互相关心、互相爱护、互相尊重、互相理解，团结就是力量，大家要齐心协力完成学习任务。

勤奋：要学好知识，学好本领，必须勤奋。攀登科学的高峰，没有捷径可走，只有勤奋学习，不怕劳苦，才能达到科学的顶点。考上大学，并不意味着进了保险箱，端上铁饭碗。安于现状、不求进取的思想不属于我们青年一代。我们要把考入大学作为新的学习起点，要培养起危机感、紧迫感和压力感，增强学习的自主性、主动性、超前性。

求实：就是要树立实事求是的良好学风，我们学习经济科学知识，探索经济规律，必须采取科学的态度，我们要反对那种华而不实的学风。那种不从实际出发，随风跑、赶浪潮、随波逐流、人云亦云和爱说假话、空话、套话的学风都是科学的敌人。我们还要把学到的理论知识与实际结合起来，要积极参加社会实践活动，在实践中增长知识。

创新：就是在学习上要有解放思想、勇于创新的精神，同学们在学习中应当养成学术研讨的风气，积极参与校内外学术活动，提倡百花齐放、百家争鸣、广开言路、各抒己见，培养自己独立分析问题、解决问题的能力，为今后走向社会在工作中发挥更大的创造力打下良好的基础。

三、最迟1996年开始为第三阶段，那时的校风为"爱国、敬业、勤奋、创新"。与第二阶段相比，没有了"团结"和"求实"，换上了"爱国"和"敬业"

佐证：可惜的是，这个阶段的校风，由于笔者孤陋寡闻，还没有查到切实可靠的文字记载，但有三个材料可以作为"反证"。

反证材料1：1996年4月30日，《中国煤经院报》第68期"招生专版"

头版头条、红色通栏刊有"团结、勤奋、求实、创新"8个大字，其下有《中国煤炭经济学院简介》一文，其中提到："学校已经形成'治学严谨、做人高尚、奉献成才'的学风和'团结、勤奋、求实、创新'的校风。"这说明，此时——1996年4月，校风还没有变，仍然是第二阶段时的校风。

反证材料2："招生专版"出版后的四个月——1996年8月，由集体作词、铁源作曲的《火热的熔炉，温馨的摇篮——中国煤炭经济学院之歌》问世，其手稿清晰地写有"爱国、敬业、勤奋、创新"8个字！

反证材料3：如果说《火热的熔炉，温馨的摇篮——中国煤炭经济学院之歌》里的"爱国、敬业、勤奋、创新"没有说是"校风"的话，那么这以后，第一教学楼正面外墙，却豁然镶嵌着"爱国、敬业、勤奋、创新"8个大字，这不是校风又能是什么？

所以，这时候的校风最迟于1996年8月有了新的变化，变成了"爱国、敬业、勤奋、创新"。可惜的是，笔者没有查到有哪位学校领导对此做出专门的诠释，也没有查到有哪篇文献对其做专门的记载。在此，只能留有遗憾，有待进一步"发掘"了！

四、最迟2004年开始为第四阶段，这时的校风为"敬业、诚信、求是、创新"。与第三阶段相比，没有了"爱国"和"勤奋"，换上了"诚信"和"求是"

佐证：2004年7月7日，《山东工商学院报》第197期第三版（转第4、5、7版），刊登了时任党委书记毕宪顺同志的《解放思想与时俱进深化改革加快发展为建设山东高水平财经大而努力奋斗——在中国共产党山东工商学院第一次代表大会上的讲话》一文，其中明确提出："努力建设敬业、诚信、求是、创新的优良校风，使其成为全面贯彻党的教育方针、促进学校的改革与发展，有利于人才健康成长的强大精神力量。"

这时候的"敬业、诚信、求是、创新"校风内涵，学校领导组织相关职能部门做了认真的诠释：

敬业：就是具有高度的事业心和强烈的责任感，对工作认真负责，忠于职守，严细深实，勤奋刻苦，励精图治，艰苦奋斗，知难而进。

诚信：就是诚实守信，讲求信用，这是做人的根本。财经类高校担负着为社会主义市场经济培养高素质专门人才的使命，诚信至关重要。

求是：就是用科学的态度、科学的方法，求得对客观事物的规律性认识，是一种崇尚真理、追求真理的科学精神。

创新：就是敢于和善于站在前人的肩膀上攀登，努力开展科学技术的创新研究，走别人没有走的路。

敬业、诚信、求是、创新，构成了山东工商学院精益求精、无私奉献，诚实守信、正直正义，崇尚科学、追求真理，勇于创造、探索新知的校风。

由以上四个阶段可见，山东工商学院（原中国煤炭经济学院）在30多年的建设与发展历史上，校风历经"变幻"，综述如下：

阶　段	起止年份	存续时间	校　风
第一阶段	1987~1993	6年	团结、勤奋、开拓、求实
第二阶段	1993~1996	3年	团结、勤奋、求实、创新
第三阶段	1996~2004	8年	爱国、敬业、勤奋、创新
第四阶段	2004~	13年	敬业、诚信、求是、创新

第一阶段的校风最长时间存续了6年（1987~1993年），第二阶段的校风最长时间存续了3年（1993~1996年），第三阶段的校风最长时间存续了8年（1996~2004年），唯有第四阶段的校风已经存续了13年（2004~）。

令人遗憾的是，校风前后之破与立，对其中的缘由，谁也没有对之做出半点儿解释！只能说，校风的确立与传承，是一个不断锤炼与坚守的过程。

　　愿山东工商学院的校风，像身依之凤凰山一样——坚毅而翠绿，亦像怀抱之黄海一样——浩瀚而湛蓝！

（公众号推送日期：2017年9月20日）

我们这样走来①

——山东工商学院二十年校庆专题片解说词

题记：20年风雨沧桑，20年矢志不移，20年薪火传承，20年春华秋实！从昔时的中国煤炭经济学院走到今日的山东工商学院，回眸20年的历史，是一曲跌宕起伏的乐章，是一首高歌传颂的诗篇，是一幅浓墨重彩的画卷……

在美丽富饶的胶东半岛东端，坐落着一座令人神往的魅力城市——烟台。她依山傍海、山水交融，渲染着一种物我相融、天人合一的美丽风光。这里有明代狼烟墩台烟台山，有道教全真派的发祥地昆嵛山，有中国四大名阁之一的蓬莱仙阁，有八仙过海的美丽传说，有始皇东巡、徐福东渡的历史遗迹……

就在这片山清水秀、人杰地灵的土地上，矗立着一所高等学府——山东工商学院。她犹如一艘扬帆远航的轮船，抱着对大海矢志不渝的执著追求，在经历了无数的明滩暗礁之后，终于一路逶迤驶来。

1983年，为了适应煤炭工业发展对经济管理人才的需求，原国家煤炭工业部决定建立华东煤炭经济学院。此外，为了加强煤炭企业干部培训、培养矿区中小学校师资，决定同时建立华东煤炭教育学院，并将煤炭经济

① 本文刊登于2005年10月6日《山东工商学院报·校庆专刊》第7版，作者还有刘晓东、颜晓英、马涛。

学院和煤炭教育学院统一筹划，两块牌子一套班子，命名为"华东煤炭大学"，校址就选定在我国14个最早开放的沿海城市之一的烟台市。

对于这所学校，煤炭部的领导曾给予了很高的期望，绘就了一幅美丽的蓝图，并表示要把学校建设成高起点、高标准、高质量的花园式高等学府。1984年11月，华东煤炭大学建校指挥部成立，学校的筹建工作全面展开。正当征地任务完成之际，国家压缩煤炭部基本建设投资。1985年4月，煤炭工业部决定缩小学校建设规模，提出建立中国煤炭经济学院。经过几番周折，同年12月，经原国家教委批准，中国煤炭经济学院正式成立，隶属煤炭工业部领导，面向全国招生，毕业生面向全国分配。

1986年3月，中国煤炭经济学院破土动工。针对当时的客观形势，学校提出了"边建校边招生"的方针，力求实现当年建校、当年招生的目标。此后，各路建设者们夜以继日，紧张施工，在不到半年的时间里，使各项教学设施基本配套。由于学校的宏伟蓝图和得天独厚的地理位置，也吸引了一大批来自全国各地的教师和名牌高校的毕业生前来任教。同年9月，学校迎来了第一批107名全日制本、专科大学生，创造了我国普通高等学校"当年建校当年招生"的历史。

20年前的烟台东郊，俨然一番渔村农庄景象，公共交通不便，生活设施不全。偌大的校园冷清荒凉，没有围墙，没有校门，只有空落落的几栋楼房，白天一望无际的荒草尽入眼帘，晚上呼啸的北风夹带着海水的潮汐声令人心寒。就是在这样的氛围中，这样的环境里，教职工的工作热情依然很高，他们在学校领导的带领下，发扬"自己动手、丰衣足食"的艰苦奋斗精神，开展了"南泥湾式"的垦荒建设运动。他们除了完成正常的教学任务外，还与学生一道美化、绿化校园。没有奖金、没有加班费，无人抱怨、无人退缩。一种责任心和创业的成就感，使当年的建设者们心甘情愿地为学校的建设奉献着青春，贡献着才干。

20世纪八九十年代，煤炭行业出现了持续亏损和效益滑坡的局面。历尽艰辛建立起来的中国煤炭经济学院，发展规模也受到了限制。1989年，中国统配煤矿总公司重新核定了学校的规模为1100人，煤炭教育学院停办。每年的财政拨款仅能艰难地维持日常教学费用。由于学校规模萎缩，原定专业无法开办，致使许多教师闲置，无办学效益可言。这时候的学校建设虽然被称为"小步快跑"，但"小步"是步履蹒跚，"快跑"是举步维艰。

无论是上级领导还是教职员工，都对学校的生存和发展产生了疑问。在前途渺茫的情况下，学校党委及时调整了办学方向，从以规模的扩大为主，转向以内部管理机构和机制的建立、完善为主，使教学、科研、管理、后勤、校产等各项工作基本上走上了正轨，但终因资金所限，校舍面积不足，学生人均建筑面积、图书资料等硬性指标连续几年无法达到国家规定的标准。

为了弥补国家投资不足，改善办学条件，学校领导不得不将相当精力投入校办产业，并取得了较好成效，为学校的生存和发展提供了部分资金。1988年，在高等学校率先创办了外向型校办企业。1991年，校办产业在煤炭系统高等学校范围内率先实现收入超千万，利润过百万。1992年，被原国家教委作为"经营开道，发展校办产业"的典型向全国高等学校介绍和推广。

1995年初，学校接到国家教委关于实行本科教学工作合格评价的通知。对照评价指标体系，当时的办学条件远远未达到合格标准。但如果评价不合格，学校面临着停办或降格。学校再一次面临生与死的考验。

面对痛苦的现实，学校党委决心化压力为动力，以挑战为机遇，号召全校师生员工下定决心，背水一战，"以评促建，边评边建，不惜代价，确保合格"。

为了学校的前途和命运，广大教职员工发扬了高度的"舍小我顾大我"的无私奉献精神，虽然工资低、福利待遇差，但仍无怨无悔，坚定地团结在党委周围，忠实地履行着自己的职责。就连初评专家都为此发出过感叹：教师这么清苦，福利待遇这么差，敬业精神还能这么好，真是可敬可佩！

1997年9月，煤炭工业部调整、充实了学校领导班子。新班子一成立，就以团结一致、奋发有为、开拓进取的新形象出现在全校师生面前，进一步调动了广大师生员工的积极性。在此后的时间里，师生们没有了休息日，没有了你我的工作界线，人人顾全大局，人人恪尽职守，全院上下达到了空前的团结和统一。

1997年11月17日至21日，是全校师生有史以来最受"煎熬"的五天，也是最有期盼的五天，更是决定学校前途命运的五天。原国家教委本科教学工作合格评价专家组经实地考察认为，学校各项指标基本上达到了"B"级标准，在某些方面，还达到了"A"级标准。

以1997年11月顺利通过本科教学工作合格评价为契机，学校终于结束了痛苦挣扎、徘徊不前的历史。1998年至2003年短短的5年，是学校高歌猛进、日新月异的5年，是抢抓机遇、迅速崛起的5年。学校以教学为中心，以科研为重点，以改革为动力，全面加强本科教学，夯实学科基础，努力改善办学条件，提高教学质量和办学效益，取得了显著成绩。

——1998年9月，学校管理体制改为中央与地方共建，以山东省管理为主，在学校发展史上掀开了新的一页；

——2003年2月，由中国煤炭经济学院更名为山东工商学院，为学校发展带来了新的契机；

——坚持发展是硬道理，紧紧抓住发展第一要务，办学条件显著改善，综合实力迈上了一个新的台阶；

——教学工作的中心地位更加牢固，科研工作的重点地位更加突出，教学科研达到了一个新的水平；

——党建和思想政治工作富有成效，全校人心思上，人心思进，为学校的发展注入了新的活力；

——扩大发展用地，新征办学用地514亩，教工生活区用地118.6亩，为学校的发展开辟了新的空间。

2003年1月，学校又接到教育部关于本科教学工作水平评估的通知。学校党委抢抓机遇，迎难而上，积极贯彻"以评促建、以评促改、以评促管、评建结合、重在建设"的方针，以非凡的勇气，率先而且独自在山东省高校中扛起了迎接本科教学工作水平评估的大旗。

从接到教育部评估通知到专家组进校的300多天时间里，全校上下自觉地迸发出"校兴我荣、校衰我耻"的集体荣誉感，把自己的前途命运与学校的事业发展紧密联系在一起，形成了前所未有的向心力和凝聚力。2003年11月29日至12月5日，教育部专家组进驻学校，对本科教学工作水平进行了实地检查评估，并对办学定位、发展速度、育人环境、办学质量、校风建设、人才培养等给予了高度评价，最终获得良好成绩。本科教学工作水平评估结果表明，学校已进入了良性发展轨道。

2004年1月，新一届领导班子审时度势，乘势而上，提出了"上规模、上档次、上水平"的工作目标和"加强主体、壮大两翼、形成特色、协调发展"的工作思路。2004年7月2日至4日，中国共产党山东工商学院第一次代表大会胜利召开，向全校师生吹响了建设山东高水平财经大学的号角，标志着学校的发展进入了一个新的历史时期。

在大会精神的鼓舞下，全校上下高举团结的旗帜、学术的旗帜、发展的旗帜、改革的旗帜，大力实施"学科立校、人才强校、特色兴校"战略，使办学规模继续扩大，办学水平明显提高，综合势力显著增强，各项事业都有了长足发展。一所以经济、管理学科为主，经、管、法、文、理、工六大学科门类相互支撑、协调发展的"教学型、多科性、有特色"的高等学府已经凸现在世人面前。

如今的山东工商学院，高可以望山，远可以观海；春来花团锦簇，草木泛青；夏至绿树成荫，湖光潋滟；秋日云高气爽，落英缤纷；冬日银装素裹，松柏傲立。楼房鳞次栉比，景致各具特色，树木错落有致，草地四季常绿。

她是中国教育系统信用AAA级单位、山东高校德育工作先进单位、山东省高校贯彻《学校体育工作条例》优秀学校、山东省高校社会治安综合治理先进单位、山东省教育工会先进集体、山东省花园式单位、山东省文明校园。

　　目前，学校占地1450亩，校舍建筑面积近37万平方米，教学仪器设备总值4100余万元，图书馆藏书86万余册。全日制在校生人数16000余人，教职工980余人，其中教授61人、副教授164人，博士49人、在读博士82人、硕士355人；拥有享受国务院政府特殊津贴专家、山东省有突出贡献中青年专家、山东省学科带头人、山东省教学名师、山东省理论人才"百人工程"、教育部新世纪优秀人才支持计划人选、全国优秀教师、山东省高校十大优秀教师、山东省十大中青年法学家等高层次人才36人。

　　拥有企业管理、管理科学与工程、统计学、宪法学与行政法学4个省级重点建设学科，其中，企业管理还被确定为"十五"期间省级强化建设重点学科。拥有省级人文社会科学重点研究基地和部级行业研究基地4个。

　　"经济数学基础（一）""计算机学科导论""市场营销学""统计学""管理学"5门课程先后被评为省级精品课程。"管理学""工程估价学"被列为省级教学改革试点课程。

　　自1998年以来，学校先后获省部级以上科研成果奖35项，主持国家自然科学基金和社会科学基金等科研项目17项，合作研究国家级项目20余项，省部级项目200余项。获省级优秀教学成果奖17项。

　　拥有一级学科16个，二级学科43个，设二级学院和教学部17个，本科专业31个，人力资源管理和统计学被列为省级改革试点专业。经过探索和实践，学校已形成了以管理学科见长、以煤炭经济见强、以区域经济见优的办学特色。

　　广大学子在国际奥林匹克体育与文学大赛、全国数学建模大赛、全国电子设计大赛、全国大学生课外学术科技作品大赛、山东省电脑知识大赛、山东省大学生辩论赛、山东省大学生创业计划大赛、山东省大学生英语演讲比赛、山东省校园剧大赛、山东省大学生篮球联赛、山东省大学生运动会等多项比赛中，都取得了优异成绩。所培养的毕业生具有良好的思想道德素质、扎实的基础理论知识、较宽的专业知识面、较强的实践能力，深受用人单位欢迎。五年多来，本科毕业生一次就业率一直保持在90%左右。

学校是山东省中外合作办学最早、正规学历教育并且拥有《中外合作办学许可证》的单位之一，具有招收外国留学生资格。目前已与加拿大、韩国、俄罗斯、澳大利亚、新加坡等15个国家的教育部门和高等院校建立了友好合作关系。

20年的风雨凝结了今天的春华秋实，20年的成果也必将酿造未来的香醇！如今，山东工商学院人已经为自己绘就了"三步走"的发展蓝图：

第一步，到2010年，在校生规模达2万人，部分学科达到省内一流水平，拥有30名以上省内知名、全国有影响的专家学者，拥有10个以上硕士学科点，把山东工商学院建设成为山东高水平财经大学。

第二步，从2010年起到2020年，在校生规模适度发展，部分学科在省内处于一流水平、在全国有较大影响，涌现出若干名省内一流、全国知名的专家学者，获得博士学位授予权，把山东工商学院建设成为山东一流财经大学。

第三步，从2020年起，向全国高水平财经大学迈进。

"长风破浪会有时，直挂云帆济沧海"！回首往事，展望未来，山东工商学院人可以自豪地说：我们能够创造历史，也必将赢得未来。我们相信，沐浴着新世纪的曙光，山东工商学院一定会成为一颗璀璨的明珠，镶嵌在凤凰山下、黄海岸边！

（公众号推送日期：2016年9月15日）

30年的纪念：
山东工商学院文化应该是个什么样①

　　山东工商学院，原名中国煤炭经济学院，坐落在山东半岛东端的魅力城市——烟台，她1985年迎着我国改革开放的大潮而诞生，肩负着为振兴我国煤炭经济而培养经济管理人才的使命，1986年7月正式招生，2003年2月更为现名。

　　与她招生同年同月，我复旦大学历史系毕业，被分配来此任职。如今回头一望，与她不离不弃、相伴相守，不觉间已经走过了整整30年的旅程。

　　30年中，我目睹了她经受的所有的沟沟坎坎、风风雨雨，但她百折不回、自强不息、逆流而上，无论是办学规模、办学层次，还是办学内涵、办学水平等，已取得了骄人成就。所以，我热爱这里的草木，热爱这里的楼室，热爱这里的校园，热爱这里的人们！

　　为此，作为而立之年的她，应该表现出什么样的风韵，应该呈现出什么样的文化，我有我自己的愿望。

　　一是顶层的文化。文化靠大众来创造，靠大众来实践，但文化得靠领导来倡导，靠顶层来设计。当然"领导""顶层"不是专指哪一两个人，更不是指主管领导，而是指党委和行政，要在思想认识上高度重视，在实际行动上务必到位。如果领导、顶层缺乏自觉，缺乏主导，缺乏意识，靠

---

　　① 本文曾以"我之山商文化理想"为题，发表于《山东工商学院报》2016年5月27日第3版。收入本书时略有增改。

中下层很难推动文化建设。五句话：党委系统高度重视，行政系统大力支持，分管领导主抓有力，党委行政密切配合，职能部门工作有效。这五个方面，缺一不可，否则就会平淡无味，苍白无力。

二是自觉的文化。文化必须有意识培育、主动培育，既要靠顶层推动，更要靠管理层实践，还要靠基层行动。领导、顶层有了倡导，中层和基层就要积极而为、主动而为、自觉而为。如果中层和基层对文化不自觉或者"不文化"，则文化的步伐就会蹒跚不前。

三是精致的文化。文化必须讲求精细，要精心呵护，得有美感，不能粗制乱造，比如，校园内的一草一木、一砖一石、一楼一堂、一形一色，都要精心琢磨，经得起"文化"的考量，不能想干什么就干什么，想怎么干就怎么干。即使它本身不美，也不要破坏它周围的美，所谓要打造一片绿，得种N棵树；破坏一片绿，一个垃圾箱足矣！再比如，我们的"美丽山商"行动，表面上看是校园环境治理问题，实际是精细化管理问题，进而就能上升为校园文化建设问题。

四是培育的文化。文化要有人力、物力、财力的投入，尤其是建校时间不长的大学，更要用心、用力去设计文化，打造文化，不能任其自生自灭。如果没有投入，只靠口头功夫，文化就会步履维艰。但是，一定要明确一个观点，即人力、物力、财力的投入，绝不是说给了文化管理牵头部门才叫投入，其他的不叫投入，而是只要有助于提升学校文化品位的投入都叫投入，比如校园的硬化、绿化、美化、净化等都算投入。

五是持恒的文化。文化要常抓不懈，常为不怠，要时时刻刻紧盯不放，要持之以恒，不能两天打鱼、三日晒网，想起来就推一推，忙起来就缓一缓，忘记了就放一放。这样的话，文化就会羸弱，就会畸形，就会夹生！

六是专一的文化。文化不能今天一套、明天一套，否则不能"文化"，只能"滥化"。山东工商学院背依凤凰山，面迎黄海潮，是一所依山傍海的商科大学，那么山、海、商三者，应该是构成山东工商学院文化不可变化的主要因素，而山的挺拔坚毅，海的宽广辽阔，商的勤奋诚信，也应该成为山东工商学院的文化品质或价值追求。

七是积淀的文化。文化必须有历史，不能一蹴而就，没有历史的文化就没有根基。文化要么"先破后立"，要么"先立后破"。山东工商学院已历经30周年的风雨，应该有文化了，最起码有了文化的雏形和轮廓。也就是说，山东工商学院有了文化的"手脚"，还没有文化的"头脑"，我们不妨来个文化"大盘点"，看看30年来我们积累了什么，然后再行充实、完善。

八是传承的文化。文化得靠一代一代努力，更要靠一代一代传承，不能割断血脉，更不能没有生命力，要靠锲而不舍的韧性、薪火传承的毅力加以发扬光大。文化如果不具备传承性，就没有生机与活力。

九是灵魂的文化。文化得有灵魂，得有"内核"。山东工商学院文化的核心是什么？是否就是时常所倡导的"新儒商文化"？如果是，"新儒商文化"的核心又是什么？要明确、简练，一看便识，用不着费尽口舌加以过多地解释。

十是视觉的文化。文化其中的一部分得有"形"，即得有一定的表现形式，得让人看得见、觉察得到，不能总停留在口头上、说教上，否则就是"虚而论道"或者"空手道"，文化就不可能生根、发芽、开花、结果。

十一是包容的文化。文化必须大度，必须拥有博大之胸襟，能够容纳批评或者批判，不能排挤压榨，更不能打击报复。尤其是大学文化，必须坚持"百花齐放、百家争鸣"之方针，弘扬理性之思想、自主之精神，但包容绝不是放纵谬误、欣赏丑恶，否则就是对"包容"的玷污和歪曲！

十二是民主的文化。文化必须讲求民主，决不能搞专制或独裁，更不能对反对者进行变相"围剿"。专制或独裁之下没有"文化"，而是"武化"。因为大学是育人的圣地，学术的殿堂，文明的场所，工作、学习、生活在这里的师生员工有思想、有文化、有知识、有素质，所以，那种

"横眉冷对式""强制压迫式""独裁专横式""居高临下式"的领导或管理方式，是无法做到"文化"的。

十三是开放的文化。文化得能"走出去"，也能"请进来"，即兼容并蓄，决不能故步自封，夜郎自大。校园内，人与人之间、部门与部门之间、上级与下级之间，要能（把能字去掉，语义更坚定）开诚布公，畅通有节，不能相互封闭，相互隐瞒，相互抵制。校园外，学校与兄弟院校之间、学校与主管部门之间、学校与地方各级政府之间、学校与驻地居民之间，要谦虚谨慎，行为规范，要大方有度，虚怀若谷，不能形成四面楚歌、十里埋伏的局面。

十四是真理的文化。真理的存在是大学合法性的本源，对于真理的追求是大学的灵魂所在。所以，大学文化必须崇尚真理，弘扬追求真理的精神，营造追求真理之氛围，而不是崇尚歪理邪说，也决不能搞阴谋诡计。否则，就是负文化。

十五是学术的文化。文化在大学里更多地体现为学术文化，而不是权力文化。大学文化尽管有多种形态，但就是不能有权力文化。在大学里，"学术"与心术、权术相对，指的是"学之术"，即教学之术、学问之术、学习之术、学术之术。大学要上上下下崇尚学术，崇尚学术文化，让学术文化成为校园里的主流，而不是"关系文化""权术文化"占据主导，也就是人们所说的："大学要讲学术不讲心术，要讲学派不讲帮派，要讲学位不讲官位，要讲学道不讲权道。"

十六是生态的文化。文化得有生态，不能杂乱无章，要协调有序，要物与物之间、人与人之间、人与物之间都能相互映衬，相得益彰，不能相互扰乱。不管物质、精神、行为、制度，还是教学、科研、管理、服务，或是党务、行政、工团、群体，只能"郁郁葱葱"，不能"杂草丛生"。如果没有"生态"，只能搅乱文化，破坏文化。

十七是理性的文化。文化是讲理性的，讲逻辑的，不放纵个人性格，不推波信誓旦旦，更不怂恿飞扬跋扈，不渲染颐指气使。无论是决策议事，还是处理日常事务，都要遵守事物的发展规律和自然进化原则，靠符合逻辑的推理而非依靠表象而获得结论、意见和行动的理由。那种为了某种利益诉求以豪言壮语迎合权贵、迷惑大众的行为，尤其是最终的成功者就是那些最大限度地让假话、大话、空话、谎话、鬼话、媚话发挥最大作用的人，是在反文化。

十八是进取的文化。文化是种氛围，是种影响，能让身临其境的人们明显感到有种驱动力或牵引力，让人自觉不自觉地、心甘情愿地为实现既定的目标而奋发有为，积极进取，也即"惟进取也故日新"。文化如果使人困惑、迷茫、颓废，那是文化的消亡。

十九是扬善的文化。文化为人们的行动提供方向和可供选择的方式，它倡导真、崇尚善、追求美。所以，文化必须能够抑恶扬善。文化即使不抑恶扬善，最起码也不能助长恶、抑制善。否则，就是一种"野蛮"，如果"野蛮"横行霸道，哪来的"文化"繁荣昌盛！只有辨得清白与黑、是与非、美与丑、善与恶、真与假、忠与奸，使正能量充分释放，负能量销声匿迹，校园才能心齐、气顺、风清，文化就会自然而然地有了。

二十是规则的文化。文化具有塑造、整合、导向的功能，是用以规制人们的言行的，正所谓"入尧舜之国则为尧舜，入桀纣之国则为桀纣"。这就要求文化必须讲制度、讲规矩、讲秩序，也就是说得讲究制度文化。无论什么话、什么事，都得符合制度安排，都得符合规矩分寸，都得符合秩序要求，决不能凭自己的好恶言事，也不能看领导脸色行事。"领导喜好听什么我就说什么"，"领导看谁顺眼就给谁资源"，"领导能看到哪里我就干到哪里"，等等，都是没有规则的行为，都是没有文化的表现。所以，自上而下、从左到右，都要守得住制度、守得住规矩、守得住秩序，文化就顺理成章了！

如此这般，真心希望这里文化繁盛！因为，我23岁那年来此，如今我53岁仍然在此！

以此纪念我跟山东工商学院已经走过的30年！

（公众号推送日期：2016年5月27日）

我们是如何规划校园文化建设的

2004年8月26日，中共中央、国务院发布《关于进一步加强和改进大学生思想政治教育的意见》（中发［2004］16号），其中指出："校园文化具有重要的育人功能，要建设体现社会主义特点、时代特征和学校特色的校园文化，形成优良的校风、教风和学风。"

为此，2004年12月13日，教育部、共青团中央印发《关于进一步加强高等学校校园文化建设的意见》（教社政［2004］16号），对高等学校校园文化建设的总体要求、主要任务、途径载体、校园环境和保障机制等做了部署。

为贯彻落实这两个"16号"文件精神，培养中国特色社会主义事业建设者和接班人，实现学校发展目标，按照党委的指示，我们吸收、借鉴各家观点之长，结合学校20年办学实践，对校园文化建设做了认真的规划设计。2005年4月27日，经学校党委研究决定，出台了《关于加强大学文化建设的意见》（党发［2005］16号）。

不知是巧合还是特意，关于校园文化建设的文件，从中共中央、国务院到教育部、共青团中央，再到学校党委，都是以"16号"文呈现。

一、校园文化建设的必要性：加强校园文化建设，是一项基础性、战略性、前瞻性工程

校园文化是社会文化的重要组成部分，是学校在长期的教育实践中创造和形成的一切物质财富和精神财富的总和，是大学的精髓和灵魂。

山东工商学院是一所植根于齐鲁文化沃土的大学，在20年的历史发展中，不仅为经济社会发展做出了积极贡献，而且形成了具有一定底蕴和个性的校园文化。在新的历史条件下，在向更高水平、更高层次阔步迈进的过程中，进一步培育、提炼、形成独具特色的校园文化，是实现大学根本任务、完成人才培养目标的需要，是凝聚人心、提高学校综合实力与核心竞争力的需要，也是培育和弘扬中华民族精神、为中华民族的伟大复兴做出新的更大贡献的需要。加强校园文化建设，是一项基础性、战略性、前瞻性工程。

二、校园文化建设的指导思想：突出主旋律，倡导高品位，不断满足广大师生员工日益增长的精神文化需求

坚持以社会主义核心价值体系为统领，牢牢把握先进文化的前进方向，坚持百花齐放、百家争鸣的方针，坚持以人为本的思想，借鉴吸收人类文明有益成果，更新观念，勇于探索，繁荣学术，推陈出新，突出主旋律，倡导高品位，努力建设既有深厚底蕴又充满生机活力的科学民主、健康向上、丰富多彩、特色鲜明的校园文化，不断满足广大师生员工日益增长的精神文化需求，为培养中国特色社会主义事业建设者和接班人提供强大的精神动力。

三、校园文化建设的基本目标：形成催人奋进的校园精神、科学进步的价值理念和导向正确的育人氛围

加强校风、教风、学风建设，引导广大青年学生树立正确的世界观、人生观、价值观，以优美的校园环境、多彩的文化生活、高雅的艺术情趣、浓厚的学术氛围、科学的人文精神、优良的学风校风，形成催人奋进的校园精神、科学进步的价值理念和导向正确的育人氛围。通过校园文化建设，使学校形态、文化形态、师生心态内外和谐，办学实力、学校活

力、文化魅力刚柔相济，实现学校全面、协调、可持续发展，努力使学校成为发展中国特色社会主义先进文化的重要基地、示范区和辐射源。

四、校园文化建设的基本原则：坚持共性文化和个性文化、物质环境和精神环境、科学精神和人文精神、传统文化和时代精神、民族精神和世界文明、整体规划和分步实施的"六统一"

（一）坚持共性文化和个性文化相统一。既要遵循校园文化建设的普遍规律，体现校园文化的共同特征，努力建设富有社会主义特色、时代特征和科学民主开放的校园文化，又要深入研究学校20余年的创业与发展史，认真总结学校传统、学校精神、学校学风，大力发掘学校的文化蕴涵，培育、提炼、张扬学校文化的个性和特色。

（二）坚持物质环境和精神环境相统一。既要把物质环境作为传承校园文化的重要载体和途径，重视教学科研设施、文化设施的建设和校园环境的美化，使校园的山、水、园、林、路、楼等达到使用功能、审美功能和教育功能的和谐统一，又要重视精神环境在文化建设中的根本性意义，注重校风、教风、学风建设，浓厚学术氛围，积极开展丰富多彩的思想政治、学术科技、文娱体育等校园文化活动，使广大师生员工思想感情得到熏陶、精神生活得到充实、道德境界得到升华。

（三）坚持科学精神和人文精神相统一。既要高举以实事求是、独立思考、严谨规范、求真务实为基本内涵，以求真为目标，以创新为灵魂的科学精神的旗帜，积极发展自然科学与工程技术学科，重视科学精神教育，又要高扬尊重人的价值、注重人的精神生活，以求善求美为目标，以人为本为核心的人文精神，大力发展和繁荣文史哲等哲学社会科学学科，重视人文精神教育。通过两者的有机结合，不断提升学生的人格、气质、修养等内在品质，使学生学会正确处理好人与人、人与社会、人与自然的关系。

（四）坚持传统文化和时代精神相统一。既要继承和发扬中华民族优秀文化传统、革命文化传统，广泛吸收齐鲁文化的精髓，发掘传承学校传统、学校精神，筑牢学校文化的坚实根基，丰富学校文化的深厚底蕴，又要立足现在，面向未来，抢抓机遇，大胆创新，敢于突破旧习惯，探索新思路，要有继承前人的态度，更要有超越前人的气魄，不断培育学校文化新的增长点，充分展示学校文化与时俱进的时代风采。

（五）**坚持民族精神和世界文明相统一**。既要积极培育和大力弘扬中华民族以爱国主义为核心的团结统一、爱好和平、勤劳勇敢、自强不息的民族精神，继承和发扬中国知识分子以天下为己任、追求真理、忧国忧民的优良传统，凸显学校文化的民族特色，又要拓宽国际视野，敞开胸襟，放眼世界，主动融入世界文明发展潮流，广泛吸收世界优秀文明成果，大胆借鉴世界著名高校校园文化建设的成功经验，拓展学校文化的内涵，增强学校文化的包容性和开放性。

（六）**坚持整体规划和分步实施相统一**。既要坚持对校园文化建设进行统筹规划，科学确定校园文化建设的目标、内容、布局、步骤、资源配置等，使之配套衔接，整体和谐，相得益彰，又要根据学校条件，按照速度、质量、规模、效益相统一的原则，突出重点，分步推进，量力而行。

五、校园文化建设的主要内容：分教育理念、形象标识、制度建设、价值观念与行为规范、科技文化活动、校园环境"六大系统"。

（一）**教育理念系统**。这是校园文化建设的核心内容，主要包括学校的教育理念、大学精神、大学传统、校训、校风等的文字表述和诠释。

（二）**形象标识系统**。教育理念的形象标识，主要包括校标、校徽、校旗、校歌、学校标准色、学校名称中英文标准字体、学校吉祥物等能生动形象地体现教育理念的基本视觉标识，以及办公用品类、公共设施类、文化宣传类、校园服饰类、学校礼品类等应用视觉标识的设计与推广。

（三）**制度建设系统**。主要包括教学、科研、管理、服务规章制度，校风、教风、学风建设制度等。

（四）价值观念与行为规范系统。主要包括学术道德规范、各类人员行为规范、学生行为规范等。

（五）科技文化活动系统。主要包括文化科技活动、文化社团活动、校园文体娱乐活动等。

（六）校园环境系统。主要包括校园规划、绿化、美化中的文化要求，校园楼房、道路、人文景观、公共设施建设中的文化要求，教室、宿舍、餐厅、图书馆、实验室、办公室等室内布设中的文化要求等。

六、校园文化建设的组织领导：成立校园文化建设领导小组，统筹协调校园文化建设工作

学校成立校园文化建设领导小组，统筹协调校园文化建设工作。领导小组下设办公室，挂靠宣传部。教育理念、形象标识、干部作风、师德建设、科技文化与学生行为规范、校园环境六个项目（系统），每个项目（系统）指定一个部门牵头负责，其他部门协助完成。

领导小组要定期研究校园文化建设工作；各项目组要分别制定项目实施计划，并认真抓好落实；领导小组办公室要切实负起责任，加强工作的组织协调和督促检查；学校各部门、各单位都要高度重视校园文化建设，做好广大师生员工的组织发动和引导工作。

七、校园文化建设的经费保障：把校园文化建设所需经费列入年度预算，编列专项经费，专款专用

加大对校园文化建设的投入力度，不断提升学校文化的品位和档次，真正体现山东工商学院的办学水平、办学内涵和办学特色。党委和行政要把校园文化建设所需经费列入年度预算，编列专项经费，专款专用，对每个项目都要给予一定的资金支持。

2007年7月，中共山东省委高校工委组织开展了全省高校校园文化建设优秀成果评选活动，我们将上述内容，以《山东工商学院校园文化建设总体方案》①为题呈报参评，获"山东省高校校园文化建设优秀成果二等奖"，其中归纳的校园文化建设"六大系统"及其主要内容，得到专家和实际工作者的高度认可。

这就是十余年前，我们对校园文化所做的规划，可谓思路清晰、立意深远、内容明确、品位高端。十余年过去了，我们的校园文化怎样了？

其实，文化千姿百态，形形色色。文化，有些是物质的，有些是精神的；有些是有形的，有些是无形的；有些是制度的，有些是理念的；有些是行为性的，有些是思想性的；有些是视觉性的，有些是感知的；有些是外观性的，有些是内涵性的；有些是设施性的，有些是氛围性的；有些是表层性的，有些是灵魂的……。当然，文化，有些是民主的，有些是专制的；有些是美善的，有些是丑恶的；有些是真理，有些是谬误；有些是精致的，有些是粗俗的；有些是文明的，有些是野蛮的；有些是长期的，有些是短时的；有些是规则的，有些是无序的；有些是生态的，有些是杂乱的……。

总之，文化得自觉，文化得经心，文化得历久；文化得理性，文化得扬善，文化得进取！

（公众号推送日期：2017年12月5日）

---

① 第二、第三作者分别为刘庆东、李效杰。

构建德育品牌工程　打造德育工作特色①

"学校教育、育人为本，德智体美、德育为先。"山东工商学院始终坚持这一德育工作理念，紧紧围绕培养德智体美全面发展的社会主义建设者和接班人这一根本目标，把德育工作贯穿于教育教学各个环节，融入学校工作的各个方面，并注重立足自身优势，开拓创新，积极探索，大力构建德育品牌工程，打造德育工作特色。

一、经典教育工程

创新是中华民族的伟大传统，持续的创新力扎根于深厚的文化底蕴和道德素养。为了使学生学习元典原著，了解我国创新的历史，让学生学会自我设计与开发，使学生有能力对自己的人生进行定位与规划，成立了"山东工商学院经典教育研究中心"，在行政管理、社会保障两个专业率先开设经典导修必修课，并面向全校各专业开设选修课，以引导学生"上大学、拜大师、读大书、做大人"。经典导修分中外文化经典导修、学科经典导修、专业经典导修、课程经典导修四个层次，每一个层次包括经典著作、经典人物、经典案例三个方面内容。具体做法是：（1）创建积极向上的高品位学习文化、修养文化；（2）建立经典文库，并指定经典著作，包括必修经典和选修经典；（3）针对具体的经典著作提出引导性的问题；（4）编写导修材料，包括导修大纲、原典和参考文献；（5）建

---

　　① 本文是2006年山东工商学院为迎接山东省高校工委、山东省教育厅开展的高校德育工作评估而撰写的自评报告"特色"部分。第二作者为李效杰。

立有效实施经典导修的平台；（6）围绕经典著作组织专题报告；（7）围绕问题组织讨论，解答学生提出的问题或与学生一起进行讨论；（8）对学生的作业、讨论情况进行评阅；（9）广泛深入开展各类形式的教学科研实践、公共管理实践、公益活动和志愿者活动等，以增加体验，提高修养；（10）对学生修读修养的效果进行评价，并通过有效的方式将学生修读修养的成果转化为竞争优势，使其资本化。通过经典导修，使学生深入中外文化及所在学科、专业领域的核心，感受大家风范，获得为人立世之道、为学修业之本、成才立身之资，进而成为具有良好文化素养、宽广深厚的学科及专业理论基础、强烈的进取心和较强学习能力及自我开发能力的自我完善的人。

二、凝心聚力工程

为了密切领导干部与群众关系，倾听群众呼声，了解群众意愿，尊重群众创造，凝聚群众力量，党委、行政始终坚持联系基层、联系群众制度，将密切领导干部与群众联系置于提高执教兴校能力的高度加以切实贯彻落实。一是坚持校领导联系教学院部制度。每个校领导根据自己的专业特长、工作特点，确定1~2个教学院部为联系点，加强和各院部负责人、教职工的交流沟通，了解他们对学校工作的意见、建议和要求。二是坚持校领导接待日制度。每星期五下午安排校领导接待群众来访，认真听取来访群众意见，及时把握群众的问题和动向，对来访群众反映的问题在全面了解情况的基础上，做出认真分析，并予及时答复、处理。三是坚持情况通报制度。每年召开民主党派成员、离退休教职工、新进教职工情况通报会，就学校形势任务和改革发展的重大政策措施向有关人员通报说明。四是坚持校处级干部联系优秀贫困生制度。每个校处级干部联系一名优秀贫困生，做好结对帮扶工作，每学期至少与所联系贫困学生谈话两次，了解其学习、生活和思想情况，帮助其解决学习和生活中存在的问题。五是坚持领导干部听课制度。校党政领导、各教学单位和机关部门党政负责人经常深入教学第一线，了解教师教书育人情况以及教风、学风和课堂纪律等情况。六是坚持校领导联系学生社团制度。每个校领导根据自己的兴趣爱好、专业特长、分管工作等，选择一个学生社团作为联系点，加强对学生社团的指导，把握学生社团建设和发展方向。密切领导干部与群众联系紧扣一个主题：知民情、解民忧、暖民心，通过解决群众最关心和最需要解决的问题，在基层群众中树立了领导干部的良好形象，提升了党组织的凝聚力、向心力和号召力。

三、快乐育人工程

教育以育人为本，以学生为主体；办学以人才为本，以教师为主体。广大教职员工都负有对大学生进行思想政治教育的重要责任，都要以良好的思想政治素质和道德风范影响、教育学生。在实际工作中，党委行政努力提高教职工思想政治工作的针对性、实效性和吸引力、感染力，坚持事业留人、感情留人、待遇留人、政策留人，正确反映和兼顾教职工不同方面的利益，正确处理学校改革发展与稳定的关系，坚持把改革的力度、发展的速度和教职工可承受的程度统一起来，诚心诚意办实事，尽心竭力解难事，坚持不懈做好事，切实把思想政治工作落到实处。重视师德师风建设，强调教师的人格力量、奉献精神和自律意识，高度关注教职工的物质、文化生活需要，注重回报每一位教职工的价值创造，努力营造教书光荣、创造伟大、知识崇高、人才宝贵的良好氛围，使一切有利于学校改革发展的创造愿望得到尊重，创造活力得到支持，创造才能得到发挥，创造成果得到肯定，大力营造快乐教学、快乐科研、快乐管理、快乐服务的工作环境，让每一位教职工都幸福快乐起来，积极性都调动起来，聪明才智都发挥出来，用幸福快乐的教职工培养幸福快乐的学生。

四、和谐校园工程

党委、行政坚持以人为本，奏响和谐主旋律，从提高教书育人的积极性、主动性，提高教与学效果，促进师生员工的自身发展和身心健康出发，以民主法治、公平正义、诚信友爱、充满活力、安定有序为基本特征，通过做好教职工思想政治工作，实现学校和谐发展；加强大学生思想政治教育，培养优秀人才；加强领导班子建设，提高执教兴校能力；加强基层组织建设，增强基层组织活力；加强管理制度建设，保证工作机制高效协调运转；加强机关作风建设，提供优质服务；发展校园民主政治，改进学校治理方式；加强大学文化建设，营造良好育人环境；建设和谐人际关系，促进校园团结和谐；坚持人与自然和谐相处，创建生态校园；维护学校安全稳定，创建平安校园；坚持正确舆论导向，巩固马克思主义的指导地位；坚持物质文明、政治文明、精神文明建设有机统一，加强文明建设；坚持运用新的治校理念，促进学校整体协调发展；加强调查研究，完善和谐校园建设措施等工作，努力构筑和谐校园工程，使学校成为师生员工精神的乐园、成才的摇篮、生活的家园。

五、实践创新工程

实践教学是培养学生创新思维和创新能力的重要环节。为了实现"有理想、有道德、有文化、有纪律，德智体美全面发展，适应社会主义市场经济发展和现代化建设需要，有一定战略眼光，厚基础、宽口径、高素质、强能力，具有创新精神和创新能力的复合型、应用型人才"培养目标，遵循高等教育办学规律，坚持传授知识、培养能力、提高素质三者的统一，以就业创业为导向，积极推进人才培养模式的改革和创新，把学生创新精神和实践能力的培养贯穿于教学和管理的全过程。一是不断完善教学模式，突出实践能力培养，形成了集实习、见习、科研训练、实验教学、专业技能训练、社会实践六大模块为主要内容的大学生实践教育教学体系。二是加大实践教学经费投入，加强教学实验室建设，切实改善实践教学条件，确保实践教学经费落实到实践教学的各个环节，最大限度地发挥效益。三是建立与完善校内外实践教学基地，努力把实践教学基地办成教改实验基地、教育基地、生源基地、毕业生就业基地。四是广泛开展社会实践和科技文化活动，以学生社团为依托，以科技文化艺术节、科技论文大赛、电子设计大赛、创业计划大赛、网页设计大赛、英语与数学竞赛、数学建模大赛等为平台，开展形式多样、丰富多彩的科技文化活动，培养学生的实践能力和创新意识。五是在实行学分制的本科学生中设置第二课堂与创新学分，鼓励学生利用业余时间开展科研和实践活动，促进学生个性发展。

六、社区育人工程

大力推进思想政治工作、科技学习活动、社团活动、人文素质教育"四进社区"活动，使学生社区真正成为温馨舒适的家园、强身益智的乐园、学习创新的摇篮。为提高学生社区的文化品位，学生社区服务中心在各个公寓楼都悬挂了名人名言、科学家画像、安全警示语、日常行为规范等宣传品，发挥学生社区教育、管理、育人功能。抓好基础文明建设，坚持"三项文明"评比制度，从良好的楼风和舍风抓起，使学生宿舍成为推进素质教育的重要平台。经常组织社区职工参加安全防火教育讲座、卫生健康知识讲座，举办文明用语、服务礼仪培训，努力提高服务水平，发挥好服务育人作用。每年开展各公寓楼拔河比赛、跳绳比赛、篮球比赛、演讲比赛等宿舍文化活动以及"佳节思亲、中心送暖"为主题的爱心活动、"我与学生社区服务中心情感交流会"等活动，使同学们体会到"家"的温暖，同时也增进了师生感情。

七、心理健康工程

高度重视大学生心理健康教育工作，成立了心理咨询中心，设有心理咨询室、心理阅览室、团体活动室、朋辈咨询室、沙盘游戏治疗室、心理宣泄室等场所，总面积达300余平方米，配备了微机、打印机、生物反馈仪、wjz心理测量软件、光标阅读机等必要的仪器设备。同时，我们还设立了心理健康教育专用经费，以保证心理健康教育的深入开展。配备了一支专兼职相结合的工作队伍，为学生开展个别咨询、团体咨询、网络咨询、电话咨询、朋辈咨询等活动。采取"请进来"和"送出去"相结合的方式进行师资培训，提高了心理辅导教师的业务水平和工作能力。建立心理危机干预制度，在每年的新生录取通知书中附带一封《致新生家长的一封信》，提醒家长如果学生存在心理问题，应及早向心理咨询中心反映。为增强工作的针对性，心理咨询中心每年都对新生进行心理健康状况普查，为每位学生建立一份心理档案，主动寻找、筛选、发现有心理问题的学生。构建"三级心理健康教育"工作体制，即"阳光天使"班级心理健康联络员——各院部学生辅导员——学校心理咨询中心自下而上、相互衔接、师生广泛参与的心理健康教育工作网络。学校心理咨询中心负责全校性的心理测量和建立心理档案、组织重点约谈，进行早期干预；各院部辅导员负责把握学生心理动态，对重点学生在心理咨询中心的指导下进行跟踪观察指导；"阳光天使"心理健康联络员，协助学校普及心理健康知识、开展朋辈咨询，发挥学生自身的能动性，增强学生的心理保健能力。为增强学生的心理健康意识，每年举办心理健康宣传周和心理健康宣传月活动，组织开展心理大观园、心理沙龙、心理影片赏析、"'阳光天使'在行动"创意大赛、"天使来信"、心理素质拓展训练、心理健康知识有奖问答等形式多样的心理健康教育活动。

八、教风评估工程

为发挥课堂教学在大学生思想政治教育中的主导作用，推动教书育人工作，提高教学质量，形成了以教学评估为主体的教学管理机制，以促进教风建设。一是课堂教学评估。建立了集学生评价、教学督导组评价、院（系、部）领导评价为一体的"三级教学质量评价体系"，制定了教师教学质量评价制度、学生评教制度、教学督导制度，按教师职称类别每年评选优秀教学效果奖，极大地激发了广大教师的教学积极性。二是期中教学检查与评估。把教学管理情况、教学基本文件、课堂教学秩序等教学检查内容进行分解，建立了期中教学检查评估指标体系，组建期中教学检查与评估组，在各单位自评的基础上，对各教学单位进行检查评估，调动了各教学单位自主管理的积极性和创造性。三是专业建设、课程建设水平评估。根据专业建设和课程建设的性质和内容以及工作要求，按照专业建设和课程建设的特有规律，制定了专业、课程建设水平评估指标体系，定期对各专业、课程进行检查评估，对获得优秀的给予奖励，有力地推动了专业建设、课程建设水平的提高。四是教研室工作评估。按照教研室工作评估指标体系，对教研室工作实施了水平评估，促进了教研室工作的科学化、规范化。五是考试管理工作评估。在考试工作中实行了二级管理制度，制定了包括试卷命题水平、考场纪律、考试组织等为主要内容的考试管理工作评价指标体系，组成了"考试工作督察组"，全面负责考试管理水平的评估工作，对规范考试程序，严格考场纪律，提高考试水平，起到了积极作用。

通过构建德育品牌工程，打造德育工作特色，德育领导体制和工作机制进一步落实，德育制度进一步健全，德育内容进一步完善，德育途径进一步拓展，德育作用进一步发挥，全员育人、全过程育人、全方位育人的德育工作格局进一步巩固。

（公众号推送日期：2017年4月6日）

树立德育首位意识　做好德育评估工作①

2004年1月17日，胡锦涛同志在全国加强和改进大学生思想政治教育工作会议上指出，"学校教育、育人为本，德智体美、德育为先"；《中共中央国务院关于进一步加强和改进大学生思想政治教育的意见》中也指出，"学校教育要坚持育人为本、德育为先"。从中央领导到中央文件，进一步明确了德育在学校教育中的"首位"定位。

在此，我仅围绕德育评估工作中遇到的一些模糊认识，以"树立德育首位意识，做好德育评估工作"为题，谈谈个人的一些想法，不妥之处请领导和各位同仁批评指正。

一、正确把握德育的内涵，这是落实德育首位的前提

正确把握德育的内涵，就是要正确回答"德育是什么"的问题。

在整理德育评估材料期间，我们发现不少同志弄不清"什么算德育评估材料，什么不算德育评估材料"，要么把材料整理得十分简单，要么把材料整理得过于繁杂。这种情况说明，不少同志对德育内涵把握不准，认识不清。不仅我们是这样，就是理论界对"德育是什么"的理解也不完全一致，主要有四种观点：一是德育就是思想道德教育，二是德育就是思想政治教育，三是德育就是政治教育、思想教育和道德教育，四是德育就是政治教育、思想教育、道德教育、法纪教育、心理健康教育。

---

① 本文是在山东工商学院2006年度工作会议上的发言。

其实，对于德育内涵的理解，理论界是站在学术的角度来探索的。对于我们从事实际德育工作的人来说，这个问题是再明确不过的了。因为，1995年11月23日我国颁布了《中国普通高等学校德育大纲（试行）》，明确指出了德育的内容。根据此，结合当前实际，德育应该包括10个方面内容：

1. **党的指导思想教育**。马列主义、毛泽东思想、邓小平理论、"三个代表"重要思想和科学发展观的教育。

2. **爱国主义教育**。中华民族爱国主义传统、中国近现代史、中国国情、热爱社会主义祖国、民族团结、国防教育和国家安全教育。

3. **党的路线方针政策和形势教育**。党的基本路线、基本纲领、基本理论、基本经验和国内外形势与政策教育。

4. **民主、法制教育**。社会主义民主和社会主义法制教育。

5. **人生观教育**。人生价值、人生理想、人生态度教育。

6. **道德品质教育**。中华民族优良道德传统、社会主义道德、社会公德教育、职业道德、家庭美德教育。

7. **学风教育**。学习目的和治学态度教育。

8. **劳动教育**。劳动观念、劳动态度和热爱劳动人民教育。

9. **审美教育**。审美观念、审美情趣教育与审美能力培养。

10. **心理健康教育**。心理健康知识、个性心理品质教育与心理调适能力培养。

由此可以看出，德育不能是思想政治教育的单体，也不能是学校教育的全部。对德育内涵的认识，我们既不能失之过窄，也不能操之过宽。过窄或过宽，德育工作都做不到位，都不利于德育首位意识的树立。所以，要把德育首位观落到实处，应该注意以下三个方面：

一是要注意德育缺位。强调德育首位，就是育人先育德，克服学校教育重才轻德的倾向。树立德育为先的教育观，就是要提高对德育的重视，强化德育在育人中的灵魂、核心地位，把德育放在首位，避免使德育陷入"写起来首要、说起来重要、做起来次要、忙起来不要"的尴尬境地。

二是要注意德育错位。德育是一项系统工程，正因为德育的全面渗透性，其内涵和外延往往难以准确界定，其工作内容也难以精确量化，容易给人"虚、大、空"的感觉。现实中，德育工作常常被简单化、片面化或绝对化，把不着边际的事都与德育挂上勾。强调德育首位，就是要防止德育方法方式简单、枯燥，流于形式等情况。

三是要注意德育越位。"学校教育、育人为本，德智体美、德育为先。"德育是第一重要的，但不是唯一重要的，德育与其他各方面教育相辅相成。如果德育不与其他方面的教育构成有机整体，德育的"首位"就无从谈起。

因此，抓住了《中国普通高等学校德育大纲（试行）》，我们就抓住了德育的内涵，也就为落实德育首位提供了前提。否则，连德育内涵都不清楚，何谈德育首位。

二、正确把握德育途径，这是落实德育首位的关键

育人为本、德育为先，充分说明了德育的重要性。要落实德育首位，实现德育目标，就要正确把握德育途径。《中国普通高等学校德育大纲（试行）》《中共中央国务院关于进一步加强和改进大学生思想教育的意见》中，都有明确的规定。概括说来，有以下10个方面：

1. **加强和改进思想政治理论课教学**。这是对大学生系统进行思想政治教育的主渠道，体现了社会主义大学的本质要求。

2. **开展经常性的形势政策教育**。这是对大学生进行思想政治教育的重要内容和途径，各级党组织及负责人要经常为大学生作形势政策报告。

3. **充分发挥哲学社会科学教学作用**。哲学社会科学课程都具有鲜明的意识形态属性，担负着帮助大学生坚定社会主义政治方向、确立正确的理想信念、提高思想道德修养和精神境界的重要职责。

4. **大力加强师德建设**。育人为本、德育为先；教书育人，师德为先。教师是人类灵魂的工程师，是学生成长进步的导师，所有教师都负有育人职责。广大教师要以高度负责的态度，率先垂范、言传身教，以良好的思想、道德、品质和人格给大学生以潜移默化的影响。

5. **深入发掘各类课程的思想政治教育资源**。所有课程都具有育人功能，广大教师要深入发掘各类课程的思想政治教育资源，把思想政治教育融入大学生专业学习的各个环节，渗透到教学、科研和社会服务各个方面，在传授专业知识过程中加强思想政治教育，使学生在学习科学文化知识过程中，自觉加强思想道德修养，提高政治觉悟。

6. **深入开展社会实践**。这是大学生思想政治教育的重要环节，对于促进大学生了解社会、了解国情，增长才干、奉献社会，锻炼毅力、培养品格，增强社会责任感，具有不可替代的作用。

7. **大力加强校园文化建设**。校园文化对大学生思想观念、价值取向和行为方式有着潜移默化的影响，具有重要的育人功能。

8. **充分发挥党团组织和学生组织的重要作用**。党团组织和学生组织体系完整、覆盖面广，是思想政治教育的特有优势。

9. **切实加强大学生思想政治教育队伍建设**。大学生思想政治教育是全体教职员工的共同职责，各级党政干部和共青团干部、思想政治理论课和哲学社会科学课教师、辅导员和班主任是思想政治教育的骨干力量。

10. **切实解决大学生的实际问题**。做好贫困家庭学生资助、毕业生就业服务指导、大学生管理服务、心理健康咨询教育工作。

以上10个途径完全可以表明，德育绝不是思想政治工作者或者党群部门的"独享"职责，也就是说，德育绝不是哪支队伍的事，也绝不是哪个部门的事。树立"学校教育、育人为本，德智体美、德育为先"的思想观念，就是要把育人融入学校工作的各个方面，贯穿于大学生学习的各个环节，形成全员育人、全过程育人、全方位育人的"大德育"格局。通俗说法，就是大学生活的范围有多宽广，德育的途径就有多宽广，德育应遍布校园的每一个角落。因此，我们认为，只要全校从上到下、从党群部门到行政后勤、从教学科研到管理服务、从党团组织到教职员工个人，都能在思想上充分认识德育的系统性、综合性和全局性，行动上切实履行"育人为本、我的责任"的使命，德育首位就会得到全面落实。

三、正确把握德育评估，这是落实德育首位的契机

2002年5月30日，中共山东省委高校工委颁布了《关于在全省高校开展德育工作评估的通知》，决定从2002年下半年开始，用两年时间，在全省高校开展德育工作评估。

2003年2月24日，院党委下发了《关于切实加强思想道德建设迎接省德育工作评估的实施方案》，成立了迎接德育评估工作领导小组，办公室设在学生工作部，并提出2004年6月达到优秀成绩。后来，由于本科教学工作水平评估、人事变动等因素，迎接德育评估工作没有真正提上议事日程。

2005年7月4日，党委调整了德育评估工作领导小组成员，办公室设在宣传部。同日，党委、行政又联合下发了《关于印发山东工商学院德育评估工作任务分解方案的通知》，校领导多次主持召开迎接德育评估工作专题会议，部署工作，落实任务。在2005年暑假期间，各单位和二级学院做了大量准备工作。随后，由于校庆、开展保持共产党员先进性教育活动等重大事项，抽不出人力和精力，没有把这项工作一鼓作气完成。期间，院领导多次带队走访基层单位，督促检查迎评情况。可以说，2005年下半年以来，迎接德育评估的准备工作始终在时断时续中进行。

在深入贯彻全国加强和改进大学生思想政治教育工作会议精神和《中共中央国务院关于进一步加强和改进大学生思想政治教育的意见》之际，我们决定在今年5、6月份正式接受省德育工作评估，这为正确把握德育评估提出了新的要求，也为落实德育首位带来了新的契机，我们必须站在新

的高度，倍加重视德育评估工作。为此，要做好德育评估工作，应主要从提高如下几方面认识入手：

1. 提高对德育工作实施主体的认识。《中国普通高等学校德育大纲（试行）》明确指出，高校要"在党委的统一部署下，建立和完善校长及行政系统为主实施的德育管理体制，学校校长对学生德、智、体全面负责。应明确一名副校长（可由党委副书记兼任）具体负责德育工作。可成立学校德育工作领导小组，由党委书记或校长，或主管学生思想政治教育的副书记或副校长任组长。系（科）也应建立相应的德育工作领导小组"。由此可见，德育的实施主体以校长及行政系统为主。我们学校的德育和德育评估工作领导小组组长都由刘院长担任。所以，各二级学院必须按照这个要求建立和完善各自的德育和德育评估工作领导小组，尤其是要尽快扭转个别二级学院行政领导不关心德育、不抓德育、不清楚德育评估为"何物"的局面。

2. 提高对德育工作组织机构的认识。虽然说德育工作实行的是在党委统一部署下，建立和完善校长及行政系统为主实施的德育管理体制，但《中国普通高等学校德育大纲（试行）》《中共中央国务院关于进一步加强和改进大学生思想政治教育的意见》也同时指出："党委宣传部、学生工作部、'两课'的教学部门、教务处、学生处、团委是组织德育实施的主要职能部门，党委组织部、学生工作部和人事处是德育队伍的管理部门。其他一切相关部门都要主动参与、密切配合"，"建立健全党委统一领导、党政群齐抓共管、有关部门各负其责、领导体制和工作机制"。所以说，搞好德育或德育评估工作，不是哪几个部门的事，必须依靠各个部门、各方面的力量。

3. 提高对思想政治教育主导作用的认识。什么力量在大学生思想政治教育中发挥着主导作用？《中共中央国务院关于进一步加强和改进大学生思想政治教育的意见》明确指出：课堂教学在大学生思想政治教育中发挥着主导作用。课堂教学包括思想政治理论课教学、形势政策教育、哲学社会科学课程教学、各门各类课程教学。所以，大学生思想政治教育，不仅是广大思想政治工作者的责任，更是广大任课教师的责任。

4. **提高对德育工作评估指标的认识**。根据2004年1月8日山东省委高校工委下发的《关于修订〈山东省高等学校德育工作评估标准〉的通知》规定，德育工作评估指标分一级指标4个、二级指标22个、三级指标73个，可以说涵盖了领导体制、组织制度、队伍建设、教育管理、教学研究、校风校纪、后勤服务、校园环境、经费设施、安全保卫等学校工作的各个方面。因此，各单位、各部门和二级学院必须认真组织师生员工学习掌握，消除对德育工作评估是一种单项评估、操作简单、涉及范围窄的不正确认识。

5. **提高对德育工作评估方法的认识**。德育工作评估的方法除了查阅资料外，专家组进校后要在师生比较集中之处随机发放A、B两种调查问卷：A为学生调查问卷，按1%～5%的比例在各年级学生中随机发放；B为教师调查问卷，按1%～5%的比例在干部、教师、职工中随机发放，而且调查问卷的内容自始至终对学校保密。还要召开A、B、C、D四种座谈会：教务、招生、就业、师资、人事、财务、后勤等部门负责人和各院系主任参加A座谈会；组织部、宣传部、学工部（处）、武装部、团委等部门负责人和院系分管学生工作副书记、思想政治理论课教研室主任参加B座谈会；从各年级中随机抽取的与学校男女生比例相当的各4名学生参加C座谈会；不同专业业务教师、不同院系学生辅导员参加D座谈会。总之，专家组要通过各种有准备的和无准备的渠道，广泛搜集、听取师生员工对德育工作的了解程度和对学校德育工作的看法。另外，广播电视中心、报社、心理咨询中心、网络中心、就业指导中心、勤工助学中心、社团管理指导中心、学生活动中心、学生食堂、学生休闲学习场所、思想政治理论课资料室、思想政治理论课课堂等都是评估专家组必到之处，这些场所的设施、环境以及师生表现的优劣，对德育工作评估结果有着直接而重要的影响。在这种情况下，如果事先不了解评估方法，不对师生员工和各项事宜做出尽早安排，就会造成措手不及、仓促应对的局面。所以，德育工作评估决不是凭几个人、几个部门突击搞几天材料就能完成的，必须依靠全校各单位、各部门以及师生员工的充分准备、共同努力。

6. **提高对德育工作评估宣传发动的认识**。既然德育工作评估涉及面广、方法多，每一位师生员工都有可能直接面对、身临其境，这就要求各单位、各部门和各二级学院切实提高对德育工作评估重视性的认识，积极做好迎评的宣传、教育、发动工作，使广大师生员工人人了解评估、人人支持评估、人人投身评估。德育评估办公室也会切实履行职责，利用各种舆论工具，大力营造迎评促建的浓厚氛围，在德育评估领导小组领导下，按照周全考虑、缜密部署、细致工作的原则，努力工作，不负师生员工的重托。

总之，在那么艰难困苦的情况下，1997年本科教学合格评价、2000年校园文明评估、2003年本科教学工作水平评估我们都能如愿以偿，在学校发展形势大好的今天，我们没有理由搞不好德育工作评估。我们相信，有了各单位、各部门和各二级学院的有效配合，有了全校师生员工的积极参与，德育工作评估一定会取得优异成绩。

（公众号推送日期：2017年4月13日）

我们是怎样坚持党委中心组学习的

2001年4月至2011年6月,笔者在党委宣传部任职,一项重要职责是根据党委和分管领导的部署,安排、落实好党委中心组的理论学习工作。其间,三届党委领导班子对思想理论建设高度重视,始终结合党和国家大政方针,紧跟高等教育发展趋势,立足学校改革发展稳定实际,充分发挥党委中心组理论学习的示范作用,积极推进学习型党组织建设,努力提高领导班子和领导干部领导学校创新发展、内涵发展、特色发展、开放发展、和谐发展的能力和水平。

那时,我们是怎样坚持党委中心组学习的?

一、建立健全"四项制度"

制度问题带有根本性、全局性、稳定性和长期性,制度是做好一切事情的前提和根本。学校党委不断加强和改进中心组规范化建设,建立健全四项最基本的学习制度。

健全学习组织制度。党委中心组由党委成员、校长助理、党群部门负责人组成。党委书记负责审定学习计划,确定学习和研讨主题,提出学习要求,主持集体学习研讨,督促和检查中心组成员的学习。分管宣传思想工作的党委副书记,负责指导学习计划的制订,抓好学习的日常组织工作。党委宣传部门负责草拟学习计划,提供学习资料,承办学习讨论和交流,负责学习考勤、记录、通报等服务工作。由此,形成了党委书记高度重视、分管领导认真负责、职能部门踏实工作、中心组成员积极响应的工作体制和机制。

完善学习计划制度。科学合理的学习计划，是党委中心组开展经常性学习活动和取得学习实效的保证。每学期初，党委宣传部根据党和国家的形势任务以及学校党委行政的决策部署，提出学习计划草案，经分管宣传思想工作的党委副书记审阅后，报党委书记审定。学习计划一经通过，即以正式文件形式印发至中心组全体成员和各党总支贯彻执行。

建立学习考勤和记录制度。党委中心组集体学习时，专门安排一名工作人员负责考勤登记工作。同时，该名工作人员要对学习的整体情况，包括时间地点、学习内容、重点发言、集体讨论、交流总结等做出详细记录，连同考勤登记一并归档保存。

实行学习情况通报制度。每次集体学习后，党委宣传部都要写出通讯报道，通过校园网、校报等媒体，及时向全校师生员工通报中心组的学习情况，用以指导和带动全校各党总支中心组以及党员干部的理论学习。

二、努力突出"五个特性"

在实际工作中，党委狠抓学习制度和学习计划的落实，努力突出学习计划体现规范性、学习内容具有针对性、学习目的力求实效性、学习活动保持经常性、学习行为倡导自觉性。

学习计划体现规范性。学习计划从内容的选定、计划的形成，到计划的执行，都要摒弃随意性，它不仅是职能部门的工作体现和党委主要领导决策的结果，又是党委中心组理论学习的依据，是党委中心组具有实际效用的规范性文件。

学习内容具有针对性。学习计划在内容的选取和确定上不能搞"空对空"，而是针对党和国家的大政方针，针对学校改革发展稳定的实际，着眼于解决影响学校改革发展的特殊矛盾和问题。

学习目的力求实效性。学习要着眼于运用，着眼于解决实际问题，不能就学习而学习。要通过学习，达到统一思想认识、提高理论素养的目的，增强党委班子及其成员领导学校科学发展的能力和水平。

学习活动保持经常性。党委中心组一个月学习一个专题，每个专题集中交流研讨一到两次，其他时间为自学。这其中主要是抓好个人自学、集中学习、重点发言和集体研讨四个主要环节，使学习活动由分散到集中、由个人到集体，保持学习活动的不间断性，并贯穿全年始终。

学习行为倡导自觉性。变"要我学"为"我要学"，把学习当成一种生活态度、一种工作责任、一种精神追求，坚持在学习中感悟人生、提升境界，在学习中开阔视野、丰富知识，在学习中把握规律、探求真理，使自己变得更加充实、更加睿智。

三、始终坚持"七个结合"

为了使学习达到预期目的，取得实实在在效果，在学习活动中，党委中心组始终坚持"七个结合"。

一是坚持学习理论与联系实际相结合。弘扬理论联系实际的马克思主义学风，既要全面把握和深刻领会党的基本理论、基本路线、基本纲领和基本经验，用中国特色社会主义理论体系武装头脑，又要紧密联系学校改革发展稳定的实际，把学习理论的着力点放到指导实践、推动工作上，在真学、真懂、真信、真用上下功夫，切实把所学所得落实到学校的实际工作中去，推动学校事业科学发展。

二是坚持个人自学与集中学习相结合。个人自学是获取知识、提升素质、增强能力的过程，集中学习是碰撞思想、开阔视野、统一认识的过程。按照学习计划的安排，每个学习专题都规定了重点学习篇目和延伸阅读篇目，在每位中心组成员认真自学和研读这些篇目的基础上，中心组再举办集中学习会，通过学习交流，达到相互启发、彼此借鉴、融会贯通的目的。

三是坚持重点发言与集体讨论相结合。在学期初制订的学习计划中，就已对每个学习专题指定了两名党委中心组成员作为重点发言人。在集体讨论时，重点发言人在交流了自己的学习体会、个人见解后，全体成员再围绕所学内容及重点发言人提出的观点等展开讨论，进一步深化思想认识。

四是坚持方针政策与业务专题相结合。既要学习党的路线方针政策和国家的时事政治，又要学习教育教学、人才培养、学科建设等高等教育专题，用党和国家的路线方针政策指导学校的办学实践，充实办学内涵。

五是坚持专家辅导与自身研讨相结合。不定期邀请国内外著名专家学者为中心组举办形势报告会、专题讲座，同时又要根据学习计划的安排，开展好中心组自身的学习研讨活动，力求通过"内外结合"的学习方式，使中心组成员开阔视野、发散思维。

六是坚持期初计划与适时增补相结合。每个学期初制订的学习计划都基本上规定了党委中心组学习的主要内容。但是，根据党和国家形势的发展变化以及阶段性要求，还要适时增补与之相适应的学习内容。这样，既保证了学习计划的严肃性，又保证了学习计划的开放性。

七是理论学习与专题调研相结合。坚持"学以致用、用以促学"的原则，党委中心组成员经常深入各自分管和联系的单位、部门开展专题调研，将理论学习与思考问题、解决难题结合起来，把调查研究作为深化理论学习的手段贯穿于党委中心组学习的全过程。

五、力争达到"六个效果"

经常而又规范的党委中心组学习，收到了以下效果：

一是进一步统一了思想认识。中心组成员进一步认识到，面对经济社会发展的新形势，适应高等教育发展的新要求，高校必须进一步推进教育教学改革，创新人才培养模式，走内涵发展之路。

二是进一步提高了理论修养。中心组成员进一步领会了党的路线方针政策和科学发展观的历史地位、时代背景、深刻内涵、精神实质和根本要求，提高了政治理论水平和思想道德素质，增强了用党的基本理论分析解决问题的能力，坚定了干事创业的信心和决心。

三是进一步理清了工作思路。中心组成员进一步理清了思路，明确了方向，对学校发展的指导方针、办学定位、战略重点和奋斗目标等有了清醒的认识。

四是进一步增强了创新意识。中心组成员的眼界变得更加开阔，思维变得更加活跃，突出办学亮点、打造办学品牌、培育办学特色的创新意识进一步增强。

五是进一步推进了实际工作。中心组成员利用所学理论，科学分析学校实际，正确解决工作中遇到的新问题，妥善处理发展中出现的新情况，进一步推动了学校事业又好又快发展。

六是进一步发挥了示范作用。中心组成员勤学好学的学习精神和求真务实的学习态度，起到了很好的示范带头作用，各党总支和党员干部学习的积极性普遍提高，自觉性普遍增强，初步形成了崇尚学习、热爱学习的良好风气。

学习是文明传承之途、人生成长之梯、政党巩固之基、国家兴盛之要。党的十七届四中全会深刻总结历史经验，科学分析国际国内形势，着眼于提高党的执政能力、保持和发展党的先进性，提出了建设马克思主义学习型政党的战略任务。充分发挥党委中心组理论学习的示范作用，对于推进学习型党组织建设具有十分重要的意义。

（公众号推送日期：2017年3月10日）

繁荣发展哲学社会科学　高等学校责无旁贷①

《中共中央关于进一步繁荣发展哲学社会科学的意见》指出，繁荣发展哲学社会科学是建设中国特色社会主义的一项重大任务，在全面建设小康社会、开创中国特色社会主义事业新局面、实现中华民族伟大复兴的历史进程中，哲学社会科学具有不可替代的作用，必须进一步提高对哲学社会科学重要性的认识，大力繁荣发展哲学社会科学。这是党的历史上，第一次以中共中央的名义，就繁荣发展哲学社会科学问题而颁发的专门文件。

《中共中央关于深化文化体制改革推动社会主义文化大发展大繁荣若干重大问题的决定》，把繁荣发展哲学社会科学作为推动社会主义文化大发展大繁荣、建设社会主义文化强国的一项重要内容，强调了哲学社会科学在中国特色社会主义事业中的重要地位，阐明了哲学社会科学在促进社会进步中的重要作用，确立了我国哲学社会科学建设的总体目标。

尽管繁荣发展哲学社会科学要靠全社会的共同努力，但高等学校首当其冲，责无旁贷。

---

① 本文曾刊于《山东工商学院学报》2004年第2期，是为学习贯彻《中共中央关于进一步繁荣发展哲学社会科学的意见》而作。2011年4月24日，在庆祝清华大学100周年大会上，胡锦涛同志发表了重要讲话，把文化的传承创新确立为大学的第四大职能；2011年10月18日，中国共产党第十七届中央委员会第六次全体会议通过了《中共中央关于深化文化体制改革推动社会主义文化大发展大繁荣若干重大问题的决定》。据此，2012年6月，笔者又对该文的前言和第一部分做了些许补充。

一、繁荣发展哲学社会科学是高等学校发挥职能的应有之义

高等学校具有教育、发展科学、社会服务、文化传承创新四大职能。从教育职能来讲，高等教育是培养高级专门人才的社会活动，在阶级社会里，教育的社会性主要表现为教育的阶级性，体现的是"为谁培养人、培养什么样的人"的问题。社会主义国家，高等学校就必须坚持社会主义办学方向，用马克思主义的立场、观点和方法教育学生，培养社会主义事业的建设者和接班人。这本身就要靠哲学社会科学的繁荣发展，也只有哲学社会科学的繁荣发展才能为其提供强有力的理论支撑。从发展科学职能来讲，科学有自然科学和哲学社会科学两大部类，高等学校发展科学就是发展自然科学和哲学社会科学。而且，自然科学和哲学社会科学本身就是一枚"硬币"的两面，任何自然科学的发展，都离不开一种哲学社会科学范畴的价值追求，都离不开哲学社会科学为其启示方向，正如四大发明中的火药起初并不是为了填充枪炮，诺贝尔发明炸药起初也并不是为了制造军火，克隆术的出现更不是为了复制战争犯一样，自然科学家的科学研究始终要受社会道德伦理的约束，也就是"为什么发展科学、发展什么样的科学"的问题。从社会服务职能来讲，高等学校社会服务的职能包括三层涵义：一是积极举办和扩大教育，满足社会公民受教育的需要；二是将科学研究成果用于社会，转化为生产力，创造社会物质财富；三是通过教育，培养适应社会发展、为社会工作、维护社会安定的高素质的劳动者。三者合一，就是"为什么为社会服务、怎样为社会服务、为什么样的社会服务"的问题，这一切都离不开哲学社会科学的熏陶，也无一不受哲学社会科学范畴内的社会价值观的制约。从文化传承创新职能来讲，文化始终被认为是民族精神的结晶，是民族凝聚力与创造力的源泉，是此民族与彼民族区别开来的生活标志，也是一个民族被他民族要么向往要么远离的精神磁力，还是一个国家经济社会发展的软实力。[①]传承、创造和弘扬民族文

---

① 徐显明：《文化传承创新：大学第四大功能的确立》，《中国高等教育》2011年第10期。

化和世界文化是大学的价值取向，为社会培养具有高尚的人文情操和健康的价值追求的人才是大学的中心任务，为科学技术朝着更加有利于人类的方向健康发展提供人文引导是大学的道德良知，为实现经济社会协调、和谐和可持续发展提供人文精神支撑是大学的重要使命。这一切，体现的是一所大学"为什么要传承文化、传承什么样的文化、怎样传承文化"的问题。由于文化本身属于哲学社会科学范畴，这些问题也只有在哲学社会科学框架内才能加以厘清。

所以，高等学校要想真正担当起自己的社会使命，切实履行好自己的各项职能，就必须大力繁荣发展哲学社会科学。

二、繁荣发展哲学社会科学是高等学校科学发展的应有之义

高等学校的发展归根结底包含内涵与外延两个方面。内涵是办学质量、办学水平和办学效益等所构成的质的因素；外延是办学规模、办学空间和办学条件等所构成的量的因素。但无论是内涵发展还是外延发展，更或是两者并举，都必须是科学的发展，即"为什么发展、怎么发展、为谁发展"，否则就是盲目的发展。这就是说，高等学校要发展，就必须有正确的办学指导思想、办学思路、办学理念和办学目标，树立科学的、理性的发展观，做到规模、结构、质量、效益协调发展，而要理清这一切，就必须站在哲学社会科学的层面上，紧紧把握经济社会发展的脉搏，把高等学校真正办成既能适应社会需要，又能促进社会发展的"神圣殿堂"，把本属于哲学社会范畴的高等教育提高到新水平。

三、繁荣发展哲学社会科学是高等学校形成大学文化和大学精神的应有之义

大学文化是由一个特殊的社会群体——"大学人"，在对知识进行传承、整理、交流和创新的过程中，形成的一种与大众文化或其他社

会文化既相联系又相区别的文化系统，是一种追求真理、追求理想和人生抱负的文化 。[1]其表征是学生的文化素质、教师的文化修养、学校的文化品位，核心是大学精神，即办学理念、育人方针、学术追求、管理模式的哲学抽象，具有世界观和方法论相统一的理论品质，也是"大学人"进行传承、整理和发展文化活动所产生的关于自身的价值追求和行为方式、行为准则，具有伦理、科学与民主、开放相统一的品质。无论大学文化还是大学精神绝不是一朝一夕所能铸就，它是通过长期的历史沉淀、凝聚、发展而形成的，是特定范围的"文化体"和"文化群"共同的价值判断、价值选择和价值认同，是继承和创新相统一的结果 。所以，一所大学没有深厚的哲学社会科学的思维底蕴，就不可能铸就独特的大学文化和大学精神，更不能担负起报效祖国、造福人类、关心社会进步和改造社会的崇高使命。

四、繁荣发展哲学社会科学是高等学校实施素质教育的应有之义

中国古典教育学名篇《大学》开宗明义："大学之道，在明明德，在亲民，在止于至善。……古之欲明明德于天下者，先治其国；欲治其国者，先齐其家；欲齐其家者，先修其身；欲修其身者，先正其心；欲正其心者，先诚其意；欲诚其意者，先致其知。……自天子以至于庶人，一是皆以修身为本。"一言以蔽之，就是说，要想治国平天下，就必须致知、诚意、正心、修身，而要致知、诚意、正心、修身，恐自然科学是可望不可即的。

宋代史学家司马光在其巨著《资治通鉴》中也说："才者，德之资也；德者，才之帅也。……是故才德全尽谓之圣人，才德全亡谓之愚人，德胜才谓之君子，才胜德谓之小人。凡取人之术，苟不得圣人、君子而与之，与其得小人，不若得愚人。"由是，我们也联想到现在所强

---

① 谢和平：《大学文化、大学精神与川大精神》，《光明日报》2004年1月23日。

调的"德智体美全面发展"的教育方针、"有理想、有道德、有文化、有纪律"人才的培养、"德才兼备、以德为先"的用人原则和"革命化、年轻化、知识化、专业化"的干部标准，无一不把德放在首位，虽然德在不同的历史时期有不同的标准，但"德"的养成，只有靠哲学社会科学的洗礼。

因此，无论是研究型大学也好，或是应用型大学也好，尚不存在一所彻底撒弃哲学社会科学的高等学校，虽然有的没有哲学社会科学学科及哲学社会科学专业，但无一例外地在课程设置上都或多或少地渗透着哲学社会科学方面的内容，只不过是效果的好坏而已。尤其是我们实施素质教育以来，更加把人文精神教育摆到了重要位置，其目的就是使学生学会做人，树立正确的理想、志向和人生态度；使学生成为心智健全的"完人"，一个德才兼备的"圣人"。所以，就高等学校来讲，繁荣发展哲学社会科学，对培养目光远大、学识渊博、修养深厚、境界高远的知识精英，培养高素质的社会主义事业建设者和接班人，更具有十分重大的现实意义和深远意义。

五、繁荣发展哲学社会科学是高等学校师资队伍建设的应有之义

"百年大计，教育为本；教育大计，教师为本。"为人之师，要真正担负起教育的责任，不仅取决于学识水平，更取决于思想道德水平。因为思想道德水平在很大程度上影响着治学、治教、奉献的精神和品质，影响着能否真正做到教书育人。所以，高等学校要想为发展社会经济和巩固社会政治制度服务，就要运用哲学社会科学的武器，促使广大教师树立正确的世界观、人生观和价值观，努力建设一支具有坚定的政治立场，忠诚于党和人民的教育事业，具有广博的科学文化知识和高尚的思想道德品质的师资队伍。只有这样，才能保证社会主义的办学方向，才能保证党和国家教育方针的贯彻落实。

六、繁荣发展哲学社会科学是高等学校加强思想政治工作的应有之义

思想政治工作，是我们党的理论优势和政治优势，是一切工作的生命线。新的形势下，要增强思想政治工作的感召力，就必须深入研究和全面准确地把握马列主义、毛泽东思想、邓小平理论、"三个代表"重要思想和科学发展观的基本原理和精神实质，站在时代的高度，密切结合世界发展和中国现代化建设的实际，对"什么是社会主义、怎样建设社会主义"，"建设什么样的党、怎样建设党"，"实现什么样的发展、怎样发展"三大基本问题，形成新认识、新观点；就必须深入研究改革开放和社会主义现代化建设中出现的重大理论问题和现实问题，潜心思考，排疑解惑；就必须深入研究社会主义市场经济体制下经济、政治、文化协调发展和社会全面进步的理论，并取得新的突破；就必须深入研究当今时代本质特征和国际局势的新变化，并做出科学的判断；就必须深入研究与社会主义市场经济相适应的思想道德体系，探索行之有效的思想政治工作的方式、方法、手段和机制。这一切，都是思想政治工作的重要使命，都要靠哲学社会科学的繁荣发展，否则就很难做到旗帜鲜明，理直气壮，以真理服人，以事实服人。

综上所述，高等学校不仅对繁荣发展哲学社会科学具有不可替代的作用，而且也是发挥哲学社会科学认识世界、传承文明、创新理论、资政育人、服务社会作用的重要阵地。只要高等学校的全体师生员工，认清形势，扎实工作，就一定能够"全面推进素质教育，造就数以亿计的高素质劳动者、数以千万计的专门人才和一大批拔尖创新人才"，为全面建设小康社会和推进现代化建设做出更大的贡献。

（公众号推送日期：2017年4月20日）

"10个必须": 随团出访俄罗斯高校之心得

2017年上半年，我有幸随团出访了俄罗斯南乌拉尔国立大学、车里雅宾斯克国立大学、圣彼得堡国立经济大学、莫斯科国家科技大学和科学技术工程师学院，顺便访问了车里雅宾斯克俄罗斯中国中心。

出访的这5所高校具有很强的代表性：既有综合性高校，也有专科性高校；既有财经类高校，也有工科类高校；既有研究型高校，也有应用型高校；既有重点高校，也有普通高校；既有中心城市高校，也有中等城市高校。

通过考察这5所俄罗斯高校的办学实践，参考相关信息，我们可以得出10点启示，是为出访之心得。

1. 必须坚持开放办学，走国际化办学之路。这个"国际化"不仅仅是办学形式或办学模式的国际化，还有理念的国际化、师资的国际化、学生的国际化、课程的国际化，等等。

2. 必须坚持产学研结合。大学必须走出"象牙塔"，走出"书斋"，认真而又深入地研究经济社会发展趋势，满足经济社会发展要求，积极主动地与企业接轨，与社会同步，不仅要为企业、社会提供智力支持，还要加强成果转化，或受企业委托，或与企业联合创新，研制开发新技术、新产品、新服务。

3. 必须坚持国家利益至上。大学必须坚持国家利益至上，不仅要积极投身国家的经济社会建设，更重要的是要培养好青年一代，使其担负起国家昌盛、民族振兴的使命。

4. **必须坚持高等教育改革**。俄罗斯高等教育曾和我国高等教育一样，面临同样的体制问题和竞争力问题。从20世纪八九十年代开始，俄罗斯开始推进高等教育改革，确立联邦、地区和地方三级教育管理体制，确立了大学的法人地位，给予高等学校更多的自主权。经过多年的改革，俄罗斯高等教育已从过去的单一集权模式，走向多样化、多元化，并建立起市场竞争机制。

5. **必须融入世界高等教育发展大势**。高等教育不能闭门发展，在加强与外界交流的同时，一些评价标准也要与国际接轨。2013年3月15日俄罗斯政府颁布决定，为使俄罗斯高等教育有质的突破，启动"5/100卓越大学计划"，即到2020年，有不少于5所的俄罗斯大学进入世界大学排行榜前100名。这一计划与我国目前推行的"双一流"建设在思路、目标上有着相似性。

6. **必须高度重视实践教学**。实践教学是巩固理论知识的有效途径，是培养具有创新意识的高素质人才的重要环节，是检验学生掌握科学方法和提高动手能力的重要平台。毋宁说应用型大学，就是研究型大学，也不可忽视实践教学环节，如南乌拉尔大学，本科生的实践教学比例占总学时的50%，研究生则超过50%。

7. **必须坚守办学定位与办学特色**。无论哪一国家，高等学校都有多个层次，其发展目标和服务面向自然会有多样性。在此情况下，高校能够"量己之物力"，不为外界所惑、所动，始终坚守自己的办学定位和办学特色，是难能可贵的品质。如车里雅宾斯克国立大学始终坚守传统古典式办学定位，着重发展自然科学、人文科学和专业教育；圣彼得堡国立经济大学紧紧依靠"前苏联最大的财经科研和教育中心""原中央银行所在地"这两块"招牌"，始终坚守财政金融办学属性，为金融业培养高素质人才。

8. **必须不断加强课程、专业建设**。课程和专业是高等学校教学的基础，课程建设、专业建设是学校教学基本建设的重要内容。加强课程建设、专业建设是有效落实教学计划，提高教学水平和人才培养质量的重要保证。但是，无论课程建设还是专业建设，都必须是开放式的，要紧跟经济社会发展大势，适应经济社会发展对人才提出的要求，即人才培养必须与经济社会需求为导向。

9. 必须不断提高师资队伍水平。随着经济社会的不断发展，大学的师资队伍水平也必须不断提高。一所大学的师资水平可以体现在多个方面，但国际化程度、教学水平、科研能力、创新意识、社会服务能力等是不可或缺的重要标志。所以，必须鼓励教师走出校门，走出国门，开阔视野，增长见识，锻炼能力。

10. 必须加强"一带一路"国别研究。"一带一路"沿线国家共计65个，南乌拉尔国立大学、车里雅宾斯克国立大学、圣彼得堡国立经济大学等俄罗斯高校已经设立了专门研究机构，有针对性地开展对"一带一路"沿线国家尤其是对中国的研究。我国作为"一带一路"倡议的倡导国，我们的高校有责任、有义务成为国家推行"一带一路"倡议的"智囊"，积极开展"一带一路"国别研究，而且研究程度要深、要广、要透。

总之，随着世界格局的变化、"一带一路"倡议的实施以及两国间的地缘关系，中国与俄罗斯在政治、经济、军事、科技、文化、教育等领域的合作日益密切，加上俄罗斯高等教育质量高、教育成本相对低等因素，开展与俄罗斯多种形式的联合办学应成为趋势。

（公众号推送日期：2017年11月8日）

第四章

人文关怀与管理

高校中层领导与下属行为关系探析①

在一个组织（单位）内部成员之间，有两种基本的人际关系：一种是领导与下属成员之间的领导与被领导的关系；另一种是平级成员之间相互协作的关系。其中领导与下属之间的关系至关重要，因为良好的上、下级关系不仅能达到提高组织内部全体成员接受和执行目标的自觉性，激发他们实现组织目标的热情，提高行为效率之目的，而且也是组织行为科学对领导的要求。

本文通过对高校中层领导与下属行为关系类型的分析，谈谈高校中层领导如何才能处理好与下属之间关系问题。

一、高校中层领导与下属行为关系类型

在现实生活中，笔者认为，高校中层领导与下属行为关系存在以下几种类型：

（一）褒己贬人型。这种类型的领导对自己的下属十分赏识和信赖，经常夸耀自己下属的能力，凡自己下属做的事，不对的也能为之讨回几份

---

① 本文原题为《浅析领导如何处理下属之间的关系》，是1991年4月至1993年4月，由国际劳工组织亚洲人力资源开发网中国网培训部、北京经济学院劳动经济系、中国人民大学劳动人事学院联合举办的全国首届劳动人事专业高级研修班结业论文。1993年，发表于《煤炭经济情报》（山东省报刊准印证刊字第229号）1993年第6期；1994年，获山东省高校人事管理研究会优秀科研成果一等奖；1997年，获中华人民共和国人事部举办的第一届全国人事科研成果评审三等奖。2004年，以《高校中层领导与下属行为关系探析》为题，公开发表于《中国成人教育》2004年第3期。

理。这还不算，这种类型的领导在夸耀自己下属的同时往往贬低他人的下属，凡他们做的事，对的也要找出几分亏，总也不顺自己的眼。

（二）**贬己褒人型**。与第一种类型正好相反，这种类型的领导赏识的是他人的下属，动辄在自己下属面前称赞他人下属如何能干，而对自己的下属，总有不满意之感，凡事不合自己的心愿，随时随地"劝诫"或像教小学生似地叮咛自己的下属应该怎样怎样。

（三）**褒己褒人型**。这种类型的领导不仅赏识和信赖自己的下属，而对他人的下属也十分称赞，从不在任何场合贬低自己或他人的下属，总是你也好，我也好，他也好，称赞一切。

（四）**贬己贬人型**。这种类型的领导与第三种类型的领导正好相反，既看不上自己的下属，也看不上他人的下属。在他眼里，没有能使自己赏识和信赖的人。结果，事无巨细，事必躬亲。

（五）**不贬不褒型**。这种类型的领导无论对自己的下属，还是对他人的下属，从不品长论短，凡事做到心中有数。

（六）**亦贬亦褒型**。这种类型的领导无论对自己的下属，还是对他人的下属，总是该贬的贬，该褒的褒，从不偏贬或偏褒任何一方。

（七）**褒贬不定型**。这种类型的领导在对自己或他人下属的褒与贬问题上不甚成熟或分明，时而表现为上述六种类型中的某一种，时而又表现为另一种，没有形成一种固定或单一的领导行为与作风，具有很强的摇摆性或不定性。

二、对高校中层领导与下属行为关系类型的分析

对高校中层领导与下属行为关系概括出上述七种现实类型后，有必要再对它们进行一番分析，即找出每种类型的"长短"来。

第一种。这种类型的领导由于对自己的下属十分赏识和信赖，各项工作必定能放手让他们去干，这无疑是对自己下属的一种极大的精神鼓舞。

结果下属的工作越做越有劲，越做越有生机，各项工作必定能以极大的热情去完成，既锻炼了工作能力，也加快了成长速度。这种类型的领导与其下属的关系会非常融洽，本部门的工作效率也高。但是，这种类型的领导如对自己的下属长期这样"爱护"下去，很可能会使他们养成妄自尊大的心理，一朝"失宠"就会产生巨大的心理反差。而对他人的下属来说，因知这种类型的领导有贬他人的"嗜好"，便会从心底里远离他、惧怕他，他们与这种领导的关系往往会紧张；又由于同一高校中，各部门不可能是绝对独立的，一旦某项工作发生了横向联系，不可避免地会出现不应有的人为麻烦。因此，这种"内褒外贬"的领导方法在扶持了自己下属的同时，往往压制了别人，既影响了他人下属和自己下属的关系，造成了他们之间的心理不平衡，也影响了本部门与其他部门间的工作融洽性或协调性。

第二种。这种类型的领导由于对自己的下属不满意，凡事事必躬亲或口授技艺，使自己下属得不到独立工作或处理问题的机会，影响了他们工作主动性、能动性的发挥。结果，他们的工作能力得不到锻炼，成长速度受到了限制。这种使自己的下属感到压抑的领导方法，不仅会使本部门工作效率低，也会使自己与下属间的关系疏远或紧张；又由于这种类型的领导赏识的是他人的下属，动辄在自己下属面前称赞他人下属，这样就会给他人一种鼓舞和自豪感。这种类型的领导在本部门之外可能维持着一种较为融洽的关系，但长此以往也会给自己下属和他人下属之间造成一种更为严重的心理不平衡，正如第一种类型一样，也会影响本部门与他部门间的工作融洽性或协调性。

第三种。这种类型的领导由于赏识或称赞一切，因而不仅在本部门内有着一种良好的领导与下属关系，而且在本部门外也有着一种祥和的气氛。结果，使自己下属与他人下属间总保持着同一心理尺度，维护着心理平衡，本部门与他部门间的工作横向联系也较融洽或协调。但是，这种类型的领导总给人一种"好好先生"之感，他只求上下左右一团和气，也不利于下属的成长。

第四种。这种类型的领导由于看不上任何人，因而从不授权分事，不管什么统统"一把抓"。这种"管家婆"式的领导方法，往往使要办的事情堆积如山，自己终日忙忙碌碌，总觉得时间非常紧张，把自己搞得特别苦、特别累。而自己下属却处于半闲置状态，他们的工作主动性、创造性得不到发挥，能力得不到锻炼。对于他人下属来说，因知这种类型的领导也有贬他人的"嗜好"，所以，也十分惧怕他、远离他。这样，不仅自己的下属"冤声载道"，就是他人下属也"愤愤不平"，形成了"四面楚歌"的局面，本部门与他部门间的工作横向联系自然也就缺少融洽性或协调性。

第五种。这种类型的领导由于凡事装在心里，对自己和他人下属的所作所为从不显于言表，这就给他们一种茫然感，不知事情做得对与不对。下属既得不到"阳光"的恩惠，也得不到"风雨"的考验，任其自由发展。结果，这种领导与下属的关系不冷不热，平平淡淡，本部门与他部门间的融洽性或协调性一般。

第六种。这种类型的领导不管是自己下属还是他人下属，只要该褒扬的褒扬，该贬斥的贬斥，凡事不走极端。这样，无论是本部门内外的领导与下属关系，还是本部门与他部门间的工作横向联系都显得很正常、健康。但是，要做到这一点，需要掌握好一个"尺度"，否则就会偏向其他几种类型。

第七种。这种类型的领导由于对自己和他人下属的褒与贬具有很强的摇摆性或不定性，所以，他与他们的关系忽冷忽热，十分不稳定。表现在本部门与他部门间的工作协调关系上也是如此。

三、高校中层领导如何处理好与下属之间的关系

通过以上概括和分析，我们不难看出：作为一名高校中层领导单受自

己下属而不受他人下属拥戴不行；而单受他人下属而不受自己下属拥戴也不行；既不受自己下属也不受他人下属拥戴更加不行。那么，究竟如何才能创造良好的上下级关系呢？

笔者认为，在领导与下属关系这一同一体中，领导起决定性作用。这就要求领导必须懂得领导科学，掌握领导艺术，运用良好的领导方法。这其中最为主要的是设法使下属能够在本职工作中积极且主动地充分发挥作用，为事业、为工作发挥最大能量。要达到这一目的，领导必须做到以下几点：

（一）要学会并正确运用激励理论。在评价或对待下属时，要学会并正确运用激励理论。不管是正激励（表扬）还是负激励（批评），都必须实事求是，必须得体，即该表扬的才表扬，该批评的才批评，表扬或批评要恰如其分、强度适中。只有这样，被表扬的人才能使人信服，被批评的人才能感到公正，从而达到激励的最终目的。

（二）要关心、爱护每一位下属。在同一高校中，下属之间的工作、生活以及感情等都不是孤立的，而是紧密相关的，都有着一种"比较心理"。如果领导只爱护自己的下属，而不关心他人的下属，或者只关心他人的下属，而不爱护自己的下属，更或者两者都不关心、不爱护，那么，下属之间通过比较，在心理上就会造成失衡，并且很容易产生抵触情绪，导致士气低落。如果领导在工作中能给每一位下属（包括他人的下属）尽可能多的关心和爱护，维护心理平衡，下属就能对领导尊敬有余，服从指挥。

（三）要慧眼识人，用人之长。领导在评价或看待每一位下属时，要把眼光主要放在其优点而不是缺点上。人终究是人，总有其不足之处。如对其责备求全，久而久之就会使下属在心理上产生一种压抑感，使工作受到影响。只有无能的管理，没有无用之人才。作为领导，其"聪明"之处则在于会用人，用人之长，把各项工作需要与下属的才能很好地结合起来，使每个人都有发挥专长之所，其积极性、创造性自然就会很容易被调动起来。

（四）要善于授权，让下属大胆工作。 作为现代领导，应善于授权，即把领导所属的部分权力及相应的责任授予下属，向下属合理分权，把那些可以由下属去完成的工作交给下属去完成。这样做，一是可以使领导集中时间和精力统筹全局，处理重大决策问题；二是可以调动下属的积极性，增强下属的荣誉感和完成工作的责任心；三是可以给下属以信任感，从而使下属反过来更加信任领导。当然，领导善于授权与让下属大胆工作是密不可分的。善于授权必须要以让下属大胆工作作为前提，而让下属大胆工作必须要以善于授权做为保证。领导让下属完成某一项工作，只要把完成此项工作的时间和要达到的目的交待清楚即可，至于下属怎么去完成，则应靠下属自己的聪明才智。领导的作用在这时主要体现在两个方面：一是承担责任，二是当下属有了困难时为下属提供帮助，创造条件。否则，领导就是授权，下属也是缩手缩脚，不敢大胆工作。因此，领导还必须要把善于授权与让下属大胆工作有机地结合起来。

（五）决策时多与下属沟通，鼓励下属多提建议。 领导科学认为，领导成效是通过领导者与被领导者的配合来完成的，领导者的领导行为只有通过被领导者的服从才能实现，两者相容程度越高，领导成效就越好。因此，领导在决策之前应该深入下层，多与下属沟通，使自己的决策尽可能多地得到下属的理解与拥护。另外，领导要想搞好工作还应鼓励下属敢于和善于提建议。下属常常是有具体实践经验的，只要下属提出的建议对工作有利，就应尽可能地采纳。既不要断然否定，也不要流露出漫不经心的轻视神情。不能马上决定的应仔细研究，并及时予以郑重的答复。与下属沟通，鼓励下属多提建议，认真对待下属意见，是领导尊重下属的一种重要表现。得到领导的尊重是人的一般心理需要，如果一位下属的建议或意见得到了领导的重视，那么，对下属来说便是心理上的莫大满足，从而会对工作充满信心。

（六）**要善于做情与理交融的思想工作**。领导的一项决策或部署的一项工作，有时总免不了部分下属的不满或非议。这时，领导如果断然处之，只以权力去支配和命令下属服从，就会造成下属的消极听令，久而久之势必在自己与下属之间造成不应有的心理障碍，影响上下级关系。而领导如果能从下属的角度去了解不满或非议的原因，以情与理交融的思想工作去说服他们，那么，下属就会易于接受领导的意见，并且会心悦诚服地去执行。

当然，领导的工作是丰富多彩的，远不止上述几方面。但笔者认为，一位领导只要能把握好这几点，他无论是在自己下属还是在他人下属面前，都不失为受人拥戴和尊敬的领导，就能创造出良好的上下级关系。

（公众号推送日期：2016年9月5日）

高校教师，你幸福吗

——基于山东工商学院的个案调查

2017年11月19日，公众号"麦可思研究"发布了一篇文章《大学老师很焦虑，学校该怎么办》。文章指出："焦虑、抑郁、压力是存在心理健康问题的大学老师用来描述自己的高频词语"，"大学老师一向被认为身处相对纯洁的'象牙塔'中，拥有更单纯的人际关系，享有相对自由的工作时间。今时今日，这一职业何以让人精疲力竭，需要靠药物来维持？"文章说："腾讯～麦可思大学教师职业倦怠研究显示，51%在本科院校任职的教师表示，他们每个学期都会在实际工作中感到精疲力竭。究竟是什么原因导致高校教师产生职业倦怠？研究显示，在本科院校任职的教师在工作中感到精疲力竭的最主要原因是'科研或论文发表要求'（61%），比位列第二的'工作付出与实际收入不成正比'（52%）高出9个百分点。数据还显示，84%受访本科教师表示有过因厌倦教学工作而不能投入工作的经历，其中26%表示经常或一直因厌倦情绪不能投入工作。"

如此一来，高等学校教师幸福吗？

关于此问题，笔者曾有关注，并于2010年2月至9月，以"山东工商学院高等学校教师幸福度调查组"的名义，就"高校教师幸福度"做过专门的抽样调查，形成了《高等学校教师幸福度调查分析报告——以山东工商学院为例》（此处是分析报告的简化版）。此报告，2010年，荣获全省教育工会系统优秀调研成果一等奖；2011年，荣获中国教科文卫体工会全国委员会第十一届优秀调研成果评选调研报告类二等奖。

引言

幸福是人类的普遍追求，追求幸福就是追求希望、追求未来、追求至善。

教师是学校教育的主要实施者，只有幸福快乐的教师，才能培养出幸福快乐的学生。如果教师在工作和生活中没有幸福的体验，就会对自己的工作失去兴趣和信心，产生职业倦怠，从而影响教育的发展。

幸福度的动人之处在于它属于所有教师，即使在现有的学校环境和社会环境无法做出改变的情况下，通过增强教师的幸福度也可以提高教师对自身、工作和生活的满意度。

2010年2～9月，我们在山东工商学院的教师和管理人员中，开展了高校教师幸福度抽样问卷调查。本次高校教师幸福度调查，旨在了解教师在工作、生活、总体三方面的幸福度状态，探究影响高校教师幸福度的主要因素，为更好地开展教师管理教育，稳定师资队伍，提高教学质量，提供参考依据。

通过本次调查，我们试图回答这样几个核心问题：教师的幸福度总体上处于怎样的水平？是教师的幸福度高还是管理人员的幸福度高？是青年教师的幸福度高还是中老年教师的幸福度高？是教师的工作幸福度高还是教师的生活幸福度高？

本次调查获取的样本，是通过分层抽样方法，从山东工商学院1068名教师和管理人员中抽取的，其中教师385人，管理人员121人。

调查中，共发放问卷506份，回收有效问卷411份，有效率为81.2%。

在教师中，共发放问卷385份，回收有效问卷314份，有效率81.55%。其中，被抽查中男教师156人，占48.41%，女教师162人，占51.59%；年龄在35岁以下的163人，占51.91%，35～45岁的99人，占31.53%，45～55岁的50人，占15.92%，55岁以上的2人，占0.64%；未婚者31人，占9.87%，已婚者280人，占89.17%，其他3人，占0.96%；教授32人，占10.19%，副教授74人，占23.57%，讲师及助教208人，占66.24%。

在管理人员中，共发放问卷121份，收回有效问卷97份，有效率为80.2%。其中，被抽查中男性管理人员51人，占53%，女性管理人员46人，占47%；年龄在35岁以下的29人，占29.9%，35～45岁的35人，占36.1%，45～55岁的25人，占25.8%，55岁以上的8人，占8.2%；未婚者10人，占10.3%，已婚者86人，占88.7%，其他1人，占1%；高级职称25人，占25.8%，中级职称43人，占44.3%，初级职称17人，占17.5%。

本次调查，是通过教师与管理人员的比对，来回答教师幸福度究竟处于一个怎样的水平。所以，对教师幸福度的分析，我们尽量做到详尽，对管理人员幸福度的分析，只要能说明问题，我们尽量做到简化。为了使要回答的问题更加清晰、深入并具有说服力，我们按工作、生活、总体三个方面，从性别、年龄、婚姻状况、学历、职称、来源、来校时间、授课时数、年收入等多种角度，对教师和管理人员的幸福度进行考量。在幸福度的划分上，以5分为满分，4～5分为幸福，3～4分为一般，3分以下为不幸福。

一、高校教师幸福度调查统计结果与分析

（一）高校教师总体、工作、生活幸福度水平

教师工作、生活和总体幸福度平均分均在4分以下，处一般水平，且工作幸福度平均分高于生活幸福度平均分（见表1）。

表1 教师工作、生活和总体幸福度平均分

工作	生活	总体
3.78	3.56	3.67

（二）教师工作幸福度分析

1. 教师工作幸福度水平

教师工作幸福度平均得分：3.78分，处一般水平。

2. 影响教师工作幸福度各个因素基本描述

表2显示，在影响教师工作幸福度的各因素中，"对学生的满意程度"最高，达4.3896分，说明教师对学生充满热爱；在"工作环境"方面满意度也比较高，达3.9535分；其余依次为"对学校领导的满意程度""对学校了解程度""学校管理制度""工作团体"。"工作团体"的平均分只有3.2924分，与其他五个因素相比，差距较大，这说明教师对所在教学团体的满意度不是很高。由此，在教师工作团体建设方面还需加大工作力度。

表2 影响教师工作幸福度各个因素平均分

对学校了解程度	工作团体	对学校领导的满意程度	工作环境	学校管理制度	对学生的满意程度
3.7032	3.2924	3.7317	3.9535	3.5616	4.3896

3. 对影响教师工作幸福度因素的进一步分析

由上述对教师工作幸福度各个因素分析发现："工作团队"是制约和影响教师工作幸福度的主要因素，就此做进一步分析。

表3 工作团体各个问题平均分

题号	A17	A19	A23	A24	A26	A27
平均分	3.75827	4.124242	4.049118	2.225402	1.99667	3.28434

由表3可以看出：问题A24、A26、A27得分低于其他问题，对教师工作幸福度制约较大。这三个问题是：A24"我觉得教师的社会地位正在不断提高"、A26"我在教学工作方面感到有压力"、A27"我在科研方面有压力"。这说明，教师认为当前教师的地位没有达到应有的高度而觉得不够幸福；较大的教学、科研工作压力也降低了教师的工作幸福度。

（三）教师生活幸福度分析

1. 教师生活幸福度水平

教师生活幸福度平均得分：3.56分，处一般水平，但低于工作幸福度平均分。

2. 影响教师生活幸福度各个因素基本描述

由表4可以看到，在影响教师生活幸福度的各个因素中，教师对"人际关系""家庭和谐""生活状况"三个因素相对来说比较满意，而在"健康状况""安全状况"以及"社会参与"方面存在欠缺。

表4　影响教师生活幸福度各个因素平均分

健康状况	人际关系	安全状况	社会参与	家庭和谐	生活状况
3.37	3.81	3.41	3.54	3.85	3.85

3. 对影响教师生活幸福度因素的进一步分析

由上述对教师生活幸福度的各个因素分析发现：在"健康状况""安全状况"以及"社会参与"三个因素方面存在欠缺，这三个因素对教师生活幸福度影响较大。下面我们针对这三个因素作进一步分析。

（1）自身及家庭成员健康状况对教师幸福度的影响

表5　自身及家庭成员健康状况各个问题平均分

题号	B38	B62
平均分	3.67215	3.05514

表5显示，B62得分较低，即"家人的健康状况"影响了教师的生活幸福度。由此可以得出，教师家庭成员的健康状况对教师的生活幸福度是一个重要的影响因素。

（2）安全状况对教师幸福度的影响

表6 安全状况各个问题平均分

题号	B47	B48	B50
平均分	3.035795	3.561777	3.394004

由表6可以看出，教师在B47上得分最低，仅为3.04分，即教师认为"社会治安"不尽如人意。

（3）社会参与对教师幸福度的影响

表7 社会参与各个问题平均分

题号	B55	B56	B57	B58
平均分	3.933121	2.898089	3.582803	3.748408

由表7可以看出，B56"我总是没有时间进行休闲活动"得分明显低于其他问题，这说明教师没有充足的时间参与到休闲活动当中，从而导致教师在社会参与方面的幸福度较低。B55"我会积极参加团体组织的活动"得分最高，说明教师参加团体活动的主观愿望是积极的。所以，学校应多创造这样的机会，给教师一定的空闲时间或不定时举行丰富多彩的团体活动，来充实他们的业余生活。

（四）教师幸福度分类对比分析

1. 按性别分类，对比男女教师之间幸福度差异

表8 男女性教师的工作、生活、总体幸福度平均分

性别=男			性别=女		
工作	生活	总体	工作	生活	总体
3.8207	3.7019	3.7615	3.7338	3.4338	3.5836

由表8可以看出，男性教师的工作、生活和总体幸福度得分均高于女性教师，因而男性教师比女性教师拥有更多的幸福感；通过平均分还可以看

到，无论男性教师还是女性教师，工作幸福度均高于生活幸福度（见表8）。

2. 按年龄分类，对比各年龄段教师之间幸福度差异

各年龄段教师工作、生活和总体三方面幸福度得分（表9）显示，各年龄段教师幸福度由高到低依次为：35岁以下、35～45岁、45～55岁、55岁以上，也就是说，年龄越小，教师的幸福度相对越高。这说明，中老年教师的幸福，也是一个不容忽视的问题。对各年龄段的教师来说，工作幸福度均高于生活幸福度（见表9）。

表9　各年龄段教师工作、生活、总体幸福度平均分

35岁以下			35～45岁		
工作	生活	总体	工作	生活	总体
3.806	3.634	3.720	3.765	3.501	3.633
45～55岁			55岁以上		
工作	生活	总体	工作	生活	总体
3.707	3.468	3.588	3.430	3.150	3.290

由上述针对不同年龄段教师工作、生活和总体幸福度的差异分析发现：45～55岁和55岁以上教师幸福度得分，比35岁以下教师相对较低。为此，我们进一步探讨造成这个结果的具体原因（由于55岁以上的教师2名，仅占0.64%，为方便起见，我们将其与45～55岁教师合并分析）。

表10　45岁以上教师生活幸福度各个因素平均分

健康状况	人际关系	安全状况	社会参与	家庭和谐	生活状况
3.57	3.84	3.33	3.61	3.96	3.77

由表10可以看出，"健康状况""安全状况"及"社会参与"三个因素得分相对较低，是影响中老年教师幸福度的三个主要因素。

3. 按婚姻状况分类，对比未婚、已婚及其他婚姻状况教师之间幸福度差异

表11显示，未婚教师工作、生活、总体幸福度平均分，均比已婚及其他情况的教师要高，而且未婚教师工作、生活幸福度差别不大；对已婚教师而言，工作平均分要高于生活平均分；"其他"婚姻状况的教师幸福度最低，尤其在生活方面，平均分只有2.873分，明显低于工作平均分，更低于未婚、已婚教师生活平均分。由此说明，婚姻状况是影响教师幸福度高低的一个重要因素。不管婚姻状况如何，教师的工作幸福度均高于生活幸福度。

表11　不同婚姻状况教师工作、生活和总体幸福度平均分

未婚			已婚			其他		
工作	生活	总体	工作	生活	总体	工作	生活	总体
4.065	4.033	4.049	3.746	3.519	3.633	3.550	2.873	3.210

由上述针对不同婚姻状况教师工作、生活、总体幸福度的差异分析发现："其他"婚姻状况教师的幸福度最低，尤其在生活方面，平均分只有2.873分，明显低于工作平均分，更低于未婚、已婚教师生活平均分。虽然婚姻状况为"其他"的教师只占0.96%，但其影响不容忽视。因此，有必要对造成这个结果的具体原因做进一步分析。

由表12可以看出，"健康状况""社会参与"两个因素得分较低，影响了此类教师的生活幸福度。

表12　婚姻状况为"其他"的教师生活幸福度各个因素平均分

健康状况	人际关系	安全状况	社会参与	家庭和谐	生活状况
2.25	3.60	3.33	3.13	3.7	3.35

4. 按学历分类，对比博士、硕士、学士及其他学历教师之间幸福度差异

表13显示，在总体幸福度上，博士学位教师最高，硕士学位教师次之，学士学位教师再次之，其他学历教师幸福度最低；在工作幸福度上，博士学位教师最高，硕士学位教师以及学士学位教师次之，其他学历教师最低；在生活幸福度上，博士学位教师、硕士学位教师相差不大且高于学士学位教师及其他学历教师，学士学位教师略高于其他学历教师。不管学历如何，教师的工作幸福度均高于生活幸福度。

表13　不同学历教师工作、生活、总体幸福度平均分

博士			硕士		
工作	生活	总体	工作	生活	总体
3.8468	3.6062	3.7270	3.7725	3.5992	3.6860
学士			其他		
工作	生活	总体	工作	生活	总体
3.7397	3.3729	3.5553	3.5400	3.1757	3.3560

5. 按职称分类，对比教授、副教授、讲师及其他教师之间幸福度差异

表14　不同职称教师工作、生活、总体幸福度平均分

教授			副教授		
工作	生活	总体	工作	生活	总体
3.7119	3.5069	3.6097	3.8038	3.5642	3.6843
讲师			其他		
工作	生活	总体	工作	生活	总体
3.7946	3.5862	3.6904	3.7178	3.5286	3.6227

由教授、副教授、讲师和其他职称教师工作、生活、总体幸福度得分（表14）显示，在工作、生活、总体幸福度上，具有教授职称的教师都略低于副教授、讲师和其他职称教师，但差距不是十分明显。除教授外，副教授、讲师、其他职称的教师，无论哪一方面的幸福度，都呈依次递减的趋势，且相差不大。无论教授、副教授、讲师或其他职称教师，工作幸福度均高于生活幸福度。

　　由上述对不同职称教师工作、生活、总体幸福度的差异分析发现：教授在总体幸福度上低于其他职称教师。按理来说，教授的工资水平、福利待遇等均高于其他职称教师，其幸福度也应该高。但后续分析的结果——教授、副教授的工作幸福度多集中在较高水平，由此推测，教授的生活幸福度可能较低，需要我们进一步分析其具体原因。

　　由表15可以看出，职称为"教授"的教师在"健康状况""安全状况""生活状况"三个因素上得分相对较低，从而导致职称为"教授"的教师生活幸福度较低。

表15　职称为"教授"的教师生活幸福度各个因素平均分

健康状况	人际关系	安全状况	社会参与	家庭和谐	生活状况
3.3662	3.8064	3.4140	3.5406	3.5553	3.4572

6. 按来源分类，对比来自城镇和农村教师之间幸福度差异

　　由表16看出，来自城镇和农村的教师，工作、生活、总体幸福度不存在明显差异，但两者工作幸福度均高于生活幸福度。

表16　不同来源教师工作、生活、总体幸福度平均分

城镇			农村		
工作	生活	总体	工作	生活	总体
3.7684	3.5463	3.6572	3.7850	3.5848	3.6852

7. 按授课时数分类，对比不同授课时数教师之间幸福度差异

表17显示，教师的工作幸福度，随着授课时数的增加逐渐降低，说明授课时数对教师的工作压力较大。在生活幸福度方面，每周授课6～8课时的教师幸福度最高，但授课时数最少的教师生活幸福度也最低。综合生活和工作两方面，从总体上看，授课4～6课时的教师幸福度最高，但与授课2～4课时和6～8课时的教师差距不大；授课8课时以上的教师幸福度最低。无论授课时数多少，教师工作幸福度均高于生活幸福度。

表17　不同授课时数教师工作、生活、总体幸福度平均分

2～4课时			4～6课时		
工作	生活	总体	工作	生活	总体
3.8318	3.5300	3.6814	3.8236	3.5477	3.6854
6～8课时			8课时以上		
工作	生活	总体	工作	生活	总体
3.7493	3.6130	3.6816	3.7352	3.5424	3.6391

8. 按工作侧重分类，对比侧重教学、科研、学生管理教师之间幸福度差异

表18　不同工作侧重教师工作、生活、总体幸福度平均分

教学			科研			学生管理		
工作	生活	总体	工作	生活	总体	工作	生活	总体
3.753	3.568	3.661	3.943	3.572	3.757	3.784	3.525	3.654

表18显示，在总体幸福度上，侧重科研工作的教师高于侧重教学工作教师和侧重学生管理工作的教师；侧重教学工作的教师工作幸福度最低，但与侧重学生管理工作的教师差异不大；侧重学生管理工作的教师生活幸福度位列最后，但与侧重科研工作的教师和侧重教学工作的教师差异不

大。从总体来看，侧重学生管理工作的教师幸福度最低。无论工作侧重如何，教师的工作幸福度均高于生活幸福度。

9. 按来校教龄分类，对比不同教龄教师之间幸福度差异

表19 不同教龄教师工作、生活、总体幸福度平均分

5年以下			5～10年		
工作	生活	总体	工作	生活	总体
3.829	3.617	3.723	3.774	3.557	3.666
10～15年			15年以上		
工作	生活	总体	工作	生活	总体
3.615	3.504	3.559	3.770	3.475	3.623

由表19看出，来校教龄在5年以下的教师，工作、生活、总体幸福度均高于其他教龄段的教师。在剩余三个教龄段中，教龄在10～15年的教师，工作幸福度最低；教龄在15年以上的教师，生活幸福度最低。从总体来看，教龄在10～15年的教师总体幸福度最低。无论教龄长短，工作幸福度均高于生活幸福度。

由上述对不同教龄教师在工作、生活、总体幸福度的差异分析发现：教龄在10～15年的教师工作方面的幸福度最低，教龄在15年以上的教师生活方面的幸福度最低。造成这种现象的具体原因分析：

（1）教龄在10～15年的教师工作幸福度各个因素分析

表20 教龄在10～15年的教师工作幸福度各个因素平均分

对学校了解程度	工作团体	对学校领导的满意程度	工作环境	学校管理制度	教师对学生的满意程度
3.78	3.22	3.77	4.07	3.67	4.44

由表20可以看出，"工作团体"是影响教龄在10～15年教师工作幸福

度的主要因素。

（2）教龄在15年以上的教师生活幸福度各个因素平均分

表21　教龄在15年以上的教师生活幸福度各个因素平均分

健康状况	人际关系	安全状况	社会参与	家庭和谐	生活状况
3.44	3.89	3.47	3.74	3.99	3.69

由表21可以看出，教龄在15年以上的教师在"健康状况""安全状况"两个因素上得分相对较低，从而导致他们在生活方面幸福度不高。

二、高校管理人员幸福度调查统计结果与分析

（一）管理人员总体、工作、生活幸福度水平

管理人员工作、生活和总体幸福度平均分均在4分以下，处一般水平，且工作幸福度平均分高于生活幸福度平均分（见表22）。

表22　管理人员工作、生活和总体幸福度平均分

工作	生活	总体
3.95	3.67	3.81

（二）管理人员幸福度分类对比分析

1. 按性别分类，对比男、女管理人员之间的幸福度差异

表23　不同性别管理人员的幸福度平均分

性别=男			性别=女		
工作	生活	总体	工作	生活	总体
4.0591	3.7013	3.8802	3.8223	3.6429	3.7326

由表23看到，男性管理人员在生活、工作以及总体幸福度上的平均得分均高于女性管理人员。男、女性管理人员工作幸福度平均分均高于

生活幸福度平均分。值得注意的是，男性管理人员的工作幸福度平均分达4.059分，这说明对管理人员来说，男性在工作上得到的满足感较高，而女性管理人员在工作上得到的满足感较低。

2. 按年龄分类，对比各年龄段管理人员之间的幸福度差异

表24　各年龄段管理人员的幸福度平均分

35岁以下			35~45岁		
工作	生活	总体	工作	生活	总体
4.037	3.644	3.840	3.827	3.669	3.748
45~55岁			55岁以上		
工作	生活	总体	工作	生活	总体
3.989	3.751	3.870	3.923	3.544	3.733

由表24看到，各年龄段管理人员总体幸福度，35岁以下者、45~55岁者平均分相差不大且大于35~45岁、55岁以上者。尤其35岁以下者，工作幸福度平均分为4.037分，达幸福水平。各年龄段管理人员的工作幸福度均高于生活幸福度。

3. 按婚姻状况分类，对比未婚、已婚管理人员之间的幸福度差异

表25　未婚、已婚管理人员的幸福度平均分

未婚			已婚		
工作	生活	总体	工作	生活	总体
3.8200	3.4839	3.6519	3.9652	3.6972	3.8312

由表25看到，在工作、生活和总体幸福度上，已婚者都要高于未婚者；无论是已婚者还是未婚者，生活幸福度均低于工作幸福度。

4. 按学历分类，对比博士、硕士、学士及其他学历管理人员之间的幸

福度差异

表26　不同学历管理人员的幸福度平均分

硕士及以上			学士			其他		
工作	生活	总体	工作	生活	总体	工作	生活	总体
4.0843	3.7633	3.9238	3.8472	3.6327	3.7399	3.8763	3.5469	3.7116

由表26看到，学历为硕士及以上、学士、其他学历的管理人员总体幸福度依次递减；无论什么学历，工作幸福度均高于生活幸福度。

5. 按职称分类，对比高级、中级、初级及其他职称管理人员之间的幸福度差异

表27　不同职称管理人员的幸福度平均分

高级职称			中级职称		
工作	生活	总体	工作	生活	总体
4.071	3.814	3.943	3 837	3.663	3.750
初级职称			其他		
工作	生活	总体	工作	生活	总体
4.050	3.698	3.874	3.933	3.427	3.680

由表27看到，在总体幸福度上，"其他""中级职称""初级职称""高级职称"依次递增。在工作幸福度上，"中级职称""其他""初级职称""高级职称"依次递增，显然中级职称的管理人员，低于高级、低级和其他职称的管理人员，说明中级职称管理人员的压力相对较大。在生活幸福度上，"其他""中级职称""初级职称""高级职称"依次递增。各职称管理人员工作幸福度均高于生活幸福度。

6. 按年收入水平分类，对比不同年收入水平管理人员幸福度差异

表28　不同年收入水平管理人员的幸福度平均分

3万以下			3～5万		
工作	生活	总体	工作	生活	总体
3.745	3.483	3.614	3.964	3.701	3.833
5～7万			7万以上		
工作	生活	总体	工作	生活	总体
4.007	3.724	3.846	4.293	3.946	4.120

由表28看到，随着年收入的增加，管理人员在工作、生活和总体幸福度上的平均分依次递增，这说明管理人员的幸福感较大程度上与收入有关。无论收入多少，工作幸福度均高于生活幸福度。

7. 按来源分类，对比来自城镇和农村的管理人员之间幸福度差异

表29　来自城镇和农村的管理人员的幸福度平均分

城镇			农村		
工作	生活	总体	工作	生活	总体
3.8969	3.6461	3.7715	4.0122	3.7095	3.8609

由表29可知，来源城镇的管理人员不管在工作还是生活方面的幸福度均低于来源农村的管理人员。不管来源怎样，工作幸福度均高于生活幸福度。

8. 按来校工作时间分类，对比不同工作时间管理人员之间幸福度差异

表30　不同工作时间管理人员的幸福度平均分

5年以下			5～10年		
工作	生活	总体	工作	生活	总体
4.163	3.736	3.949	3.881	3.643	3.762
10～15年			15年以上		

工作	生活	总体	工作	生活	总体
3.929	3.605	3.767	3.911	3.691	3.801

由表30看出，工作5年以下的管理人员不管在工作还是生活方面的幸福度均高于其他工作时间段的管理人员。在剩余三个工作时间段中，工作5～10年的管理人员工作幸福度最低，工作时间10～15年的管理人员生活方面幸福度最低。从总体幸福度来看，工作5～10年的管理人员总体幸福度最低。不管工作时间多长，工作幸福度均高于生活幸福度。

三、高校教师与管理人员幸福度调查统计结果对比分析

（一）教师和管理人员工作、生活和总体各个因素幸福度人数比例

表31　教师和管理人员工作、生活和总体各个因素幸福度人数比例

		因素	不幸福%	一般%	幸福%
教师	工作方面	对学校的了解程度	7.324841	69.42675	23.24841
		工作团体	17.19745	76.43312	6.369427
		对学校领导的满意程度	9.872611	59.55414	30.57325
		工作环境	2.866242	45.5414	51.59236
		学校管理制度	14.96815	46.17834	38.8535
		对学生的满意程度	0.636943	16.56051	82.80255
	生活方面	健康状况	15.28662	56.05096	28.66242
		人际关系	5.414013	51.59236	42.99363
		安全状况	20.70064	48.72611	30.57325
		社会参与	10.82803	62.73885	26.43312
		家庭和谐	4.458599	52.2293	43.3121
		生活状况	15.92357	66.24204	17.83439

管理人员	工作方面	对学校的了解程度	1.030928	36.08247	62.8866
		工作团体	1.030928	32.98969	65.97938
		对学校领导的满意程度	8.247423	48.45361	43.29897
		工作环境	4.123711	32.98969	62.8866
		学校管理制度	10.30928	43.29897	46.39175
	生活方面	健康状况	2.061856	45.36082	52.57732
		人际关系	42.26804	2.061856	55.6701
		安全状况	21.64948	53.60825	24.74227
		社会参与	4.123711	75.25773	20.61856
		家庭和谐	2.061856	36.08247	61.85567
		生活状况	13.40206	70.10309	16.49485

表31表明：

1. 在工作方面，教师在"工作环境""对学生的满意程度"等因素上感到幸福的比例较高；管理人员在"对学校了解程度""工作团队""工作环境"等因素上感到幸福的比例较高。

2. 在生活方面，教师在"人际关系""家庭和谐"等因素上感到幸福的比例相对较高；管理人员在"健康状况""人际关系""家庭和谐"等因素上感到幸福的比例较高。

3. 无论教师还是管理人员，在"社会参与""生活状况""安全状况"等因素上，感到幸福的比例较低。

4. 教师在"对学校了解程度""工作团队""学校管理制度""健康状况"等因素上，感到幸福的比例较低。

（二）教师和管理人员工作、生活和总体幸福度的对比分析

1. 教师和管理人员在工作、生活和总体幸福度的对比分析

表32　教师和管理人员工作、生活和总体幸福度平均分

	工作	生活	总体
教　师	3.78	3.56	3.67
管理人员	3.95	3.67	3.81

由表32可以看出，教师在各个方面的得分均低于管理人员，由此说明：教师的幸福度低于管理人员的幸福度。

2. 教师和管理人员工作幸福度各个因素的对比分析

表33　教师和管理人员工作方面各个因素平均分

	对学校的了解程度	工作团体	对学校领导的满意程度	工作环境	学校管理制度
教　师	3.7032	3.2924	3.7317	3.9535	3.5616
管理人员	4.0021	3.7146	4.0858	4.0412	3.337

由表33可以看出：教师在工作方面各个因素得分均低于管理人员，说明应该关注教师工作方面的幸福度。

3. 教师和管理人员生活幸福度各个因素的对比分析

表34　教师和管理人员生活方面各个因素平均分

	健康状况	人际关系	安全状况	社会参与	家庭和谐	生活状况
教　师	3.37	3.81	3.41	3.54	3.85	3.85
管理人员	3.78	3.47	3.97	3.33	3.51	4.05

由表34可以得出：教师在健康状况、安全状况、生活状况三方面得分低于管理人员，而在人际关系、社会参与、家庭和谐三方面的幸福度高于管理人员。

（三）教师和管理人员总体幸福度不同得分人数及比例的对比分析

表35　教师和管理人员总体幸福度不同得分人数及比例

	3分以下		3～4分		4～5分		合计	
教　师	12人	4%	246人	78%	56人	18%	314人	100%
管理人员	3人	3.1%	64人	66%	30人	30.9%	97人	100%

表35表明：总体上，教师幸福度处于3分以下（即不幸福）的比例略高于管理人员，教师幸福度处于3～4分（即一般）的比例高于管理人员，而处于4～5分（即幸福）的比例低于管理人员，说明管理人员总体比教师幸福。

（四）教师和管理人员工作幸福度不同得分人数及比例对比分析

表36　教师和管理人员工作幸福度的不同得分人数及比例

	3分以下		3～4分		4～5分		合计	
教　师	14人	4%	233人	75%	67人	21%	314人	100%
管理人员	2人	2.1%	53人	52.5%	42人	45.4%	97人	100%

表36表明：工作上，教师幸福度处于3分以下（·即不幸福）的比例高于管理人员，处于3～4分（即一般）的比例高于管理人员，而处于4～5分（即幸福）的比例低于管理人员，说明管理人员在工作上比教师感到幸福。

（五）教师和管理人员生活幸福度不同得分人数及比例的对比分析

表37　教师和管理人员生活幸福度的不同得分人数及比例

	3分以下		3～4分		4～5分		合计	
教　师	31人	10%	241人	77%	42人	13%	314人	100%
管理人员	6人	6.2%	75人	77.3%	16人	16.5%	97人	100%

表37表明：生活上，教师幸福度处于3分以下（即不幸福）的比例高于管理人员，处于3~4分（即一般）的比例与管理人员基本持平，而处于4~5分（即幸福）的比例低于管理人员，说明管理人员在生活上比教师感到幸福。

（六）按性别分类，教师和管理人员幸福度的对比分析

表38 不同性别教师和管理人员的幸福度平均分

	性别＝男			性别＝女		
	工作	生活	总体	工作	生活	总体
教 师	3.8207	3.7019	3.7615	3.7338	3.4338	3.5836
管理人员	4.0591	3.7013	3.8802	3.8223	3.6429	3.7326

表38表明：对于男性而言，除了生活平均分差异不大外，男性管理人员的工作平均分和总体平均分均高于男性教师；对于女性而言，女性管理人员的工作、生活和总体平均分均高于女性教师。这说明男女性管理人员无论在工作、生活和总体上，都较男女性教师幸福。无论教师还是管理人员，在工作、生活和总体上，男性比女性幸福度要高。

（七）按年龄分类，教师和管理人员幸福度的对比分析

表39 不同年龄教师和管理人员的幸福度平均分

	35岁以下			35~45岁		
	工作	生活	总体	工作	生活	总体
教 师	3.806	3.634	3.720	3.765	3.501	3.633
管理人员	4.037	3.644	3.840	3.827	3.669	3.748
	45~55岁			55岁以上		
	工作	生活	总体	工作	生活	总体
教 师	3.707	3.468	3.588	3.430	3.150	3.290
管理人员	3.989	3.751	3.870	3.923	3.544	3.733

表39表明：无论哪个年龄段，管理人员工作、生活、总体三方面平均分都高于教师，说明管理人员比教师幸福。无论教师还是管理人员，35岁以下者比35岁以上者幸福。

（八）按婚姻状况分类，教师和管理人员幸福度对比分析

表40　不同婚姻状况教师和管理人员幸福度平均分

	未婚			已婚		
	工作	生活	总体	工作	生活	总体
教　师	4.065	4.033	4.049	3.746	3.519	3.633
管理人员	3.820	3.484	3.652	3.965	3.697	3.831

表40表明：未婚教师工作、生活、总体三方面平均分，均高于未婚的管理人员，说明未婚教师比未婚管理人员幸福；与此相反，已婚教师，工作、生活、总体三方面平均分，均低于已婚的管理人员，说明已婚管理人员比已婚教师幸福。

（九）按学历分类，教师和管理人员幸福度对比分析

表41　不同学历教师和管理人员的幸福度平均分

	博士			硕士		
	工作	生活	总体	工作	生活	总体
教　师	3.847	3.606	3.727	3.773	3.599	3.686
管理人员				4.084	3.763	3.924
	学士			其他		
	工作	生活	总体	工作	生活	总体
教　师	3.740	3.373	3.555	3.540	3.176	3.356
管理人员	3.847	3.633	3.740	3.876	3.547	3.712

表41表明：无论什么学历，管理人员工作、生活、总体三方面平均分均高于教师，说明管理人员比教师幸福。无论教师还是管理人员，随着学历的增高，幸福度亦增高。

（十）按职称分类，教师和管理人员幸福度对比分析

表42　不同职称教师和管理人员的幸福度平均分

		教师	管理人员			教师	管理人员
教授	工作	3.7119		讲师	工作	3.7946	3.837
	生活	3.5069			生活	3.5862	3.663
	总体	3.6097			总体	3.6904	3.750
副教授	工作	3.8038	4.071	其他	工作	3.7178	4.050
	生活	3.5642	3.814		生活	3.5286	3.698
	总体	3.6843	3.943		总体	3.6227	3.874

表42表明：无论什么职称，管理人员工作、生活、总体三方面平均分均高于教师，说明管理人员比教师幸福。

（十一）按来源分类，教师和管理人员幸福度对比分析

表43　不同来源的教师和管理人员的幸福度平均分

	城镇			农村		
	工作	生活	总体	工作	生活	总体
教　师	3.768	3.546	3.657	3.785	3.585	3.685
管理人员	3.897	3.646	3.772	4.012	3.710	3.861

表43表明：无论来源城镇还是农村，管理人员工作、生活、总体三方面平均分均高于教师，说明管理人员比教师幸福。

（十二）按来校工作时间分类，教师和管理人员幸福度对比分析

表44　不同来校工作时间的教师和管理人员的幸福度平均分

	5年以下			5～10年		
	工作	生活	总体	工作	生活	总体
教　师	3.829	3.617	3.723	3.774	3.557	3.666
管理人员	4.163	3.736	3.949	3.881	3.643	3.762
	10～15年			15年以上		
	工作	生活	总体	工作	生活	总体
教　师	3.615	3.504	3.559	3.770	3.475	3.623
管理人员	3.929	3.605	3.767	3.911	3.691	3.801

表44表明：无论来校工作时间长短，管理人员工作、生活、总体三方面平均分均高于教师，说明管理人员比教师幸福。

四、高校教师幸福度调查统计结果分析总结论

在对教师幸福度、管理人员幸福度以及两者的对比分析后，我们对所得出的结论做以下归纳：

（一）教师幸福度分析结论

1. 18%的教师幸福度较高，超过4分；78%的绝大部分教师幸福度一般，得分在3~4分之间；也有4%的教师幸福度很低，得分低于3分，甚至可以说不幸福。

2. 教师总体幸福度平均得分为3.67分，处于一般水平。无论从哪个角度看，教师工作幸福度均高于生活幸福度，教师工作幸福度为3.78分，生活幸福度为3.56分，说明教师在工作上得到的幸福感超过生活上得到的幸福感。

3. 男性教师的工作、生活和总体幸福度均高于女性教师，因而男性教师比女性教师拥有较强的幸福感。

4. 各年龄段教师幸福度由高到低依次为35岁以下、35～45岁、45～55岁、55岁以上。也就是说，年龄越小，教师的幸福度相对越高；年龄越大，教师的幸福度相对越低。

5. 未婚教师在总体、工作以及生活幸福度上的平均分，均比"已婚""其他"婚姻状况的教师要高，而且"其他"婚姻情况的教师幸福度最低。

6. 在总体幸福度上，博士学位教师的幸福度最高，硕士学位教师次之，学士学位教师再次之，其他学历教师幸福度最低；在工作幸福度上，博士学位教师最高，硕士学位教师以及学士学位教师次之，其他学历教师最低；在生活幸福度上，博士学位教师、硕士学位教师相差不大且高于学士学位教师及其他学历教师，学士学位教师略高于其他学历教师。

7. 与常理相悖的现象是：在工作、生活、总体幸福度上，具有教授职称的教师都略低于副教授、讲师和其他职称教师，但差距不很明显。除教授外，副教授、讲师、其他职称的教师，无论哪一方面的幸福度，都呈依次递减的趋势，且相差不大。

8. 无论来自城镇还是来自农村的教师，在生活、工作和总体幸福度上没有明显的差异。

9. 从工作幸福度来看，随着授课时数的增加，教师的工作幸福度逐渐降低，说明授课时数越多，教师的工作压力越大。从生活幸福度来看，每周授课6～8课时的教师，生活幸福度最高，但授课时数最少的教师生活幸福度也最低。综合工作和生活两方面，授课4～6课时的教师，总体幸福度最高，但与授课2～4课时和6～8课时的教师差距不很明显；授课8课时以上的教师，总体幸福度最低。

10. 无论哪一方面，侧重科研工作的教师，高于侧重教学工作和侧重学生管理工作的教师，侧重学生管理工作的教师幸福度最低。在工作幸福度上，侧重教学工作的教师幸福度最低。在生活幸福度上，侧重学生管理工作的教师生活幸福度位列最后。

11. 来校教龄5年以下的教师,不管在哪方面,其幸福度均高于其他三个年龄段的教师。在工作幸福度上,教龄10~15年的教师最低,5~10年和15年以上的教师略高且两者没有明显差别;在生活幸福度上,教龄15年以上的教师最低,5~10年和10~15年的略高且两者没有明显差别。在总体幸福度上,教龄10~15年的教师总体幸福度最低,5~10年和15年以上的教师略高且两者没有明显差别。

(二)管理人员幸福度分析结论

1. 30.9%的管理人员幸福度较高,超过4分;66%的大部分管理人员幸福度一般,得分为3~4分;有3.1%的管理人员幸福度很低,得分低于3分,甚至可以说不幸福。

2. 管理人员总体幸福度平均得分为3.81分,处于一般水平。无论从哪个角度看,管理人员工作幸福度均高于生活幸福度,管理人员工作幸福度为3.95分,生活幸福度为3.67分,说明管理人员在工作上得到的幸福感超过生活上得到的幸福感。

3. 男性管理人员在工作、生活和总体幸福度上的平均得分均高于女性管理人员,因而男性管理人员比女性管理人员拥有较强的幸福感。

4. 管理人员在总体幸福度平均分上,35岁以下者和45~55岁者较高,且两者相差不大;35~45岁者和55岁以上者相对较低,两者相差亦不大。在工作幸福度平均分上,35岁以下者为4.037分,达到幸福水平。

5. 与教师的情况相反,管理人员在工作、生活和总体幸福度上,已婚者都要高于未婚者。

6. 除了"其他"学历的管理人员在工作幸福度上略高于学士学位教师外,其余无论哪一方面,学历为硕士及以上、学士、其他学历的管理人员的幸福度依次递减。

7. 在总体幸福度上,"其他""中级职称""初级职称""高级职称"依次递增。在工作幸福度上,"中级职称""其他""初级职称""高级职称"依次递增，显然中级职称的管理人员，低于高级、低级和其他职称的管理人员。在生活幸福度上，"其他""中级职称""初级职称""高级职称"依次递增。

8. 随着年收入的增加，管理人员在工作、生活和总体幸福度上的平均分依次递增。这说明管理人员的幸福度很大程度上与收入有关。

9. 来自城镇的管理人员，在工作、生活和总体幸福度上，均低于来源农村的管理人员。来自农村的管理人员，工作幸福度平均分为4.0122分，达幸福水平。

10. 工作5年以下的管理人员，在工作、生活和总体幸福度上的平均分，均高于其他工作时间段的管理人员。在工作幸福度上，工作5～10年的管理人员最低，10～15年和15年以上的管理人员略高且两者没有太大差别；在生活幸福度上，工作15年以上的管理人员最高，5～10年和10～15年的略低且两者没有明显差别。在总体幸福度上，工作5～10年和10～15年的管理人员没有明显差别，但低于工作15年以上的管理人员。

（三）教师和管理人员幸福度分析总结论

1. 从工作、生活、总体三方面对幸福度进行考量，教师和管理人员幸福度均处于一般水平。

2. 除未婚教师比未婚管理人员幸福这一特殊方面外，无论从哪一方面或哪一角度看，管理人员皆比教师幸福。

3. 无论教师还是管理人员，男性比女性幸福。

4. 无论教师还是管理人员，35岁以下者比35岁以上者幸福，亦即青年人比中老年人幸福。

5. 无论教师还是管理人员，无论从哪一方面或哪一角度看，工作上得到的幸福感均超过生活上得到的幸福感。

五、提高高校教师幸福度的意见与建议

针对本次教师幸福度调查反映出来的影响教师幸福度的一些问题，围绕如何进一步提高广大教师的幸福度，我们提出以下几点意见与建议：

一是进一步深化校内管理体制改革。在已有改革成果的基础上，进一步深化校内管理体制改革，形成科学规范、精简高效的现代大学管理体制，营造宽松民主的校园制度环境。各职能部门要进一步转变观念、优化结构、提高效能、注重实绩，为广大教师做好各项服务工作，做到权责一致、分工合理、执行顺畅、监督有力，为广大教师快乐工作提供体制机制保障。

二是进一步强化教学的中心地位和教师的主体地位。全校上下要真正关心教学工作，加强政策引导，加大对教学工作的投入，把教学基本建设放在首位，形成政策引领教学、经费保障教学、管理服务教学、科研促进教学、舆论关注教学的良好环境。要进一步突出教师的主体地位，合理减轻教师的教学、科研工作压力，营造和谐的教学环境和民主的学术氛围，在评先选优、出国进修、攻读学位、津贴福利等方面，向以教学为主的教师倾斜，使广大教师以主人翁姿态积极地投入到教学实践中去。

三是进一步加强校园综合治理工作。进一步提高校园物业管理水平，及时帮助广大教师解决生活中遇到的具体困难；加强治安巡逻工作，进一步降低教师物品财产被盗事件的发生；加强校内车辆、道路管理，规范校内交通秩序，避免发生交通事故；加强进出校园的非学校人员、车辆的管理工作，加强教学楼、餐厅等公共场所的管理，为教师专心于本职工作创造平安和谐的校园环境。

四是进一步加强教学团队建设。合理配备人才资源，进一步加强和而不同、功能互补的创新型教学团队建设。改善教学团队的专业结构、学历结构、年龄结构，加强教学团队内部、团队与团队之间的交流合作，增强教学团队的凝聚力、向心力和创造力，充分发挥教学团队在吸引人才、培

养人才、成就人才的作用，使每个教学团队都能产生"1+1＞2"的效能。

五是进一步提高教师的生活水平。在充分依靠广大教师办好学校的同时，让教师共享学校改革发展成果，进一步改善教师的生活条件，加大对生活困难教师的资助力度，进一步提高广大教师特别是青年教师的生活水平；关注教师及其家人的健康状况，关注教师的家庭和谐，关注教师子女受教育情况，采取有力措施，确保教师的家庭和谐，进而促进和谐校园建设。

六是要进一步丰富教师文化生活。加大投入，进一步推进校园文化体育实施建设，为教师的文化休闲、体育锻炼提供良好的场所；组织丰富多彩的文化体育活动，丰富教师的业余文化体育生活，帮助教师放松身心，缓解压力；加强对校内教师文化体育协会等组织的管理，为各类协会提供好经费、场地、设施等支持，发挥好文化体育协会在活跃教师文化体育生活中的作用。

七是进一步加强教师培训。进一步完善体制机制，优化工作环境，加强教师培训工作，在政策、经费等各方面，鼓励和支持广大教师提升学历（学位），进一步提高师资队伍整体素质。

八是进一步关注女性教师、中老年教师等群体。女性教师和中老年教师由于性别、年龄、家庭等方面的原因，承担着较重的工作、生活压力，因此要特别关注他们的工作和生活，帮助他们提高生活质量。

九是进一步关注教师的实际利益。坚持以人为本，注重人文关怀，在讲风格、讲奉献的同时，更加正视、关注并依法解决好与广大教师工作、学习、生活等密切相关的实际利益问题，切实为教师办实事、解难事、做好事，激发广大教师爱学校、爱学生、爱生活的积极性和主动性。

十是进一步提高教师的社会地位。调查显示，社会地位不高是教师工作幸福度不高的一个重要原因。但提高教师的社会地位不仅仅是高等学校的事。因此，全社会都要弘扬尊师重教的良好风尚，关爱教师、尊重教师，使教师真正成为太阳底下最光辉的职业。

附：山东工商学院高等学校教师幸福度调查组成员

组　长：张开祝

副组长：李效杰

顾　问：苏永明

成　员：孙艳华、张志辉、李明、谷坤、蓝聪聪

报告执笔人：张开祝、李效杰

（公众号推送日期：2017年11月29日）

高校宣传思想工作
应树立和践行的基本理念[①]

在高等学校，宣传思想工作相比教学科研工作而言，属于精神层面的工作，是潜在的、长远的、就是耗时费功也不太容易在短时间内收到明显成效的工作。高度重视宣传思想工作，是我们党的一大传统、一大优势和一条重要的历史经验，如何做好点多面广、凌乱繁杂的宣传思想工作，如何凸显宣传思想工作的地位，如何彰显宣传思想工作的作用，需要有一套系统的、科学的工作理念作为指导，并规范日常行为。

所谓工作理念，是指人们经过长期的理性思考及实践，对于某一方面工作所形成的思想观念、精神向往、理想追求及其所形成的观念体系，是指引人们对该项工作从事理论探究和实践运作的航标。由宣传思想工作的性质所决定，高校宣传思想工作必须树立和践行以下基本理念。

一、遵循的工作原则：大局为重、中心为上、理论为魂、师生为本

大局为重，就是宣传思想工作必须树立大局意识，主动服从和服务于大局、融入大局，为学校改革发展稳定摇旗呐喊、保驾护航，为创造聚精会神搞建设、一心一意谋发展、全力以赴保稳定的大好局面提供有力的舆论支持和强大的精神动力。大局为重是宣传思想工作的使命所在、责任所在，只有将师生员工的注意力、积极性和创造性吸引到学校改革发展稳定

---

① 本文第二作者为杨军。

的事业上来，才是宣传思想工作的真正归宿。

中心为上，就是宣传思想工作要紧紧围绕并融入教学这个中心来开展，为实现教学这个中心工作服务，保证教学这个中心工作的完成，为培养德智体美全面发展的社会主义合格建设者和可靠接班人提供浓郁的舆论氛围和坚实的思想保证。中心为上是宣传思想工作的位置所在、价值所在，只有植根于深厚的教育教学和人才培养的土壤之中，宣传思想工作才具生命力。

理论为魂，就是宣传思想工作要高举科学的、先进的理论这面旗帜，不仅要把理论作为提高师生员工思想政治素质和科学文化素质之魂，更要把理论作为宣传思想工作本身之魂，用理论建设引领宣传思想工作，用理论创新推动宣传思想工作，用理论武装强化宣传思想工作。

师生为本，就是宣传思想工作要树立"教育以育人为本、以学生为主体，办学以人才为本、以教师为主体"的"双主体"理念，既要坚持教育人、引导人、鼓舞人、鞭策人，又要做到尊重人、理解人、关心人、帮助人，为师生员工的全面发展提供强大的精神动力。

二、练就的工作本领：眼观六路、耳听八方、笔书纵横、言出至信

眼观六路，就是宣传思想工作必须登高望远，胸怀全局，放大视野，开阔眼界，在上、下、左、右、前、后全路径中，善于洞察和发现问题，用心探寻和鉴别校园中的一切现象，然后取其精华、去其糟粕，把最美好、最有价值、能够激励师生员工健康向上的东西总结出来，传播出去。

耳听八方，就是宣传思想工作必须耳聪心明，头脑灵活，善捕讯息，聚神远近，从东、西、南、北、东南、东北、西南、西北全方位中，及时收集和判断信息，用心把握和驾驭校园内的各种动向，然后去粗取精、去伪存真，运用科学的思维方法对感性材料进行加工和改造，揭示出本质，寻找出规律，总结出经验，把感性认识升华为理性认识。

笔书纵横，就是宣传思想工作要把写作当成一种职业，勤写、多写、

会写，不仅要书上也要书下，不仅要书左也要书右，善于用文字表达思想，记录时代，反映生活。在纵向上，既要完整准确地宣传党的路线、方针和政策，真实表达党委和行政的重大战略部署，又要深入实际，挖掘师生员工的典型，讴歌师生员工的事迹，倾听师生员工的呼声，反映师生员工的愿望，做到党性和人民性的有机统一；在横向上，既要抓住教学这一中心、科研这一重点，又要顾及管理这一枢纽、服务这一保障，全面展示学校的办学水平、办学成就和办学特色。要凭借笔耕不辍、妙笔生花的写作功底，使文章既有理论高度，又有实践深度，更有指导力度。

言出至信，就是宣传思想工作要"文以载道"，既要坚持真理，更要传播真理，所说出的每一句话、所发布的每一则消息、所撰写的每一篇文章，都必须言之有物，言之有理，言之有据，言之有信，能够引发师生员工的思想共鸣，指导师生员工对现实问题进行深入具体的理性分析，切忌高谈阔论、故弄玄虚，更不能武断专横、牵强附会，切实做到理必求真，事必求是，言不妄发、发必当理。

三、坚持的工作方法：贴近实际、虚功实做、渗透融合、精益求精

贴近实际，就是宣传思想工作要始终坚持"贴近实际、贴近生活、贴近师生"的原则，即不能超越，也不能滞后，要紧密联系学校改革发展稳定的实际，紧密联系教书、科研、管理、服务的实际，紧密联系广大师生员工的工作、生活、学习的实际，从实际出发谋划工作，按实际需要开展工作，以实际效果检验工作。

虚功实做，就是宣传思想工作要真实表达师生的精神诉求、推动解决师生的实际问题、切实维护师生的切身利益，坚持尊重人、理解人、关心人、爱护人，放下居高临下的训示架势、力戒我说你听的形式主义、抛弃苍白无力的空洞说教，多带亲近师生的真情实感，多说沁入师生心扉的真实话语，多解困惑师生的实际问题，多做温暖师生的好事实事，以简便易

行、生动活泼、师生喜闻乐见的形式把宣传思想工作做活做实。

渗透融合，就是要坚持宣传思想工作与业务工作的内在统一，既要结合业务工作的实际，逐渐地、广泛地、细致入微地开展宣传思想工作，发挥宣传思想工作对业务工作的直接推动作用，又要寓宣传思想工作于业务活动之中，在业务活动中充分运用宣传思想工作手段，不断解决业务工作中出现的矛盾和思想问题，促使师生员工的思想觉悟在大量的业务活动中不断提高。同时，还要联合宣传思想工作者以外的全体管理人员，开展经常性的宣传思想工作，通过从事各方面工作的组织者、管理者不间断地渗透宣传思想工作，切实形成党政工团齐抓共管的强大合力，使宣传思想工作在微观领域得到真正落实，从根本上避免"空对空"和与业务工作"两张皮"的现象。

精益求精，就是宣传思想工作事关全局，责任重大，不能随随意意，马马虎虎，得过且过，流于一般，而要严细深实，坚持高标准、严要求。在思想上要树立精品意识，充分认识精品就是影响力、知名度、美誉度，要有争创一流、争创精品的强烈欲望，通过精品提升品位，带动全盘工作。在精神上要饱含激情，始终保持昂扬向上、锐意进取、奋发有为的精神状态，不断否定自我、超越自我。在工作中要精抓细干，无论哪项工作都要精心设计，精心组织，精心指挥，精心实施，努力做到干事则成、成事则优。

四、倡导的工作作风：反应灵敏、行动迅速、勤事敬业、追求完美

反应灵敏，就是宣传思想工作要有高度的政治敏锐性和政治辨别力，及时捕捉校园舆情及各方面动态，发现和掌握有价值或带有倾向性问题，有针对性地开展工作，以利把握主动权、打好主动仗。宣传思想工作只有争分夺秒，敏捷及时，才能跟上时代的步伐。否则，时过境迁，就失去了工作的意义。

行动迅速，就是宣传思想工作面对政治性、思想性、新闻性、典型性等敏感性、偶然性、突发性、时效性很强的事件或事例，必须闻风而动、

雷厉风行，迅速做出反应，充分利用宣传思想工作阵地或舆论工具付诸于行动，或排疑解惑、化解矛盾，或理顺情绪、通达民意，或弘扬正气、树立典型，牢牢把握正确的政治方向和健康向上的舆论导向。

勤事敬业，就是宣传思想工作从形式上看属于意识形态、上层建筑的范畴，直接目的是为了解决精神方面的问题，看似一种虚无缥缈、海市蜃楼式的工作，纵不见底，横不见边，给人一种看得见、摸不着的感觉。单就宣传思想工作本身来讲，它具有研究对象的复杂性和研究范畴的广泛性、运用知识的交叉性和吸收知识的开放性、理论来源的实践性和自身特点的应用性等鲜明特征。但是，宣传思想工作是宣传群众、组织群众、动员群众的强大武器，是"经济工作和其他一切工作的生命线"。无论是宣传思想工作的外部环境，还是宣传思想工作的内在要求，都逼迫我们不得不勤于干事，敬于职业，用实际行动和实际效果，既要从表象上也要从作用上凸显宣传思想工作的地位和职能。

追求完美，就是宣传思想工作是一门科学，也是一门艺术。在内容上，要求宣传思想工作必须准确严密，有根有据，善于用典型说话，用事实说话，用真理说话，不能瞒天过海，信口开河，要切实维护宣传思想工作的纪律性和严肃性。同时，在形式上，要求宣传思想工作必须坚持真善美的统一，努力提高工作的形象性、情感性、潜移性和愉悦性，用师生员工熟悉的语言和喜闻乐见的方式来开展，做到以形感人、以情动人、寓教于乐、潜移默化。只有把真和善的工作内容与美好的工作形式结合起来，避免内容上的偏差或者歪曲，避免形式上的粗糙或者庸俗，宣传思想工作才具有吸引力和感染力。

五、实现的工作目标：武装头脑、凝聚人心、内强素质、外塑形象

武装头脑，就是宣传思想工作必须牢固树立政治意识、大局意识、责任意识、忧患意识，坚持马克思主义在意识形态领域的指导地位不动摇，

用马列主义、毛泽东思想和中国特色社会主义理论体系武装师生员工，用社会主义核心价值体系教育引导师生员工，使师生员工始终保持清醒的政治头脑，自觉抵制各种错误思想的侵蚀与影响，着力增强师生员工贯彻党的基本理论、基本路线、基本纲领、基本经验的自觉性和坚定性，增强走社会主义道路、为党和人民事业不懈奋斗的自觉性和坚定性，做共产主义远大理想和中国特色社会主义共同理想的坚定信仰者。

凝聚人心，就是宣传思想工作要一切以有利于统一思想、有利于振奋精神、有利于促进发展、有利于增进团结、有利于维护稳定、有利于加强领导为出发点，千方百计地把师生员工的创造热情保护好、引导好、发挥好，用共同理想激励人心，用奋斗目标鞭策人心，用发展成就鼓舞人心，用良好氛围稳定人心，努力营造风正、气顺、劲足、实干的良好风气，形成人人想干事、人人能干事、人人干成事、人人不出事的良好局面，把师生员工的思想认识统一到党的路线、方针和政策上来，把师生员工的智慧力量引导到党委、行政确立的发展目标上来。

内强素质，就是宣传思想工作说到底是做人的工作，其出发点和落脚点在于提高师生员工的思想道德水平和科学文化素质。实践证明，师生员工的思想道德水平和科学文化素质越高，贯彻执行党的路线方针政策的主动性、从事教学科研管理服务的能动性就越强。所以，宣传思想工作必须用人类历史上最先进、最科学的世界观、方法论去教育师生员工、启发师生员工，解决师生员工的立场和思想问题，使师生员工从各种谬误和偏见中解放出来，不断提高认识世界和改造世界的能力，推动学校各项事业又好又快发展。

外塑形象，就是宣传思想工作要充分利用校内外各种资源，塑造学校良好的社会形象，通过构建全方位、多层次、多渠道、多角度的对外宣传体系，大力开展对外宣传工作，提高学校的社会知名度，扩大学校的社会影响力，为学校生源的竞争、就业率的提升、优秀人才的吸入、办学资源的获得、主管部门的支持、社会各界的援助等创造良好的外部环境。同时，对外宣传工作还要最大限度地维护学校的美誉度和认可度，有效地减少直至杜绝社会各领域对学校形象的负面影响。

以上五个方面的理念中，工作原则是宣传思想工作的旗帜，起引领和导向作用，保证宣传思想工作不偏离航线；工作本领是做好宣传思想工作的根本，是实现宣传思想工作目标的基础，没有高强的工作本领，宣传思想工作难以做深做透；工作方法是施展宣传思想工作本领的途径，是提高工作能力和水平的手段，工作方法不得当，工作本领就难以很好地展现出来。工作作风是发挥工作本领、运用工作方法的保证，没有过硬的工作作风，再强的工作本领和再好的工作方法都可能成为虚有；工作目标是宣传思想工作的归宿，是工作原则、工作本领、工作方法、工作作风的最终体现。

宣传思想工作既点多面广、凌乱繁杂，又使命光荣、责任重大。只有在实际工作中牢固树立和积极践行以上基本理念，宣传思想工作就会有章可循、有的放矢，张弛有道、动静相应，虚实相生、抑扬有序，就会从根本上摆脱日计有余、岁计不足，一年到头有所事事、无所收获的境地，无论是宣传思想工作的地位，还是宣传思想工作的作用，就会得到很好的彰显。

参考文献：

1. 韩延明.大学理念论纲［M］.北京：人民教育出版社，2003.

2. 万福义.党务工作实用手册［M］.北京：经济管理出版社，1990.

3. 贺军.加强和改进思想政治工作若干问题［M］.北京：中央文献出版社，2003.

4. 本书编写组.中共中央关于加强和改进新形势下党的建设若干重大问题的决定辅导读本［M］.北京：人民出版社，2009.

5. 本书编写组.思想政治工作二十讲［M］.北京：中共党史出版社，2000.

（公众号推送日期：2017年2月22日）

高校党员及基层党组织的服务与被服务问题

《中国共产党章程》第一章第二条明确规定："中国共产党党员必须全心全意为人民服务。"《关于在全体党员中开展"学党章党规、学系列讲话，做合格党员"学习教育方案》中也明确要求党员："践行党的宗旨，保持公仆情怀，牢记共产党员永远是劳动人民的普通一员，密切联系群众，全心全意为人民服务。"高校在国家经济建设、科技进步、社会发展和文化繁荣中担负着重要职能，积极发挥高校共产党员和基层党组织的作用，不仅关系到高校的自身发展，更关系到党的教育事业的顺利推进。

高校除了要为社会服务外，在其内部，谁为谁服务，如何服务，不仅是个定位的问题，更重要的还是个价值理念的问题。高校内部的服务有多个层面：

一是职能部门对教学科研的服务；

二是党员对群众的服务；

三是非教学人员对教学人员的服务；

四是教职员工对学生的服务；

五是领导者对被领导者的服务；

六是在职人员对离退休人员的服务。

这其中无一不发挥着党员和基层党组织的作用，无一不体现着在服务他人的同时，也享受着他人对自己服务的价值。

所谓服务，按照《现代汉语词典》的解释，就是"为集体（或别人）的利益或为某种事业而工作"。一名党员、一级党组织，为师生服务的越多、越好、越及时，就越有价值。服务到位了，人心就温暖了；人心温暖了，师生的向心力就强了。因此，高校党员要真正成为"讲政治、有信念，讲规矩、有纪律，讲道德、有品行，讲奉献、有作为的合格党员"，基层党组织要成为"团结带领群众贯彻党的理论和路线方针政策、落实党的任务的战斗堡垒"，就必须坚持把服务师生作为根本价值取向，在努力提高服务水平和服务质量上做足文章、下深功夫。

第一，对教学科研的服务要优质化。教学是高校发展的生命，它既是大学的神圣使命，也是现实的工作中心。科研是高校发展的动力，它使大学系统更加丰富，教学在这个更为丰富的系统中自身也得到充实。教学与科研是高校的"主业"，没有教学，没有科研，也就没有大学的存在，高校的其他一切工作都必须围绕教学、科研来开展，并为教学、科研提供优质服务，这是大学使命所要求的质的规定性。各职能部门必须牢记：管理虽然有效，但并非万能，它代替不了教学，代替不了科研，而且管理只是手段，不是目的，只有教学和科研才是大学的逻辑起点和终点。职能部门的地位作用尽管重要，手中的权力尽管较大，但必须明白：这个重要性来源于哪里又作用于哪里？这个权力是谁赋予的又是为谁使用的？所以，各职能部门必须对教学科研给予高度的尊重和充分的理解，对教学科研的服务做到"八优"：

对教学科研工作的地位认识要感到优越；

对教学科研工作的需求安排要保证优先；

对教学科研工作的政策取舍要做到优选；

对教学科研工作的团队组合要实现优化；

对教学科研工作的条件保障要达到优等；

对教学科研工作的环境营造要讲求优雅；

对教学科研工作的物质待遇要保持优厚；

对教学科研工作的成绩取得要给予优待。

只有这样，才能把教学和科研确立为大学的根本目标，才能调动教师教学、科研的积极性和创造性，大学才能真正称得上为大学，否则，就像北京大学韩水法教授所说的那样，"大学就会蜕变为官僚行政机构和公司集团"。

第二，对教师的服务要系统化。教师是大学这座精神家园的守护者，他们工作在这里，生活在这里，繁衍生息在这里。每迎来一批学子，他们便诞生一种新的期望；每送别一届学子，他们便增添一缕新的青丝。年复一年，日复一日，他们默默耕耘，无怨无悔，有的由青年走向中年，有的由中年走向老年，有的由老年走向暮年。没有他们，就没有莘莘学子的健康成长；没有他们，就没有学校的薪火传承。他们是学校的中坚和核心，他们理应而且必须享受到最高的礼遇和最周全的服务，无论在物质条件上还是在精神寄托上，都要为教师诚心诚意办实事，尽心竭力解难事，坚持不懈做好事，做到"八让"：

让他们教学工作安心；

让他们学术研究专注；

让他们爱情婚姻美满；

让他们家庭生活幸福；

让他们子女就学便利；

让他们衣食住行满足；

让他们发展提高有望；

让他们生老病死有依。

总之，一切工作都要倾听教师的利益诉求，想他们所想，急他们所急，办他们所需；一切都要以教师拥护不拥护、高兴不高兴、赞成不赞成、答应不答应、满意不满意作为工作的出发点和归宿，使教师不再斯文扫地，使教师更加体面尊严。

第三，**对学生的服务要个性化**。学生是学校的主体，没有学生就没有学校，就没有教师，就没有编制，就没有经费。尤其在高等教育大众化的今天，高校与学生之间已不仅仅是管理者与被管理者的关系，而更多地体现为服务的提供者与消费者之间的关系。大学以学生为本，为学生服务，是现代高等教育的基本理念。高校学生工作如何从管理型向服务型转变，在服务中实现管理，在服务中体现教育，正是时代提出的课题。由于条件和后天的影响，每个学生都有自己的独特性，在认知特征、兴趣爱好、欲望要求、价值取向、创造能力等方面各具差异。数字化、网络化、信息化的生存状态，虚拟化、多边性、交互性的网络特点，使当代青年学生的文化需求更加多样，更具个性。所以，我们要尊重学生的个性和差异性，构建个性化的学生服务体系：

一是学业发展服务，帮助学生制订学习计划，学会自主学习、有效学习；

二是心理咨询服务，帮助学生保持良好心态、健康人格；

三是困难资助服务，帮助家庭困难学生完成学业；

四是素质拓展服务，帮助学生发掘自身潜能，提高综合素质；

五是就业指导服务，帮助学生做好就业准备，提高就业能力。

总之，这个服务体系是以学生成长成才为中心，真正做到关心关爱学生，让学生思想上解惑，文化上解渴，心理上解压，能力上解弱。

第四，**对被领导者的服务要科学化**。领导工作是一门科学，要旨有三：其一，领导工作是人类一种特殊的重要的实践活动，实践需要科学指导，这种实践本身包含着极其丰富的科学内容，是产生领导科学的土壤和源泉；其二，领导工作有自身的特殊规律和科学内容，非其他学科所能代替；其三，领导工作是一门高度综合的科学，涉及社会生活的各个方面，综合运用各种知识和学问必然会产生新的知识和学问。

随着现代社会经济、文化、科学技术的高度发展，任何组织和群体要有效地进行活动，顺利地实现既定的目标，就必须实施科学的领导。邓小平同志曾指出："什么叫领导？领导就是服务。"这不仅指明了领导工作的本质和方向，而且还概括了领导工作彻底负责、科学决策、工作高效和反馈纠错的要求和原则，同时也揭示了领导工作把好方向、抓好大事、订好计划、管好程序、搞好后勤、强好自身的方式和方法。尤其是高校领导，无论是上层还是中层、下层，他们首先是个学者，其次才是个管理者，应该有虚怀若谷、海纳百川的气度，内敛含蓄、和蔼谦恭的气质，礼贤下士、淡定善行的气节，讲理性、讲科学、讲规范。

第五，对非党员的服务要学术化。服务也是一种有文化的表现，在大学里文化则更多地体现为学术文化，而不是权力文化。大学文化尽管有多种形态，但就是不能有权力文化。在大学里，"学术"与心术、权术相对，指的是"学之术"，即教学之术、学问之术、学习之术、学术之术。大学要上上下下崇尚学术，崇尚学术文化，让学术文化成为校园里的主流，而不是"关系文化""权术文化"占据主导，也就是我们所倡导的"四讲四不讲"：大学要"讲学术不讲心术，要讲学派不讲帮派，要讲学位不讲官位，要讲学道不讲权道。"

第六，对离退休人员的服务要细致化。离退休工作是高校整体工作的一部分，处于不是中心却能牵动中心、不是大局却能影响大局的特殊地位。高校的离退休人员呈层次高、知识密集、党员比例大和高龄空巢多的特点，他们身上那种坚定的信念、坚强的党性、崇高的精神、优良的作风、丰富的经验，是我们的宝贵财富。他们为党和国家的教育事业，为学校的建设发展奉献了毕生心血，他们理应得到很好的安排照顾。这体现了党和国家对他们所做贡献的充分肯定，体现了中华民族敬老尊贤的传统美德和社会主义制度的优越性。因此，高校必须执行好党和国家有关离退休人员的各项政策、规定，在政治、生活、学习、医疗、娱乐、优抚等各个方面，给予离退休人员以细致入微的照顾和关怀，使离退休人员"老有所养、老有所医、老有所学、老有所教、老有所为、老有所乐"。

第七，各项服务都要全程化。高校人才培养没有终点，学术探求永无止境，因而服务要贯穿于学校改革、发展、稳定的全过程，渗透于教学、科研、管理的各个环节。无论对教学科研的服务、对教学人员的服务、对学生的服务、对被领导者的服务，对非党员的服务，还是对离退休人员的服务，都要不断树立新的服务理念，不断丰富新的服务内涵，不断构建新的服务模式，不断完善新的服务手段，不断创造新的服务方法，切实把教育就是服务这一理念落实到高校工作的各个层面。

总之，服务是一种责任、一种修养、一种境界、一种精神，现代社会的一个重要理念就是服务第一。服务能带来温暖，服务能促进和谐，服务能凝聚人心，服务能产生动力，服务能焕发生机与活力。因此，高校全体党员和基层党组织建设必须把服务作为第一理念，使党员和基层党组织在服务中发挥作用，在服务中体现价值，在服务中实现发展。

（公众号推送日期：2016年10月27日）

大学需要"大师"，也需要"整师"①

——梅贻琦"大学非谓有大楼乃有大师"之说今释

　　办大学或者大学的发展，其中的核心要素是师资队伍建设。一提起此话题，现代大学管理者往往会引用清华大学原校长梅贻琦先生的一句话："所谓大学者，非谓有大楼之谓也，有大师之谓也。"一般理解，这句话的意思是：所谓大学，不在于有大楼，而在于有大师。

　　梅贻琦先生的这句话本身没有问题，问题在于个别学校视此为办学理念之圭臬，弃捉襟见肘或蹩脚寒酸的办学条件于不顾，斥巨资用于延揽大师或高层次人才。

　　然而，梅贻琦先生所表达的意思，果真如现代大学管理者字面理解的那么简单？

　　梅贻琦先生的这句话，出自他1931年到任清华大学校长时的《就职演说》。该《就职演说》共分9个自然段：

　　第一自然段，是表达他对清华大学"开放女禁，招收女生"一事的欣慰："今天有许多女同学在内，这是本人所深以为慰的。"

　　第二自然段，是他对就任清华大学校长一职的责任性表态："为清华服务，乃是应尽的义务，所以只得勉力去做，但求能够尽自己的心力，为清华谋相当的发展，将来可告无罪于清华足矣。"

　　第三自然段，是他对就任清华大学校长一职后，所要施以的纲领的导

---

① 本文的合作者为贺继红。

语："姑且把我对于今后的清华，所抱的希望，略为说一说。"

第四至第八自然段，是他对清华大学发展走向所持有的五个主张：

（1）清华的经济问题。

（2）清华的特才地位问题。

（3）造就人才与利用人才问题。

（4）清华的校风问题。

（5）不忘救国的责任问题。

第九自然段，是他演说的结束语。

"所谓大学者，非谓有大楼之谓也，有大师之谓也"一句，简称"大学非谓有大楼乃有大师"，出现在《就职演说》的第五自然段，即清华发展走向的五个主张的第二个主张，也就是清华的特殊地位问题。原文如下：

"我希望清华今后仍然保持它的特殊地位，不使坠落。我所谓特殊地位，并不是说清华要享受什么特殊的权利，我的意思是要清华在学术的研究上，应该有特殊的成就，我希望清华在学术方面应向高深专精的方面去。办学校，特别是办大学，应有两种目的：一是研究学术，二是造就人才。清华的经济和环境，很可以实现这两种目的，所以我们要向这方面努力。有人往往拿量的发展，来估定教育费的经济与否，这是很有商量的余地的。因为学术的造诣，是不能以数量计较的。我们要向高深研究的方向去做，必须有两个必备的条件，其一是设备，其二是教授。设备这一层，比较容易办到，我们只要有钱而且肯把钱用在这方面，就不难办到，可是教授就难了。一个大学之所以为大学，全在于有没有好教授。孟子说：'所谓故国者，非谓有乔木之谓也，有世臣之谓也。'我现在可以仿照说：'所谓大学者，非谓有大楼之谓也，有大师之谓也。'我们的智识，固有赖于教授的教导指点，就是我们的精神修养，亦全赖有教授的inspiration。但是这样的好教授，决不是一朝一夕所可罗致的，我们只有随时随地留意延揽而已。同时，对于在校的教授，我们应该尊敬，这也是招致的一法。"

无论是谁，只要是大学中人，如若静下心来认真研读这段文字，对比当今中国大学的实际及相关做法，就不难领略其中蕴含着的丰富内涵，进而就会发现，现代大学管理者时不时截取的"所谓大学者，非谓有大楼之谓也，有大师之谓也"一句，还真不像他们通常所理解的这么简单。

第一，"大学非谓有大楼乃有大师"一说是仿照《孟子》中的句式而来。

约齐宣王二年（公元前318年），孟子再游齐国，受到齐宣王的礼遇，并做了客卿。当时，齐宣王即位不久，一心想成就霸业，就经常与孟子讨论治国与用人之策。孟子是位思想家、教育家，也是位非常有政治抱负的人，所以，他恪尽职守、敢于进言，积极向齐宣王宣传自己的政治主张。一天，孟子拜见齐宣王，说："所谓故国者，非谓有乔木之谓也，有世臣之谓也。"意思是说："所谓历史悠久的国家，不是指国家有高大的树木，而是指有世代建立功勋的大臣。"此事被记载于儒家典籍《孟子·梁惠王下》。梅贻琦先生受此启发，并仿照此句式，创立了"所谓大学者，非谓有大楼之谓也，有大师之谓也"之说。无论是梅贻琦还是孟子，所表达的都是一种观点：人才资源重于物质资源！只不过梅贻琦强调的是治理大学，孟子强调的是治理国家。此种观点，就是到了21世纪的今天，仍然是大学乃至国家所必须坚守的重要论断。所以，习近平总书记说："人才是第一资源。"

第二，"大学非谓有大楼乃有大师"一说的出发点是基于清华大学"特殊地位"的考虑。

有材料记载，1931年，中国有公立国立大学18所（大学13所、独立学院5所），清华大学在其中占据"特殊地位"。所以，梅贻琦先生说："我希望清华今后仍然保持它的特殊地位，不使坠落。"他进一步说："我所谓特殊地位，并不是说清华要享受什么特殊的权利，我的意思是要清华在学术的研究上，应该有特殊的成就，我希望清华在学术方面应向高深专精的方面去。"由此可见，梅贻琦先生之所以有"所谓大学者，非谓有大楼之谓也，有大师之谓也"之论断，是要保持清华大学在学术研究上的"特殊成就"，在学术方面向"高深专精"方向发展。

据教育部2017年6月14日公布的《全国普通高等学校名单》，我国高等学校已达2914所，其中本科院校1243所（公办本科大学有817所、民办本科学校有417所、中外合作办学学校有7所、内地与港澳台地区合作办学学校有2所）。2017年9月21日，教育部、财政部、国家发改委印发《关于公布世界一流大学和一流学科建设高校及建设学科名单的通知》，公布了首批"双一流"大学建设高校137所（其中世界一流大学建设高校42所、世界一流学科建设高校95所）。这么多的高校中，"双一流"大学也已见分晓，那些二流、三流甚至不入流的应用型高校，在学术研究上很难有"特殊成就"，学术方面也不可能或很难向"高深专精"方向发展，是否也能跟着梅贻琦先生说"所谓大学者，非谓有大楼之谓也，有大师之谓也"？当然，加强人才集聚，提高师资水平，是任何高校所必须持之以恒的。

第三，"大学非谓有大楼乃有大师"一说是因为清华大学已具备了特别好的经济条件。

梅贻琦先生1931年就职于清华大学，相去清华大学建校整整20年。此时的清华大学，据梅贻琦先生在谈到清华大学发展走向的第一个主张——清华的经济问题时说："清华的经济，在国内总算是特别的好，特别的幸运。如果拿外国大学的情形比起来，当然相差甚远……但比较国内的其他大学，清华的经济，总不能算少，而且比较稳定了。我们对于经济问题，有两个方针，就是基金的增加和保存。我们总希望清华的基金能够日渐增多，并且十分安全，不至动摇清华的前途。然而我们对于目前的必需，也不能因为求基金的增加而忽视，应当用的我们也还得要用，不过用的时候总要力图撙节与经济罢了。"

此段文字，梅贻琦先生再清楚不过地表达：清华的经济条件虽然"特别的好"，也要保持"日渐增多"和"十分安全"，同时，当用的还得要用，但要尽量做到节制与经济。

另据一个材料介绍，"根据追随梅贻琦先生多年的赵赓飏回忆，当年梅先生回国担任校长时，正是美金升值、学校经费绰绰有余的时候。为此，各院系除了大量购买图书仪器外，校园内还有一股大兴土木之风。因此，他在就职典礼上说这句话，是要强调大学的好坏取决于大师的多少，而不是大楼有多高。"①

由此可见，梅贻琦先生论说"所谓大学者，非谓有大楼之谓也，有大师之谓也"是有雄厚的经济后盾的，也是有明确指向或特定背景的，绝不是泛泛而论，更不像当下办学经费拮据的高校，本就办学条件拙劣，却花巨资用于人才引进的"高消费"上。

第四，"大学非谓有大楼乃有大师"一说的意图是为了实现办大学的真正目的。

办大学的目的是什么？梅贻琦先生明确地说："办学校，特别是办大学，应有两种目的：一是研究学术，二是造就人才。清华的经济和环境，很可以实现这两种目的，所以我们要向这方面努力。"

梅贻琦先生给清华大学的定位是"在学术方面应向高深专精的方面去"，以保持清华大学的"特殊地位"，所以，他把"研究学术"放在办大学之目的之第一位。在梅贻琦先生的思想里，"研究学术"与"造就人才"是怎样的关系呢？尽管他没有进一步论述，是"研究学术"与"造就人才"合一，即通过教育学生"研究学术"来"造就人才"，还是"研究学术"与"造就人才"并行，即一边"研究学术"一边"造就人才"，我们不得而知，但是，"研究学术"决不能忘却"造就人才"，"造就人才"也决不能忘却"研究学术"，这是肯定的。所以，为了实现办大学"一是研究学术，二是造就人才"两种目的，在清华大学经济"特别的

---

① （引自：音速教育百家号《这样理解"所谓大学者，非谓有大楼之谓也，有大师之谓也"才对》）。

好"的前提下，梅贻琦先生提出了"所谓大学者，非谓有大楼之谓也，有大师之谓也"之论断，并不像现在很多高校那样，引进大师或高层次人才的目的不纯粹是为了"研究学术"，更不是为了"造就人才"，而是为了提高学校排名或学科排名。

第五，"大学非谓有大楼乃有大师"一说是为了追求学术造诣的质量而不是数量。

当今中国高校人才评价或者大学排名的做法，看重的往往是学术数量，而非学术质量。这种做法，不仅导致大量的学术成果耗费了大量的学术经费，也培养了不少学术"理论家"，许多所谓的"学术成果"走不出书斋、走不出校园，更走不进企业、走不进社会。梅贻琦先生说："有人往往拿量的发展，来估定教育费的经济与否，这是很有商量的余地的。因为学术的造诣，是不能以数量计较的。"所以，他主张的"所谓大学者，非谓有大楼之谓也，有大师之谓也"的目的，是要引领清华大学在学术方面向"高深专精"方向发展，即追求学术质量，而不是学术数量。显然，当下高校对学术成果的追求，对人才的评价与考核，与梅贻琦先生的主张背道而驰。

第六，"大学非谓有大楼乃有大师"一说并不是不要"大楼"只要"大师"。

按照现在的理解，所谓"大楼"，不应该仅仅指大楼本身，而应该指包括大楼在内的完善的办学条件，是硬件设施。梅贻琦先生在本文中明确地说："我们要向高深研究的方向去做，必须有两个必备的条件，其一是设备，其二是教授。设备这一层，比较容易办到，我们只要有钱而且肯把钱用在这方面，就不难办到。可是教授就难了。"君不见，"设备"在梅贻琦先生眼里，仍然是大学研究高深学问所必备的第一条件，而且"设备"在梅贻琦先生眼里，还是个只要肯办就"比较容易办到"或"不难办到"的事！所以，"中国高等教育学会会长瞿振元就曾表示，自己一直不同意说只要大师不要大楼，当年建清华礼堂，连砖头都是从美国运来的，里面有1000多个座位，学生和家长都能一起坐下。梅贻琦校长关于大师的这段话完整的意思应当是说，这地方已经盖了楼，现在要更注重大师。国家自然科学基金委主任、浙江大学原校长杨卫也认为，对于当时的清华大学来说，其有特殊情况，清华的校园在建设时已经规划完成，学校由于庚子赔款又有充足的财力，当时的人才流动性也比较好，所以能够引进当时的知名学者。因此，对大学来说，大师最重要，但大楼也不能没有，如果没有的话就难以吸引大师。"①

第七，"大学非谓有大楼乃有大师"一说决不是一朝一夕就能实现的。

梅贻琦先生虽然说"一个大学之所以为大学，全在于有没有好教授……我们的智识，固有赖于教授的教导指点，就是我们的精神修养，亦全赖有教授的inspiration"，但又说："这样的好教授，决不是一朝一夕所可罗致的，我们只有随时随地留意延揽而已。"这再明确不过地说明梅贻琦先生的"所谓大学者，非谓有大楼之谓也，有大师之谓也"之说，绝非要在延揽人才问题上急功近利。

第八，"大学非谓有大楼乃有大师"一说既重视人才的外部引进，又注重内部培养。

梅贻琦先生延揽人才的视野是开阔的，他的眼界不仅向外，而且也向内，所以他说：对于在校的教授，我们应该尊敬，这也是招致的一法。"当今人才，讲究的是价值，讲究的是氛围，讲究的是平台，讲究的是前景，有了这四样，什么都会有！所以，在吸引人才、稳住人才、使用人才这三个紧密联系的环节中，使用人才是关键。因为，人才使用得好，说明人才受到了重视，专业特长得到了发挥，说明有良好的用人环境，人才有用武之地，进而就可以吸引人才、稳住人才。高校如果不把心思花费在内

①（引自：音速教育百家号《这样理解"所谓大学者，非谓有大楼之谓也，有大师之谓也"才对》）。

部治理体系和治理能力建设上，即使花费再多的力气恐也难有实效。

第九，结论：大学需要"大师"，也需要"整师"

大学必须集聚人才，提高师资队伍水平，这是实现大学教育的首要保证，第一要务。但是，只有栽得梧桐树，才能引来金凤凰。一所大学的人才培养质量，不完全取决于有没有几位"大师"或高层次人才，而是取决于师资队伍的整体实力与水平。大学固然需要有"大师"，但也需要有"整师"，只有师资队伍的整体实力与水平提高了，人才培养质量才能有更加可靠的保障。所以，应用型高校还应"以学生为中心"，经得住诱惑，耐得住寂寞，心无旁骛地研究研究如何利用有限的资金完善办学条件，研究研究如何提高师资队伍的整体实力与水平，研究研究如何让投靠其门下的莘莘学子享受应该享受的教育资源，得到应该得到的知识熏陶，这才是大学教育应该坚守的良知和王道。

（公众号推送日期：2018年4月24日）

用好人才是高校
吸引人才、稳住人才的关键①

马云曾讲，他2001年犯了一个最遗憾的错误，就是告诉他的18位共同创业同仁，他们只能做小组经理，而所有的副总裁都得从外面聘请。结果，十年过去了，他从外面聘请的人才都走了，而唯有他之前曾怀疑过其能力的人都成了副总或董事。所以，马云相信两个信条：态度比能力重要，选择同样也比能力重要！

如果真是这样，那么问题就来了：高校是外部引进人才重要，还是内部使用人才重要？

其实，无论什么单位，人才工作无非有三个环节：吸引人才、稳住人才、用好人才。在这三个环节中，我们认为，用好人才是关键。因为，人才使用得好，说明人才受到了重视，专业特长得到了发挥，说明有良好的用人环境，人才有用武之地，进而就可以吸引人才、稳住人才。

分析一下人才流动的动机可知，通常人们认为人才流动的直接原因是为了获取更高收入的观点是不全面的。尤其是高校教师——知识分子的典型代表，他们有着比其他阶层更为高尚的价值观念，他们的流动常常不全是为了金钱，有些教师改换工作单位后的收入并不比原来多多少，有的甚至比原先还要少。这就给高校管理工作提出了这样的要求，即：必须造就一种舒心的、公平的、和谐的、有利于教师自身发展的内部工作环境。

1. **高校管理工作要讲究民主与效率**。高校管理工作，尤其职称评定、岗位聘任、绩效考核等，都是广大教师所普遍关心的，且涉及每个人的切身利益，期望值高，敏感性强。为此，在实施重大政策时，必须加大

① 本文的合作者为贺继红。

宣传深度、力度，尽量扩大政策的知晓面，消除管理工作在教师心目中的神秘感，提高管理工作的民主化程度。高校不是党政机关，也不是公司集团，工作、学习、生活在这里的师生员工有思想、有文化、有知识、有素质，是觉悟性自主性相对较高的群体，那种"横眉冷对式""强制压迫式""独裁专横式""居高临下式"的管理方式，师生员工是不会心悦诚服的，也收不到预期的效果。高校领导，无论是上层还是中层，他们首先是个学者，其次才是个管理者，应该有虚怀若谷、海纳百川的气度，内敛含蓄、和蔼谦恭的气质，礼贤下士、淡定善行的气节，凡事不可独断专行，不可刚愎自用，不可一意孤行，重大或重要问题多与身边人商量，多与师生员工沟通，要耐心听取他人的意见和建议，虚心接受他人的批评和帮助。只有民主，才能达成目标的一致性；只有民主，才能增强行动的向心力。另据一项调查表明，改革是民主与效率的双向推进过程，如果在特定时期要取其一先行，有65%的党政干部、60%的知识分子以及50%的学生都认为首先应该选择效率。这又要求高校管理工作者除了具有民主意识之外，更重要的是要讲求工作效率，真抓实干，不搞形式主义。因此，民主与效率应当成为高校管理工作追求的两大目标。

2. **高校管理工作的重心要下移**。新形势下，管理工作出现的一大趋势是重心的下移。高校作为人才集中之地，是育人的圣地，学术的殿堂，文明的道场，更应该顺应这个趋势。高校的管理是种无上崇高的文化行为，因为高校的管理是一种服务，没有无私之德，没有奉献之道，没有服务之心，任何人都没有资格管理教师。在高校，管理尽管有效，但它并不万能，它代替不了教学和科研，只有教学和科研，才是大学的逻辑起点和终点，管理者必须站在教师的主体地位这一边，诚心诚意办实事，尽心尽力解难事，坚持不懈做好事。所以，高校的管理工作者必须找准自己的工作位置，弄清自己的工作对象和工作重心。只有这样，才能充分发挥管理工作稳住人才、吸引人才、用好人才的作用。

3. **高校管理工作者必须具有捕捉和化解各种矛盾的能力**。高校管理工作者必须具有及时捕捉教师中随时出现的任何问题的能力，并善于化解工作中所出现的各种矛盾。这就要求高校管理工作者必须具备两种最基本的素质：一是分析问题、解决问题的能力。要经常深入到教师当中去，调查、了解教师所思所想，注意教师共同议论的话题。对发现的问题，要善于分析产生的原因，及时提出解决的办法和措施。二是做思想政治工作的能力，这对高校管理工作者来说尤为重要。我们知道，管理工作常常是高校矛盾集中的焦点，不时会有一些意想不到的"非议"。对于这些"非议"，如果断然处置，就有可能使矛盾激化，也会使不明真相的教师产生不必要的思想混乱，不利于教师队伍的稳定；而如果运用思想政治工作手段，采取耐心解释、积极引导的方法，就有可能将矛盾化解，取得共识，收到事半功倍的效果。所以，加强这两种基本素质的培养，是任何时期做好高校管理工作的重要一环。

4. **任用干部要坚持德才兼备和人尽其才的原则**。在一个单位内部有两种基本的人际关系：一是上下级之间的关系，二是平级成员之间的关系。其中上下级之间的关系至关重要，因为，良好的上下级关系可以引发全体成员工作的积极性，提高单位整体工作效率，并在很大程度上决定着下级成员之间的关系。如果任用干部不当，就会使持相反观点的人不满，影响总体的稳定。表现在高校教师当中，有"资本"的就会想方设法另谋出路，脱离这种环境。还有一种做法，在高校中也较为常见，那就是当一位教师在教学或科研上都很出类拔萃时，就加以任用，结果因缺乏组织管理能力而使单位内部人际关系不协调。这就是我们常说的：是好教师，但不一定是好干部。管理是门学问，但有学问不等于会管理。既有专业能力又有管理能力，是专才与通才的完美合体，是用人的首选，切不可把专业能力或学术能力等同于管理能力或领导能力，否则，既耽误了这名教师的学术研究，还会影响一个单位的整体工作。所以，高校在任用管理干部时，一定要坚持德才兼备、以德为先和人尽其才、才尽其用的原则，全面考察，精准任用，为吸引人才、稳住人才、用好人才创造良好的人文环境。

5. 客观、公正、科学、合理地评价人才。评价人才科学与否，直接影响着人才的使用，评价人才不合理，使用人才也就不可能合理。因此，科学、合理地评价人才是大学管理工作的一大重点。当前，大学人才评价的工作主要体现在三个方面：一是职务晋升考核、岗位聘任考核；二是年度考核、评先评优考核；三是目标管理考核、绩效工资考核。实践表明，这三方面的考核往往成为人才评价矛盾的焦点，并由此引发了不少不和谐、不安定因素。究其原因，大学制定的考核办法的合理性尚需要进一步增强，导向性尚需进一步矫正。从目前情况看，大学如果能把上述各方面的考核做好，人才评价的科学性、合理性、公正性和客观性问题就能解决，进而就能达到有效使用人才、稳住人才的目的。所以，2018年2月中共中央办公厅、国务院办公厅印发的《关于分类推进人才评价机制改革的指导意见》开宗明义："人才评价是人才发展体制机制的重要组成部分，是人才资源开发管理和使用的前提。建立科学的人才分类评价机制，对于树立正确用人导向、激励引导人才职业发展、调动人才创新创业积极性、加快建设人才强国具有重要作用。"

6. 改变对教师多使用少培养的现象。现代社会日新月异，新技术新知识层出不穷，广大教师的知识储备明显跟不上时代的步伐，多有被掏空、力不从心之感。所以，必须为他们创造有利、可行的条件，从理论、实践两方面，让教师去丰富自己，发展自己。现下，高校在教师使用上存在两种倾向：一种是不少管理者有一种担忧，即好不容易抽出一些教师，出钱、出设备来培养他们，怕他们学成后留不住，得不偿失，所以能少培养就少培养，乃至不培养。殊不知，这样做倒给了他们在此不受重视、重用的感觉，当然要产生流动的念头。还有一种倾向是，对内部已有的教师实施"杀鸡取卵式"的管理与使用，却花费大价钱从外部引进高层次人才，不仅许以高昂的年薪，而且还配以丰厚的生活、工作、科研待遇。结果，不是因"水土不服"而很快"流失"，就是因招来"女婿"而气走"儿子"。所以，加强教师的培养与自我发展，提高教师适应新时代的能力，是高校的当务之急。

7. 让教师的劳动与创造有价值感、满足感和幸福感。 与社会其他领域不同，大学教师的劳动不直接参与物质财富的创造，他们所从事的是一项培养人的事业，是通过知识的"付出"，来塑造青年学生的"灵魂"，他们所要求的回报，不仅仅是物质利益的回报，还有一个更高层次的回报，这就是精神上的满足。这种满足，不是得到了多少奖励，获得了多少荣誉，更多的是他们的创造意愿得到尊重，创造活力得到支持，创造才能得到发挥，创造成果得到肯定，他们有着一种教书光荣、创造伟大、知识崇高、人才宝贵的神圣使命感。所以，对大学教师而言，在物质利益基本得到满足的情况下，精神追求才是他们幸福的更大源泉。这种精神追求在一定意义上是超功利的，不局限于物质利益，而是教师在教书育人、管理育人、服务育人过程中，通过学生的健康成长和顺利成才体验出来的。当然，无论是物质利益还是精神利益，都是用以激励教师的手段，但在激励过程中，既要注重物质利益，更要注重精神利益，做到物质利益与精神利益的有机统一。只讲物质利益，虽然可以满足教师的生活需要，能够一定程度地激发教师的工作兴趣和积极性，同时也容易在教师中孳生唯利是图的观念意识；只讲精神利益，虽然可以满足教师的心理需要，激发教师的主动性和创造性，但难以使这种作用得以长久发挥。所以，大学要想引得进人才、用得好人才、稳得住人才，就必须把心思花费在内部治理体系和治理能力建设上，为人才创造一种各得其所、尽展其长的工作环境，做到真诚关心人才、爱护人才、成就人才，使人才真正有发展感、成就感、获得感和归属感。

总而言之，高校要想吸引人才、稳住人才、用好人才，就必须把心思花费在内部治理体系和治理能力建设上，为人才创造一种各得其所、尽展其长的工作环境，做到真诚关心人才、爱护人才、成就人才，使人才真正有发展感、成就感和获得感。

（公众号推送日期：2018年4月30日）

附录

人文道理集萃

人文道理集萃 I：大学与教育篇

一、我国有独特的历史、独特的文化、独特的国情，决定了我国必须走自己的高等教育发展道路，扎实办好中国特色社会主义高校。为此，我们必须要有自己的本土教育观，即健全本土教育体系，遵循本土教育理念，创新本土教育方法，坚守本土教育道路，倡导本土教育价值，完善本土教育标准，树立本土教育自信！

二、中国现时对待学问和学术的态度有三个误区：一是凡评职称能用得上的成果方为硬成果；二是凡申报课题能用得上的学问方为真学问；三是凡申请奖项能拿得出手的项目方为好项目！由此，误导了人们对学问的热衷和对学术的追求！

三、大学文化尽管有多种形态，学术文化应该成为主流，所以，在日常工作、学习中，大学人应秉持"以学术为美、以学术为崇高"之涵养，坚守"四讲""四不讲"，即：讲学术不讲心术，讲学派不讲帮派，讲学位不讲官位，讲学力不讲权力。

四、大学即文化，文化即大学。所以，大学应积极推进以韵美的物态文化、优质的教学文化、理性的学术文化、规范的制度文化、儒雅的行为文化、清新的环境文化、鲜明的特色文化、高尚的精神文化、平和的心态文化构成的文化体系建设，用文化凝聚力量，用文化引领方向，用文化推动发展，用文化塑造形象。

五、大学不是党政机构，也不是公司集团。教师是大学这座精神家园的建设者和守护者，他们工作在这里，生活在这里，繁衍生息在这里。每迎来一批学子，他们便诞生一种新的希望；每送别一届学子，他们便增添一缕新的青丝。年复一年，日复一日，他们默默耕耘，无怨无悔，有的由青年走向中年，有的由中年走向老年，有的由老年走向暮年。没有他们，就没有莘莘学子的健康成长；没有他们，就没有大学的薪火传承。他们是大学的中坚，他们是大学的核心，他们才是大学真正的主人。只有这样，大学才能称得上为大学，这是大学使命所要求的质的规定性。

六、教学是大学的中心工作，人才培养是大学的神圣使命，没有教学，没有人才培养，也就没有大学的存在，只有教学和人才培养才是大学的逻辑起点和终点。所以，大学必须始终把人才培养放在首位，集中人力、物力、财力，拿出每一位教师的看家本领，精心培育好投靠其门下的莘莘学子，让他们享受应该享受的教育资源，让他们得到应该得到的知识熏陶！这是大学的本分，也是大学的良知！

七、大学之本分即教学，不抓教学就是对教学行为的放任自流，不抓教学就是对学生和家长的极端不负责任。对教学不仅要常抓，而且要常抓常紧，常抓常新。在日常教学和管理的全过程、全环节中，要以标准第一、质量第一为原则，决不能为了迁就学生而降低培养要求，也决不能以降低培养要求来换取一些功利性指标。

八、一所高校风正气顺心齐、团结稳定和谐的局面，绝不仅仅在于宣传思想工作的效用，而是体制、机制、制度、政策、管理、教育、服务、事业、待遇、情感等多种因素共同作用的结果，其中任何一项因素出现问题，都会或多或少地影响师生员工的思想情绪和行为方式，从而引发人心涣散，队伍不稳，凝聚力下降。这时，如果不从根本上寻求原因，并及时校正，恐靠宣传思想工作的力量是收不到预期效果的。

九、处理和把握好教书与育人之间的关系，一要求教师必须有"可以胜任教授"的学问，二要求教师必须有"可以为人师表"的道德，两者缺一不可，正所谓"学高为师，德高为范"。所以，谁都可以美，而唯有教师必须由内到外都要美。从内在而言，教师之美在内涵、在气质、在智慧、在心灵；从外表而言，教师之美在端庄、在得体、在洁净、在儒雅。教师必须成为学生眼中一道靓丽的风景线！

十、每一名大学教师的科学研究都应当围绕教学内容来开展，即科学研究必须能促进教学，教学必须为科学研究导航。

十一、横在教师面前有三条底线：一是政治底线，二是法律底线，三是道德底线。我们常说一句话："学术研究无禁区，课堂讲授有纪律。"这个纪律，就是这三条底线。作为一名站在社会主义大学讲台上的教师，必须坚守这些底线，绝不可越雷池一步。

十二、进入大学，你就与"大"字结缘，不再是小学生、初中生、高中生，而是大学生！"大"，就是"人"担起了"一"这一扁担，要担道义，担责任，担使命！

十三、人文学科果真无用？谁也不敢公开做出肯定的回答。说没用的人是因为他们短视，他们是把"有用"的标准放在眼前和直接的经济利益上，这当然不会是"人文之用"。"人文之用"在长久，在间接，在底蕴，在精神，在灵魂，在人性，它决定人生方向和高度，决定做人方式和准则，决定人的道德品行和修养，决定人的处世态度和价值。人文不仅有用，而且有大用！亚圣孟子早有断言："人之所以异于禽兽者几希。"如此一来，人世间如果没有了文化，就会变成禽兽的乐园；人如果离开了人文，就会与动物无异。所以，与人文为伍，就是与品质为伍，就是与人伦为伍！

十四、每一个人，无论是谁，想要在社会上扎根立足，或者取得长久的成功，或者受到人们的尊重，最为重要的因素，不是他们的专业，不是他们的技能，而是他们的人文精神、人文素养和人文情怀。经过人文学科熏陶的人，浑身上下会散发出一种与众不同的"人文气息"，清新而典雅，光鲜而靓丽，他们才是真正的"精英"和"脊梁"，正所谓："文质彬彬，然后君子！"

十五、如今的社会太功利、太实用、太喧嚣、太粗野、太物质，但总会有一些人不随波逐流，不与世浮沉，他们有境界、有品位、有胸怀、有雅量，不世俗、不低俗、不媚俗、不庸俗。他们有大任担当，别人以利益为天下，他们则以天下为利益！正所谓"观乎天文，以察时变；观乎人文，以化成天下"，此乃人文也！

十六、站在大学讲台上的每一个人必须坚守"五项原则"：一是可以借鉴，但必须自成体系；二是可以引用，但必须标注来源；三是可以思考，但必须正面引导；四是可以批判，但必须符合主流；五是可以新颖，但必须遵守规范。也就是说，站在讲坛上，要讲究学术规范，遵守政治规矩，凸显学识涵养。

十七、青年博士年富力强，学富五车，有朝气、有活力、有才华，尤其与青年学生在世界观、人生观、价值观以及生活方式等方面没有隔阂，没有代沟。他们的经历，青年学生能够感知；他们的经验，青年学生能够借鉴；他们的学历，青年学生能够复制；他们的学识，青年学生能够获得；他们的教诲，青年学生能够信服；他们的人生，青年学生能够分享。他们有资格、有能力而且必须成为青年学生成长路上的"灯塔"！

十八、为人之师，要真正担负起教育的责任，不仅取决于学识水平，更取决于思想道德水平。因为思想道德水平在很大程度上影响着治学、治教、奉献的精神和品质，影响着能否真正做到教书育人。

（公众号推送日期：2017年6月22日）

人文道理集萃Ⅱ：管理与文化篇

一、管理是种服务，服务就要奉献，奉献就得无私。没有无私之德，没有奉献之道，没有服务之心，任何人都没有资格管理他人。在大学，管理尽管有效，但它并不万能，它代替不了教学和科研，只有教学和科研，才是大学的逻辑起点和终点。管理者必须站在教师的主体地位这一边，为教师诚心诚意办实事，尽心尽力解难事，坚持不懈做好事。在大学，管理是种无上崇高的文化行为。

二、有知识不一定有学问；有学问一定有知识；有知识、有学问不一定会管理；会管理一定有知识，有学问。但管理要有视野、有境界、有格局、有胸怀，管理要抓契机，要走程序，要定目标，要有始终。

三、高校领导，无论是上层还是中层，他们首先是个学者，其次才是个管理者，应该有虚怀若谷、海纳百川的气度，内敛含蓄、和蔼谦恭的气质，礼贤下士、淡定善行的气节，讲理性、讲科学、讲规范。

四、高等学校除了要为社会服务外，在其内部，谁为谁服务、如何服务，不仅是个定位的问题，更重要的还是个价值理念的问题。高校内部的服务有多个层面：职能部门对教学科研的服务、非教学人员对教学人员的服务、教职员工对学生的服务、领导者对被领导者的服务、在职人员对离退休人员的服务，其中教职员工对学生的服务是核心，其他一切服务都是该项服务的派生。教育就是服务，服务是一种责任、一种修养、一种境界、一种精神。一个人、一个组织，为他人服务得越多、越好、越及时，就越有价值。服务到位了，人心就温暖了；人心温暖了，师生的积极性就提高了。

五、学习是一种修养、一种境界、一种品位，一种进步的阶梯。学习方式多种多样，途径无处不有，可以学理论，学先进，学经典，可以向书本学，向师生学，向实践学。现代社会日新月异，新知识、新技术、新思想层出不穷，只有学习才能丰富头脑，开阔眼界，提高觉悟，增强本领，只有学习才能与时代同步，与时代为友。正如著名数学家华罗庚所言："在寻求真理的长河中，唯有学习，不断地学习，勤奋地学习，有创造性地学习，才能越重山跨峻岭。"所以，学习不能停歇，学习没有终点。

六、科学是一种对待问题的态度、观点和方法，以严谨、客观、事实为标准，不以想象、主观、虚假为前提，多表现为真理或对真理的追求，这是大学的本源和大学的灵魂所在。管理本身就是一门科学，离开科学，管理就会走入歧途。由是，凡事要实事求是，公允合理，不能有脱离实际的纯思维的空想，更不能放纵个人性格，无视客观现实。

七、有些事情不用改革就能解决，有些事情就是改革也解决不了；有些事情不改革就无法解决，有些事情一改革就解决！

八、民主是一种风范、一种气量、一种谦和，会让人如沐春风，亲切而有磁性。"一切的一切都开始于相互尊重，人是有感情的动物，需要平等和民主与理解和信任。"所以，凡事不可独断专行，不可刚愎自用，不可一意孤行，重大或重要问题多与身边人商量，多与师生员工沟通，要耐心听取他人的意见和建议，虚心接受他人的批评和帮助。只有民主，才能达成目标的一致性；只有民主，才能增强行动的向心力。

九、讲原则是维护班子团结的根本，讲感情则是维护班子团结的重要途径。只讲原则不讲感情，班子成员之间的关系就会僵化，班子就会缺乏活力和凝聚力；只讲感情不讲原则，用感情代替原则，搞无原则的"一团和气"，班子就会缺乏战斗力。所以，在工作中，班子成员之间一方面要在重大是非问题上讲交流、讲沟通，另一方面要真诚相待，充分信任，互相关心，互相帮助，在细枝末节问题上讲忍让、讲宽容，努力形成"讲原则不伤及感情，讲感情不丧失原则"的班子工作作风和思想作风。

十、一个组织或单位的领导不能什么都亲力亲为，这样做会使下属得不到锻炼的机会，不利于下属的成长。但是，一个组织或单位的领导也不能什么都不干，什么都不管，就想当"甩手掌柜"，这样会使下属无所适从，没有方向！其实，领导要做的，是调度、组织、指挥和控制。对待自己的本职工作，无论是亲为还是授权，都要做到八个"得"：理念理得好，思路行得通，耳朵听得见，眼睛看得清，心中想得明，脑子用得活，精力达得到，督促跟得上。否则，工作就会毫无章法，疲于应对。

十一、一位教师可以是名出类拔萃的学者，但不一定是名称职的管理者。所以，切不可把专业能力或学术能力等同于管理能力或领导能力，否则，既影响这位教师的学术研究或声誉，又会影响一个单位的整体工作或和谐。

十二、管理学上有个概念叫有效管理。有效管理有"六项原则"（即注重成果、把握整体、专注要点、利用优点、相互信任、正面思维），其中第一项就是"注重成果"，即管理重在追求或取得成果，检验管理的一个原则是：是否达到了目标，是否完成了任务。也就是说，无论干什么，或者怎么干，都要有成效；没有成效，或没有达到设定的目标，没有按照设定的要求行事，任何忙忙碌碌都是徒劳无益的。人们常说，干事干事，既要干，也要干出事、干好事；只知道干，不知道干出事、干好事，一切付出都是白付出！这就是行为要有效的道理。

十三、作为管理者，要珍惜好与你身边人共事的幸运与缘分，团结好来自四面八方的师生员工，用一颗真诚的心，去面对集体中的每一个人，让每一个人都能在融洽的氛围中感受自身的价值，体味心灵的和谐，享受集体的温暖。如此一来，每一个人都能在愉悦而又美好的憧憬中迸发生机和活力，为实现共同的理想或完成共同的任务而自觉前行。

十四、大局是天，大局是地。有大局在，天就塌不下来，地就陷不下去。大局破碎，全盘皆输。

十五、尊重制度、敬畏制度、遵守制度，在制度面前人人平等，是做好一切事情的前提。所以，要切实维护制度的严肃性和权威性，制度一经形成，就要从根本上规范师生员工的言行，使师生员工的言行自觉地纳入制度的轨道上来。

十六、尊重和遵守规则是一种教养、一种风度、一种文化、一个现代人必需的品格。没有这样一种品格，人将无法在社会中生存。不遵守规则，失掉的将是人的信誉。为此，我们要旗帜鲜明地坚持"四让""四不让"原则："四让"——让担当付出的人不吃亏、让用心干事的人不吃亏、让踏实本分的人不吃亏、让遵守规则的人不吃亏；"四不让"——不让投机取巧的人占便宜、不让我行我素的人占便宜、不让里挑外撅的人占便宜、不让挑战规则的人占便宜。

十七、规矩是群体的智商，是群体的利益。不遵守规矩，就是破坏群体的平衡和群体的和谐，受伤的是群体中的每一位成员，失掉的将是自己的信誉。因此，无论何时何地，都要心无旁骛地严守规矩，一言一行都要以规矩来约束，以规矩来衡量，不可逾越规矩一步。守规矩，是对自己最大的保护，也是对他人莫大的尊重。

十八、规范是标准，是典范，是秩序，是对思维和行为的约束。管理的法则或宗旨就是把复杂的问题简单化，把混乱的事情规范化，让人、让事、让物在标准的轨道上运行，在秩序的环境中发展，而不是繁文缛节，杂乱无章。否则，无以为管，无以为理。因此，一事一物，任何工作，都不能随性而为，马虎应对，都要符合规定的标准，讲求和谐的秩序。

十九、什么是规矩？规矩就是党纪国法，就是方针政策，就是制度准则，就是道德规范，就是生活习俗。这些，有的成文，有的不成文，对人都应有约束性。一个人如果有了规矩，其内心就会平衡，就会内敛，否则内心就会紊乱，就会膨胀。同样，一个单位如果有了规矩，就会有秩序，就会有生态，就会有和谐，就会有进步。所以，每一个人都应心无旁骛地严守规矩，一事一物都要以规矩来约束，以规矩来衡量，决不可随心所欲，随性而为。

二十、文化是讲理性的，讲逻辑的，无论是决策议事还是处理日常事务，都要遵守事物的发展规律和自然进化原则，靠符合逻辑的推理而非依靠表象而获得结论、意见和行动的理由。那种为了某种利益诉求以豪言壮语迎合权贵、迷惑大众的行为，尤其是最终的成功者就是那些最大限度地让假话、大话、空话、谎话、鬼话、媚话发挥最大作用的人，是在反文化。

二十一、文化是种氛围，能让身临其境的人们明显感到有种驱动力或牵引力，让人们自觉不自觉地、心甘情愿地为实现既定的目标而奋发有为，积极进取，也即"惟进取也故日新"。文化如果使人困惑、迷茫、颓废，那就是文化的消亡。

二十二、文化具有塑造、整合、导向的功能，是用以规制人们的言行的，正所谓"入尧舜之国则为尧舜，入桀纣之国则为桀纣"。所以，文化必须讲制度、讲规矩、讲秩序，也就是说得讲究制度文化。无论什么话、什么事，都得符合制度安排，都得符合规矩分寸，都得符合秩序要求。

（公众号推送日期：2017年6月9日）

后 记

2016年7月18日，我的个人微信公众号"张嘴直说"正式上线。

"张嘴直说"秉承的宗旨是："基于工作和生活的感悟，说说自己可以说的话，写写自己可以写的事，发发自己可以发的图，追求真善美，传播正能量。"

从首篇文章《务必冷静对待调入人才的调动鉴定——由三幅漫画引发的思考》至今，共计推送各类文章130余篇，这些都是自媒体时代带来的"福利"，我要由衷地感谢自媒体时代！为此，辑录其中与人文教育或高等教育有关的49篇文章（含附录2篇），取名《人文道理——一位普通高校人文人的教育理念与思索》，不仅仅是讲讲我们的"人文道理"，同时也是纪念这个伟大的时代。

1995年8月，微软发布MSN MESSENGER；1996年11月，以色列Mirabilis公司开发出ICQ软件；1997年，博客的模样基本显现；1999年2月，效仿ICQ的腾讯QQ上线；2006年3月，Obvious公司推出了微博；2011年1月，微信（WeChat）上线……这些技术发布之时，或许我们不会意识到一个新媒体时代的到来，但这就是自媒体时代。

尽管学界对于"自媒体"的含义尚未达成共识，但是"自媒体"至少有两层含义是被普遍认可的：一是"自己"，二是"自由"。所谓"自己"，主要是指传统媒体时代我们多数人都只是讯息的接受者和事件的旁观者，而在自媒体时代我们每个人理论上都可成为讯息的传播者和事件的在场者，并且这两种角色能够随时转换；所谓"自由"，是指自媒体时代的到来意味着公民拥有更大的话语空间和自主性，拥有更大的自由度。仅此两者，就足以使人们对这个自媒体时代表示由衷的感谢！

感谢自媒体时代，它增进了人与人之间的感情交流。人作为一种社会性动物，与他人交流是我们生活的重要组成部分。但是，随着生活压力的增大，生活节奏的加快，我们很少再与远方的朋友互致问候，也很少串门走亲访友，甚至连同家人倾诉心声的次数也是少之又少。以微信为代表的自媒体，为当今社会人与人之间的交流增添了一种有效途径，拉近了人与人之间的距离。微信"朋友圈"汇聚了自己的生活记录和他人的生活动态，人们通过这个平台，了解彼此的生活近况，即使是分离两地的人们也能将生活展示给对方，使相隔万里的互动成为可能。而它也让我们可以毫无顾虑地进行情感表达，每一次点赞、每一次转发、每一次评论，其实都是一次情感互动，拉近人与人之间的距离，增强彼此之间的感情。

感谢自媒体时代，它给予了我们平等发声的权利和机会。媒介在现代社会中具有社会控制的职能。正如马尔库塞所言："必须记住，大众媒介乍看是一种传播信息和提供娱乐的工具，但实质上不发挥思想引导、政治控制等功能的大众媒介在现代社会是不存在的。"自媒体时代的典型特征就是"人人都有麦克风、个个都是传播者"，只要你愿意，你就可以建立属于自己的媒体，除了政治、法律、道德、习俗、规则等的约束外，可以随时随地地表达你自己的观点和意见，传播你自己的理念和价值，营销你自己的产品和服务，而不受传统媒体时段、时长、内容、版面、地域、费用等种种外在因素的限制。并且，自媒体的传播效果丝毫不逊色于传统媒体，就像李开复所说："在微博时代，如果你有100个粉丝，相当于办了一份时尚小报；如果你有1000个粉丝，相当于一份海报；如果你有1万个粉丝，相当于创办了一家杂志；如果你有10万个粉丝，相当于创办了一份地方性报纸；当粉丝数增加到100万，你的声音会像全国性报纸上的头条新闻那样有影响力；如果有1000万个粉丝，你就像电视播音员一样，可以很容易地让全国人民听到自己的声音。"

感谢自媒体时代，它为创作者提供了众多舞台。传播学中的"把关人"理论认为，传播者不可避免地会站在自己的立场和视角上，对信息进行筛选和过滤，这种对信息进行筛选和过滤的传播行为就叫做"把关"，凡有这种传播行为的人就叫做"把关人"。如果我们将这一理论放诸社会，不难发现"把关"行为在社会中时时刻刻发生：编辑对发表作品的选择，导演对电影剧本以及演员的挑选，电视台对电视节目的选择等等。而谁的文章能发表，谁的剧本被选用，谁能做主演……很大程度上就取决于把关人自己的立场与视角。对于创作者而言，这是一个最好的时代，他们不必为没有背景担忧，也不必为获得机会而放弃尊严和底线，自媒体传播成本的低廉和传播速度的快捷让他们能随心所欲地进行创作。同样，他们也不再为"把关人"的审美标准和眼界所束缚，他们创作的作品可以不用通过中间环节直接面对受众，正规杂志发表不了的文章可以在博客、微博、微信公众号上尽情发表，难登正规舞台的节目可以通过各类自媒体尽情表演，自媒体时代才是真正百花齐放的时代！

感谢自媒体时代，它推进了社会的公平正义。无论是去年的"魏则西事件""罗一笑事件"，还是今年的"辱母杀人案"，自媒体在维护社会公平与正义中越来越发挥着积极作用。自媒体上的点赞、评论、转发这种看似简单的方式却形成了无法忽视的力量，这是舆论监督的力量，也是自媒体的力量。与此同时，自媒体对于民众关切的社会重大事件的追踪、聚焦，无形中为公平正义培植了肥沃的民众土壤。

感谢自媒体时代，它使我曾经的文字和感悟得以"复活"。我毕业于大学的文科专业，专业素养要求必须具有写作能力和思考能力，否则，无以立足于工作岗位。我先后在学校人事处、外语系党总支、党委宣传部（统战部）、学报编辑部、人文与传播学院履职。可以说，这些工作岗位都离不开文字，离不开对工作的思考，尤其是在党委宣传部的10年，留了不少文字性材料。这些材料,有的是工作总结,有的是自查报告,有的是建设规划,有的是新闻报道,有的是经验做法,还有的是人生感悟,等等。由于传统媒体的局限,它们不是沉睡在故纸堆里,就是封闭在头脑里,无法与经手人以外的人们见面。但是,自媒体时代的"自己"与"自由",完全可以将这些材料重新加工整理,借助微博、微信、公众号等自媒体平台,使其走出纸堆,走出头脑,变成鲜活的字符,映入人们的眼帘,走进人们的心田。

总而言之,自媒体时代的确是一个自主自立的时代,是一个张扬自我的时代,是一个多元多彩的时代,是一个伟大的时代,是一个值得由衷感谢的时代!

我还要特别感谢中国海洋大学出版社及其张华主任,没有他们的接纳就没有这本小册子的出版,他们的劳动使我再一次领略了编辑出版的艰辛与不易。在此,向他们致以崇高的敬意和美好的祝愿!

张开祝

2018年6月30日